제자백가, 경제를 말하다

제자백가, 경제를 말하다

고대 현자들의 경제치국 방법론

1판 1쇄 2019년 03월 15일

편저자 김영수
펴낸곳 도서출판 아이필드
　　　　주소 전라북도 완주군 이서면 반교로51, 302-505호
　　　　전화 02-323-9491 팩스 02-6499-1225 이메일 ifieldpub@hanmail.net
　　　　신고연월일 2001년 11월 6일 신고번호 제2015-000006호

ISBN 978-89-94620-17-6 (03900)

이 도서의 국립중앙도서관 출판시도서목록(CIP)은 서지정보유통지원시스템 홈페이지
(http://seoji.nl.go.kr)와 국가자료공동목록시스템(http://www.nl.go.kr/kolisnet)에서
이용하실 수 있습니다. (CIP 제어번호: CIP2019003689)

디자인 토비트 & RYH.
ⓒ김영수, 2019

- 책값은 뒤표지에 있습니다.
- 본문용지 80# 노브라이트지 A계열(636×880mm)
- 표지용지 210g 아르떼지 B계열(1094×788mm)

제자백가, 경제를 말하다

고대 현자들의 경제치국 방법론

김영수 편저

아이필드

제자백가는 왜 경제를 말하지 않으면 안 되었나?

원고를 마무리한 다음 교정지를 받기에 앞서 다시 한 번 통독할 기회를 가졌다. 편저자 서문을 위해 일부러 시간을 만들었다. 열세 개 모든 꼭지들이 새삼스러웠는데, 두 가지 의문이 떠올랐다. 이 의문을 서문의 마중물로 삼아본다.

첫째, '제자백가는 왜 경제를 말했을까?'라는 의문이었다. 좀더 엄밀히 말하면 '제자백가는 왜 경제를 말하지 않으면 안 되었을까?'가 더 가깝겠다. 먼저 이 의문부터 풀어보았다.

이 책에 소개된 제자백가는 관중부터 사마천까지 모두 13명이다. 시간으로는 관중이 사망한 기원전 약645년부터 사마천이 사망한 기원전 약90년까지 555년에 걸쳐 있다. 이들 중 순수한 학자 내지 사상가로는 공자·노자·묵자·맹자·허행·순자·한비자·사마천까지 8명이고, 직접 한 나라의 정치와 정책에 간여한 인물로는 관중·정자산·안영·상앙·여불위를 포함한 5명이다. 제자백가 중에서 법가·유가·도가·묵가·농가·잡가·사가 등 7가의 대표 인물들이 포함되어 있다.(제자백가의 각 학파에 대해서는 별도 부록으로 정리해놓았다.) 주요 학파 중에서 음양가가 빠졌지만 대표적인 유·도·법·묵 4가는 모두 들어가 있다. 사가의 출현을 알린 사마천은 주요 제자백가 사상가들의 전기와 사상을 종합하고 정리하는 한편, 자신의 경제사상을 넓고 깊게 밝혔다.

요컨대 제자백가의 주요 학파들 대부분이 경제문제에 관심을 가졌다는 점이다. 관심을 가졌을 뿐만 아니라 경제를 언급할 수밖에 없었다. 왜? 이들은 모두 춘추전국시대라는 엄청난 변혁의 시간 속에 살았고 그 변혁을 추동한 가장 중요한 요인이 바로 경제였기 때문이다. 경제력만이 살아남을 수 있는 유일한 힘이었고 그것이 곧 국력이었다. 경제력을 갖추려면 그에 합당한 정책이 필요한데, 이는 당시의 변화와 변혁을 반영하지 않고서는 결코 효과를 볼 수 없었다.

그렇다면 춘추전국을 관통하는 변화와 변혁의 키워드는 무엇일까? 사회 주도층, 즉 지배층의 교체였다. 이 시기의 중국사는 지배층의 전면 교체라는 엄청난 변동을 겪었다. 하나라, 상(은)나라를 거쳐 기원전 11세기에 주나라에서 확립된, 봉건封建으로 대변되는 이른바 종법宗法 질서는 철두철미 귀족 중심의 체제였다. 시간으로 보자면 약 1천 년에 걸쳐 형성된 체제였다. 그것이 기원전 8세기에 들어서면서 서서히 무너지기 시작해 열국列國 시대가 도래했고, 진시황이 천하를 통일하는 기원전 221년까지 약 550년 동안 무한 경쟁의 격변기를 겪으면서 지배층이 완전히 다른 계층으로 바뀌었던 것이다.

지배층의 교체에는 두 신분의 등장과 성장이 크게 작용했다. 하나는 자유민 신분으로 경제력과 전문지식을 갖춘 사士 계급이고 또 하나는 상인 계급이었다. 무한 경쟁에서 살아남기 위해 각국은 당연히 이 두 계급의 도움이 절대적으로 필요했다.

제자백가에 속한 인물들은 대부분 '사' 출신이었지만 상인과 천민 출신도 일부 있었다. 이들은 사회변혁을 추동하고 국가 경쟁력을 강화시키려면 경제의 비중이 절대적이라는 현실을 직시했고, 이 현실 문제들을 해결하기 위해 각자마다 방안을 제시했는데, 학파를 막론하고 제시한 방안마다 경제가 급선무였다.

둘째로는 2천수백 년 전, 제자백가의 경제인식 수준에 대한 의문이었다. 그들의 수준이 높고 낮다거나 깊고 얕다거나 하는 문제가 아니라, 지금 우리 수준과 비교했을 때 과연 우리가 그들보다 나은가 하는 것이었다. 경제에 관해 문외한에 가깝지만 편저자가 보기엔 별로 나을 게 없었다. 그 근거로 이 책에 소개한 몇 사람의 경제관을 요약해서 제시한다.

먼저 관중이다. 관중이 이룩한 성과와 그의 경제사상이 집약된 《관자》를 보노라면, 모든 면에서 자신보다 뛰어나다며 자신에게 돌아올 재상 자리마저 관중에게 양보한 포숙의 안목에 저절로 고개가 숙여진다. 이런 포숙의 절대적인 지지를 받은 관중의 경제관 가운데 소개할 대목은 '적절한 소비가 경제를 활성화시킨다'는 소비론, '삶의 질이 윤리와 도덕과 체면을 결정한다'는 경제와 삶의 질의 함수관계, '백성이 부유해야 나라가 부유해진다'는 부민부국론富民富國論 등이다.(부국보다 '부민'을 앞에 두었다.) 요즘 최저임금과 최저시급 문제를 놓고 온 사회가 시끄럽다. 하루가 멀다 하고 그 문제 때문에 우리 경제가 내일모레 거덜 날 것처럼 요란하다. 여기에 관중이 남긴 천고의 명언을 적어둔다. "창고가 차야 예절을 알고, 입고 먹는 것이 넉넉해야 영예와 치욕을 안다." 그는 지금으로부터 2700년 전 사람이다.

공자의 분배관을 발견한 것은 모래더미에서 다이아몬드를 찾아낸 기분이었다. "재부財富가 적다고 걱정하기보다는 분배가 고르지 못한 것을 걱정하고, 가난을 걱정하기보다는 불안을 걱정한다." 어떤가? 우리 현실을 그대로 적시했다 해도 틀린 말은 아닌 것 같다. 지금 우리 경제에 자금이 부족한가? 대기업들 사내보유금이 수백 조라지 않나. 경제가 어려울 순 있다. 하지만 그보다 더 큰 문제는 그것을 과장하고 가공해 연일 불안을 지피는 자들이다. 위 어록은 경제 전문가 연하는 선동가들을 호되게 나무라는 공자의 발언으로 읽힌다. 또 공자는 살림이 넉넉해야 교육이 가능하고 군대도 강해지며, 나라의 재정이 부족해질수록 백성의 세금을 더 줄이라고 제안했던 바, 제자 염구가 권력자의 비위를 맞추려 세금을 더 거두자 "염구는 내 제자가 아니다. 북을 울려 성토해도 괜찮다."며 일갈한 일화가 전한다. 이번에 공자의 경제관을 알아가면서 그의 새로운 면모를 보게 되어 정말 흡족했다.

맹자는 어떤가? 맹제 경제관의 핵심을 이루는 '항산론恒産論'과 '항심론恒心論'은 기본임금과 기본 생활을 절로 떠올리게 만든다. 백성에게 최소한의 고정자산이 있어야 정책이 먹힌다는, 참으로 명징한 주장이다. "지금의 백성은 생산을 조절하되 위로는 부모도 섬길

편저자 서문 **7**

수 없게 하고 아래로는 처자식도 먹일 수 없게 하여 풍년에도 늘 괴롭고 흉년이면 죽음을 면키 어려운"((양혜왕) 상편) 상황이라면서, 이런 난관을 해결하려면 백성들에게 본인과 가족의 생활을 유지하는 데 필요한 '항산'이 있어야 한다고 주장했다. 생산을 늘리고자 백성의 적극성을 이끌어내려 한다면 최소한 기본 생활만큼은 보장해주어야 하지 않나? 2300년 전 '항산'을 주장한 보수주의자 맹자의 '민귀군경民貴君輕' 사상이 한결 더 소중하게 다가온다.

순자는 또 어떤가? 그는 백성을 부유하게 해주어야 할 뿐만 아니라 여유롭게 해주어야 하고, 또 이롭게 해주어야 한다고 주장했다. '부민富民·유민裕民·이민利民'으로 요약되는 그의 경제관은 인간의 욕구를 인정하는 데에서 출발한다. 그래서 "사람을 기르고 싶으면 그 사람이 요구하는 것을 주라."고 결론을 내린 순자는, 관중 이후 본격적으로 '부민론富民論'을 제기했을 뿐 아니라 유가를 집대성한 대사상가였다. 그는 맹자보다 50년 후 사람이다.

제자백가가 왜 경제를 중점적으로 논했는지, 또 그들의 인식 수준이 어떠했는지 이해하고 나니 그들이 제시한 이런저런 주장들이 공교롭게 지금 우리가 직면하고 있는 경제문제의 본질을 건드리고 있는 건 아닌가에 생각이 미쳤다. 2천수백 년 전, 그들이 내린 진단과 처방은 경제가 인간의 삶에 큰 비중을 차지하고 있고, 삶의 질에 절대적인 영향을 미친다는 점을 짚어낸 것이었다. 삶의 질이란 무엇인가? 또 삶의 질을 어떤 방식으로 담보해낼 것인가? 이 문제들은 당시 제자백가 현자들이 풀어내야 할 당면 과제였다. 그런데 가만 보면 오늘날 우리의 과제와도 별로 다를 바 없어 보인다.

또 '주도층에 의한 변혁'이란 점에서도 당시와 판박이다. 만일 그렇다면 향후 우리 사회를 주도할 계층은 비단 우리 자신뿐 아니라 세계를 어떻게 대하고 인식해야 하는지, 근저부터 차근차근 되짚으며 고민해야 할 것이다. 이런 점에서 제자백가의 인식은 간단치 않은 의미를 지니는데, 그들이 마주했던 현실과 세계 변혁에 대한 문제의식은 현재 우리 앞에 놓인 난제를 풀어헤쳐 나가는 지혜의 단초를 제공할 것이기 때문이다.

시공을 초월해 개명開明 세상의 한 축(야스퍼스는 이를 '축軸의 시대'라 명명했다.)을 열었던 제자백가의 활기차고 통찰력 넘치는 사상, 그중에서도 경제에 관한 주장은 모두 인문정신을 관통한다. 국가의 개입을 강력하게 주장했든 반대로 불간섭 방임을 주장했든, 그 지향점이 백성의 삶을 '부유하고 여유롭고 이롭게' 하는 데로 향했기 때문이다. 지금 우리 상황에 대비시켜 읽으면 나름 얻을 것이 있지 않을까, 그런 생각을 해본다.

2019년 2월
편저자 씀

차례

제자백가의
경제사상
개관

1. 왜 제자백가의 경제사상에 주목했나

관중管仲과 공자孔子를 필두로 하는 제자백가諸子百家의 경제관과 관련 사상에 관심을 가진 것은 사마천司馬遷의 역사서 《사기史記》 〈화식열전貨殖列傳〉 때문이었다.

사마천은 130권의 《사기》에서 방대한 3천 년의 통사를 요堯 임금이 생전에 임금 자리를 순舜에게 양보하는 이른바 선양禪讓이라는 정신을 찬양하는 것으로 시작했다. 이것이 본기本紀 첫 편인 〈오제본기五帝本紀〉의 주제다. 뿐만 아니라 역사에 흔적을 남긴 사람들의 기록인 세가世家와 열전列傳의 각 첫 편을 모두 양보의 정신을 강조하고 찬양하는, 사회과학 용어를 빌리자면 유심주의唯心主義에 충만한 기록을 배치했다.

그런데 실질적 마지막 편이라 할 수 있는 제129권 〈화식열전〉은 유물주의唯物主義 관점과 논리로 가득 찬 내용이었다.(마지막 권인 130 〈태사공자서太史公自序〉는 자서전이기 때문에 필자는 〈화식열전〉을 '실질적 마지막 편'이라고 했다.) 기막힌 반전이 아닐 수 없다. 〈화식열전〉에는 경제 이론가, 자신의 능력으로 큰 부를 이룬 거상 및 온갖 부자들이 30명 이상 등장하는데, 이들의 기상천외한 치부법과 치부 철학이 생생하게 묘사된, 말하자면 500여 년에 걸친 역대 상인들의 대하드라마라 할 수 있다.

〈화식열전〉에는 중국 상인들이 가장 닮고 싶어 하는 유상儒商의 원형이 될 만한 인물들이 여럿 등장한다. 계연計然·백규白圭·자공子貢·범려范蠡가 그 주인공들이다. 지식과 문화적 소양을 겸비하고 노블레스 오블리주를 실천한 이 유상들의 경영 철학이 〈화식열전〉에 아로새겨져 있는 것이다.

특히 공자의 수제자인 자공이란 존재는 너무 인상적이었다. 그는 각국의 왕들과 대등한 예를 나눌 만큼 엄청난 위상을 가진 거상이자 국제 정세에 영향을 미칠 정도로 능력이 출중한 외교가였다. 또 자신의 부를 아낌없이 스승 공자와 유가 문중에 후원하는, 메세나mecenat 정신을 실천한 인물이었다.(메세나란 기업이 문화, 예술에 대한 지원 등을 통해 사회에 공헌하고 국가 경쟁력에 이바지하는 활동을 가리키는 용어다. 로마제국 초기 아우구스투스 통치기에 호라티우스와 베르길리우스 같은 시인들을 지원했던 가이우스 클리니우스 마에케나스의 이름 Maecenas가 프랑스로 넘어가 메세나란 단어가 나왔다고 한다.)

이에 대해 사마천은,

공자의 명성이 천하에 알려지게 된 것은 자공이 앞뒤로 공자를 모시고 다녔기 때문이 아니겠는가?

▌필자에게 제자백가의 경제관과 사상에 관심을 갖는 데 동기를 부여한 자공의 초상화

라며 간결, 명확하게 정리했다.

　자공은 공자의 임종을 마지막으로 지킨 제자였다. 만년에 공자는
병이 깊어지자 죽음을 예감하고 자공이 오기를 기다렸다가 만난 뒤
7일 후 세상을 떠났고, 자공은 스승의 무덤 옆에 여막을 치고 6년 동
안 지냈다.(산동성 곡부曲阜 공림孔林의 공자 무덤 앞에는 자공이 여막을 치
고 묘살이를 한 자공여묘처子貢廬墓處가 남아 있다.)
　필자는 특히 자공의 6년 묘살이에 호기심이 일었다. 6년 동안 무
엇을 했을까? 기록을 검토해본 결과 공자와 제자들의 언행록이자 대
화록인《논어論語》가 자공의 묘살이 6년 사이에 편찬되었으리라는
것, 또 공자 사후 공문孔門의 위상을 다져 유가 학파를 정립하는 데

▌ 자공의 6년상이 이 책의 주제 및 내용과 관련해 많은 상상력을 불어넣었다. 사진은 공자 무덤 앞에 있는
'자공여묘처'이다.

큰 역할을 했으리라는 추정을 결론으로 삼았다. (자공에 대해서는 졸저 《대륙의 거상》을 참조.)

요컨대 그 모두가 자공의 재부財富가 결정적이라는 '추정적 결론'이었다. 이 결론을 통해 부를 어떻게 사회에 환원할 것인가, 다시 말해 노블레스 오블리주의 실천이란 문제를 생각해보게 되었다. 자공을 비롯한 유상에 대한 처음의 관심은 자연스럽게 이들 존재의 근원이라 할 수 있는 제자백가로 옮겨가 경제에 대한 제자백가의 인식·관점·사상을 들여다보기로 마음먹었다.

이에 먼저 제자백가의 탄생 배경을 먼저 알아보고, 앞에서 잠깐 언급한 유상에 대해서도 간략하게 소개할까 한다.

1. '선진'이라는 시대 구분 용어가 갖는 의미

5천 년 중국사를 특정한 용어로 나누는 방법은 여럿이다. 정치적 관점, 사회경제적 각도, 왕조별 등등 다양하다. 그런데 중국사 전체를 딱 둘로 양분하는 용어가 있다. 바로 선진先秦이란 단어다.

선진은 '진秦나라 이전'이란 뜻이다. 진나라 이전 3천 년을 뭉뚱그려 선진 시대 또는 선진 시기로 부른다.(후진後秦이란 용어는 없다. 다만 위진남북조시대 때 AD.384년에서 417년까지 34년간 존재한 북방민족 강족羌族이 세운 '후진'이란 왕조는 있다.)

선진이란 말의 핵심은 진나라의 천하통일이다. 기원전 221년 중국 최초의 통일이 여러 면에서 큰 의미를 갖기 때문에 진나라 이전

(Before Qin)과 진나라 이후(After Qin)로 대별한다.

진나라의 통일은 미완에 그쳤다. 15년 만에 역사 무대에서 퇴장했기 때문이다. 그 과제는 다음 왕조인 한漢나라에 맡겨졌다.

한나라를 개국한 유방劉邦은 초한전쟁楚漢戰爭에서 승리하고 재통일했다.(BC.202) 그 후 200년간 존속하면서 한문漢文·한자漢字·한족漢族 등으로 대변되는 역사·문화·민족·영토 통일 등 중국의 뼈대를 세웠다.(한나라는 AD.2년, 정확히 200년 만에 왕망王莽의 신新나라에 의해 잠깐 명이 끊어졌다가 AD.25년 광무제光武帝 유수劉秀가 정권을 재건했다. 도읍지 방향이나 건립 시기를 기준으로 전자를 서한[전한], 후자를 동한[후한]으로 구별한다.) 역사가들은 진나라와 한나라를 합쳐 '진한秦漢'이라 부르며 통일의 의미를 부각시켰다. 시간상 약 400년이다.

통일은 분열을 전제로 한다. 진의 통일 역시 분열이라는 배경을 갖고 있다. 진나라가 통일을 이루기까지 500년이 넘는 분열기가 있었는데 혹자는 이 시기를 '대분열 시기'라고 한다. 역사서에서는 춘추전국春秋戰國시대라고 적는다.

필자는 통일로 가는 이 시기에 주목했다. '선진'이라는 용어의 배후에 바로 춘추전국이 도사리고 있고, 제자백가의 경제와 관련된 주제가 모두 이 시기에 해당되기 때문이다.

2. 통일의 원동력, 춘추전국시대

춘추전국시대의 큰 특징은 수렴收斂이다. 로마의 역사가 커 나가는 확장擴張의 특징을 지녔다면 춘추전국의 역사는 흩어져 있는 나라들을 하나로 모아 나가는 수렴의 과정이었다.

'수렴'은 거두어들인다는 뜻이다. 또 여럿의 의견이나 사상을 하나로 모아 정리한다는 의미도 있다. 정치적으로는 열국列國을 하나로 묶어내는 일인데, 그 과정에서 수많은 일들이 발생한다. 여러 나라들을 합치는 일에는 무력이 수반될 수밖에 없다. 모순·갈등·충돌이 생겨나고 복잡한 상황들이 발생한다. 필자는 그런 상황들에 주목했다. 특히 제자백가가 경제에 대해 어떤 주장을 펼쳤는지에 초점을 맞추었다.

그와 관련하여 이 시기에 등장한 특별한 변화들을 보자

먼저, 춘추전국이란 용어 및 그 시작과 끝에 대해서다. '춘추'란 말은 공자가 노魯나라 역사를 편년체編年體(연대기)로 기록한《춘추春秋》에서 나왔다. 그 시작은 주나라의 유왕幽王이 기원전 771년 이민족인 융족戎族에게 피살된 후 이듬해인 기원전 770년 유왕의 아들 평왕平王이 수도를 서쪽의 호경鎬京(지금의 서안)에서 동쪽 낙읍洛邑 (지금의 낙양)으로 옮기면서부터다. 수도를 동쪽으로 옮겼다 해서 동주東周라 부르고 그 이전을 서주西周라 부른다. 춘추시대의 끝, 즉 전국시대의 시작은 기원전 403년 진晉나라가 한韓·조趙·위魏

▌ '춘추'라는 특정 시기를 나타내는 용어는 《춘추》에서 나왔다.

세 나라로 쪼개진 해로 잡는다.(여러 설들이 있긴 하다.) 이후 천하는 7
웅으로 대표되는 7대 강대국의 무한 경쟁 시대로 돌입한다.

　기원전 403년 무렵에 개시된 전국시대는 분열 상태가 심각하게 지
속된 때였다. '전국'이란 말은 한나라 초기 유향劉向의 저서《전국책
戰國策》에서 나왔다. 유향은,

　　수레 만 대를 소유한 나라가 일곱이요, 천 대를 소유한 나라는 다섯
　이다. 패권을 위해 서로 애를 쓰며 다투니 전국이라 한다.

라고 썼다. 또,

　　공을 세우고 강해지기 위해 다투고 싸우니 전쟁과 개혁이 쉴 날이 없
　었고 속임과 위선이 같이 일어났다.

라며 이 시기의 특징을 간명하게 요약했다.

　오랜 전란을 거쳐 서방의 진秦나라가 동방 6국을 차례로 합병해
500여 년에 걸친 전 과정을 마무리했다.

　춘추전국시대는 춘추와 전국이라는 두 단계를 포함한다. 춘추는
기원전 8세기 초부터 기원전 5세기까지, 전국은 진시황이 천하를 통
일하는 기원전 221년까지다. 두 시기는 연속선상에 있으면서 구분되
기도 하는데, 시간상 중국 역사 길이의 1/10쯤 된다. 무엇보다 이 기
간은 통일로 나아가는 동력의 배후로 작용했다는 점에서 의미가 크
다고 하겠다.

3. 춘추전국을 파악하는 키워드 - 무한 경쟁

이 시대는 시종일관 변혁의 와중에 있었다. 그 실마리는 춘추시대에 있고, 제자백가의 출현 배경도 이 시기에 있었다. 춘추시대의 변화들을 정리하면 아래와 같다.

① 중국사를 통틀어 매우 심각하고, 격동적이고 역동적인 시대였다.

② 주 왕실의 권위가 추락해 제후국들 가운데 강자가 주도권을 쥐는 패주霸主의 시대였다.(기업에 비유하면 자사나 지사가 본사를 압도하는 현상이 퍼졌다.)

③ 절대 강자(중심)가 사라짐으로써 패권을 놓고 무한 경쟁이 개시되었다.

④ 철제 농기구와 우경牛耕의 도입으로 경작법이 개선되고 대량의 개간이 가능해졌으며 농업 생산량이 크게 늘어났다. 토지 사유화가 급진전되어 이를 법률로 인정하는 조치가 뒤따랐다.

⑤ 농업 생산량의 증대는 수공업과 상업 발전을 촉진시켜 전문 상인층이 형성되었다. 세력을 키운 상인층이

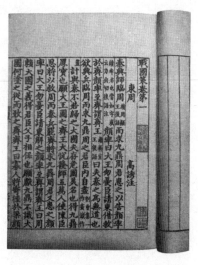

▐ '전국'이란 용어는 유향의 저서 《전국책》에서 비롯되었다.

정치에 간여하기 시작했다.

⑥ 사회경제적 변화는 신분상의 변화를 가져왔다. 자기 토지와 무기를 가지고 세금을 내며 권리를 주장하는 국인國人이 사회의 주요 구성원으로 떠올랐다.

이러한 변화는 전국시대에도 이어졌다. 이 시대 전체를 관통하는 상징적인 단어는 무한 경쟁이다.

무한 경쟁을 촉발하게 된 배경은 무엇일까?

주 왕실의 추락이 가장 컸다. 기원전 11세기에 세워진 주 왕조는 봉건제도封建制度를 확립했다. 봉건은 '땅을 주어 나라를 세운다'는 것인데, 왕실의 친족과 공신들을 사방에 보내 나라[國]를 세우게 했다. 이를 제후국諸侯國, 그 통치자를 제후諸侯라고 한다. 제후는 성씨에 따라 동성同姓 제후와 이성異姓 제후로, 왕실과의 관계와 나라의 크기에 따라 5등급(오작五爵, 1등급 공작을 비롯해 후작-백작-자작-남작)으로 나누었다.

주나라는 엄격한 신분질서 체제였다. 왕(천자)을 정점으로 공公·경卿·대부大夫·사士·평민·노예로 이루어진 피라미드 구조였다. 상인商人이나 공인工人은 평민과 노예의 중간 정도로 관청에 소속되어 생계를 유지했다. 이른바 '공상식관工商食官'이다. 그때까지 상인이나 공인은 하나의 계층으로 성장하지 못했다.

그런데 그런 주나라의 봉건 질서에 금이 가기 시작했다. 사실 유왕 이전인 기원전 9세기, 여왕厲王 때도 비슷한 일이 있었다. 여왕이 영이공榮夷公을 기용해 귀족과 백성의 재산을 빼앗자 귀족과 국인이 여왕을 추방한 적이 있었다.(B.C.841) 여왕은 체彘라는 땅에서 죽었다.

주 왕실의 추락은 제후들의 야심을 부추겨 바야흐로 경쟁이 본격화되었다. 경쟁은 빈번한 합병과 정변을 불러왔다. 주나라 초기에 170여 개의 제후국이 있었는데 전국시대 때에는 7개로 줄어들었다.(이 기간 동안 국군國君 36명이 피살되고 제후국 52개 나라가 망했다. 480여 차례의 전투, 450여 차례의 회맹이 열렸다. 기원전 7세기에만 국군 40명 이상이 쫓겨나거나 피살되었다는 통계가 있다.)

말 그대로 무한 경쟁 시대가 열린 것이다. 그 결과로 나타난 현상들이 앞에서 언급한 6개 항목의 큰 변화들이었다.

4. 왜 춘추전국시대에 주목하는가?

그러면 춘추시대와 21세기 세계사는 어떤 지점에서 겹칠까?

'이질적 공동체 시대'라는 점이다. 지금 세계는 민족·국적·언어·종교는 달라도 전 지구적 차원의 공동체를 향해 나아가고 있다.

기원전 7세기 중반, 진나라 목공은 사불문四不問(인재를 뽑을 때 종족·국적·신분·연령을 따지지 않음) 정책으로 나라를 강국으로 변모시켰다. 기존의 질서와 권위의 추락이 이 시기의 기조였다. 새로운 사고와 창의력을 가진 그룹이 시대의 흐름을 주도했고 개혁에 따른 결과들이 적나라하게 드러났다. 성공한 나라는 살아남았고 어설픈 나라는 혼란에 빠졌으며 부진한 나라는 도태되었다.

경쟁(전쟁) 못지않게 국제적 모임도 활발했다. 연구자들에 따르면

이 시기에 480여 차례의 전쟁과 450여 차례의 회합이 있었다는데, 그만큼 많은 인재들이 국경을 넘어 활약했다. 바야흐로 인재 유동의 시대였다. 인재를 구하기 위해 다양한 방법이 동원되고 논의가 활발했다. 승리로 이끄는 방법론으로 무장한 전문가들이 대거 출현했다. 과학기술이 발전하고 많은 사상가들이 활동한 인문학의 황금기였으며 언론이 꽃을 피운 시기이기도 했다. 카를 야스퍼스는 동서양 모두에서 주요 종교와 사상이 일제히 등장한 이 시기를 축軸의 시대(Axial age. Achsenzeit)라면서 특히 춘추전국시대에 주목했다.

5. 춘추전국시대의 개혁과 제자백가

생존경쟁과 무한 경쟁에서 살아남기 위해서 각국은 부국강병富國强兵을 목표로 하는 변법變法(개혁)에 착수했다.

개혁(변법)은 이 시기를 파악하는 키워드다. 경쟁은 경쟁력을 요구한다. 특히 핵심 경쟁력 강화를 위해 효율적으로 통치(경영)할 수 있는 요소들이 필요해졌다.

첫째, 급변하는 사회형태를 안착시키기 위한 법률을 제정해야 했다. 종래 지배층의 기득권을 어떻게 처리할지가 큰 문제로 대두되었다.

둘째, 인재를 확보하는 일이 절실해졌다. 국인과 사 계층이 새로운 사회의 주도층으로 떠올랐고 그 계층의 인재를 배출하기 위한 교육 기반이 필요해졌다. 이 수요에 따라 사학私學이 발전했다.

셋째, 시대상을 해석하고 문제점을 찾아 진단하려는 사상가들이 속출했다. 제자백가諸子百家·백화제방百花齊放·백가쟁명百家爭鳴이란 말에서처럼 중국 사상사의 최고 황금기였다.

변화와 개혁은 다양성이란 자양분을 필요로 한다. 이런 시대는 인재의 유동이 자유롭다. 춘추전국시대는 인간 중심의 시대였고 제자백가는 그 꽃이었다.(《좌전左傳》에 언급된 인물이 3400명이 넘고, 비중 있는 인물만 240명쯤 된다.)

6. 제자백가란?

1. 제자백가의 어원과 분류 및 소멸

제자백가는 '제자'와 '백가'가 합쳐진 말이다. 가만히 보면 '제諸+자子+백가百家'의 합성어로 되어 있다. 그 의미는 여러 사상의 대표적 인물과 학파를 말한다. 백百은 구체적인 수를 가리키는 것이 아니라 맨 첫 글자인 제諸에 대응한다. 둘 다 많다는 뜻이다. 제자백가는 동시다발로 태어난 것은 아니고 시차를 두고 세상에 나왔다.

제자諸子에서 자子는 두 가지 뜻이 있다. 사람을 가리킬 때는 '선생', 저술을 가리킬 때는 '전집'이다. 예를 들어 맹자孟子 하면 '맹가孟軻 선생'(가軻는 맹자의 이름)과 '맹가 전집'이란 뜻을 갖는다. 공손룡자公孫龍子의 경우도 마찬가지다. 다만 노자老子로 잘 알려진 이이李耳의 경우는 좀 다르다. 이이는 나이가 많았던 관계로 특별히 '노자'로 불렸는데 이 노자란 말이 그의 저술인 《도덕경道德經》을 대신하기도 한다. 때론 각종 저작들을 제자서諸子書라 통칭하는데 이것이

춘추전국 저명학파 및 학설

● 학파 ※( )안은 사상학설

순황〈순자〉 •
(인간의 의지로 천명을 극복할 수 있다)

공손룡〈공손자〉 •
(명분으로 의리를 가리는 논리학)

한비〈한비자〉 •
(신하와 인민을 통치하는 방법을
강구하라)

허행〈허자〉 •
(농경 중시)

이이〈노자〉 •
(천지만물은 보편적 규율을
갖고 있다)

유
명 조
한 법
초 농
도

병
제
노 유
묵 송 도

손무〈손자〉
(전쟁의 규칙은
순환될 수 있다)

공구〈공자〉
(인간은 서로 친애해야 한다)

맹가〈맹자〉
(인성은 본래 선하며 인민을
근본으로 삼아 어진 정치를
펴야 한다)

장주〈장자〉
(하늘과 인간은 하나이며,
그 이치를 알 수는 없다)

묵적〈묵자〉
(서로 사랑하고, 싸우지 말며,
어진 이를 섬기고, 근검절약 하라)

▌제자백가 분포도

비교적 의미가 분명하다. 후대에 존경의 의미로 '자'를 붙여주긴 했지만 저작에 '자'를 붙이는 풍조는 춘추전국시대 이후로 없어졌다.

또 한 가지, 백가는 형용사라는 점이다. 기록에 남은 학파는 17개 정도인데 그중에서 유儒·도道·묵墨·법法 4개 학파가 철학적 뼈대를 가장 잘 갖추었고, 명가名家(논리방법)·병가兵家(군사사상)·음양가陰陽家(현학사상)·종횡가縱橫家(외교술)·농가農家(농업기술)·소설가小說家(문학창작)·잡가雜家(백과전서파)도 논리와 처세술을 제시했다.

기원전 5세기에 나온 유·도·묵·법·농가에서부터 기원전 4세기에 나온 명·병·음양·종횡·소설가, 기원전 3세기에 등장한 잡가에까지 이르는 과정은 각자 나름의 세계관과 인식론 및 처세 방법론을 제기한 시대이기도 했다.

백가의 출현에는 선후가 있지만 발전해간 과정은 진나라가 통일을 이루기 전까지 연속되었다. 각 학파는 한곳에서만 다투지 않았고 한데 모여 토론을 하지도 않았다. 각자가 각국에서 그 지역의 배경에 맞춰 활동했다.

전국시대에 '백가'라는 말이 나왔다.《순자荀子》에 "제후의 정치가 다르고 백가의 설이 다르다."는 구절이 있고《장자莊子》에도 "백가의 설"이란 말이 나온다. 그 후 동한(후한) 시대 반고班固가《한서漢書》〈예문지藝文志〉에 제자의 저서 목록을 나열하면서 "무릇 제자 189가의 4324편"이라고 한 이후 개괄적으로 '제자백가'라고 불렀다. 그러나 엄밀히 보면《사기》〈굴원가생열전屈原賈生列傳〉에 이 말이 정확하게 언급되어 있다. 서한(전한) 초기의 인물 가의賈誼의 전기에서 사마천은 이렇게 언급했다.

가생(賈生. 가의)이 비록 나이는 어리지만 **제자백가**諸子百家의 학문에 정통하다고 아뢰었다. 이에 문제文帝는 가생을 불러 박사博士로 임용했다.

이로 미루어볼 때 사마천 이전에 이 용어가 있었던 것은 분명해 보인다.

제자백가의 활동은 진나라의 통일로 크게 위축되었다. 진시황의 전제적 제왕 체제 앞에서 백화제방은 설 자리가 없었다. 법가의 말단 이사李斯가 감행한 '분서갱유焚書坑儒'는 제자백가의 소멸을 보여준 상징적인 사건이었다.

제자백가의 공식적인 소멸은 한나라 무제 때였다. '백가축출百家逐出'과 '유가독존儒家獨尊'이 단행되어 명실상부 황제를 정점으로 하는 위계질서와 사상의 통일이 확고해졌다. 유가의 독존적·독점적 위치가 확정됨으로써 제자백가는 사라졌다.

바로 그 시대에 그 사건을 목도한 사마천은 아버지 사마담司馬談의 〈논육가요지論六家要旨〉를 자신의 자서전(《태사공자서》)에 싣고 제자백가를 회고했다.

2. 제자백가에 관한 최초의 논문 〈논육가요지〉

〈논육가요지〉는 제자백가 중 주요한 여섯 학파의 장단점을 논한 최초의 논문이다.

사마담이 분류한 제자백가의 대표적인 6가는 음양가·유가·묵가·법가·명가·도덕가(도가)다. 이 6가의 요지와 장단점을 표로 정리해

보았다.

요지와 주요 학파	특징 및 장점	단점
전체 요지	6가는 모두 세상을 다스리는 것을 목적으로 하고 있지만 추구하는 이론이 서로 달라 잘 살핀 것도 있고 그렇지 못한 것도 있다. 정신은 생명의 근본이고 육체는 생명의 도구다. 이 둘의 조화만이 천하를 다스리는 길이다.	
음양가	사시 운행의 큰 순서에 맞춰 일을 해야 한다는 점은 놓칠 수 없다.	금기와 구속이 많고 사람을 두렵게 하는 요소가 많다.
유가	군신·부자·부부·장유의 구별이 분명한 점은 바꿀 수 없다.	학설이 너무 광범위해서 요점이 모자라 애를 써도 효과가 적다.
묵가	경제에 대한 관심과 비용 절감을 주장한 점은 버릴 수 없다.	지나친 검약을 강조하여 지키기가 어렵고 다 실천할 수 없다.
법가	군신 상하의 직분을 정확하게 규정한 점은 고칠 수 없는 장점이다.	엄하기만 하고 은혜와 인정이 모자란다.
명가	명분과 실질의 관계를 바로잡은 점은 잘 살펴야 할 부분이다.	명분에 얽매여 실질을 잃기 쉽다.
도가	여러 학파의 장점을 취하여 시세와 더불어 순응·발전하며, 요지는 간명하면서도 쉬워 적은 노력으로도 큰 효과를 거둘 수 있다.	

위 표를 부연하면, "(사마담은) 한 시대의 학술 전부를 개괄하여 종합 분석하고, 과학적 분류법으로 약간의 학파로 다듬은 다음, 이들을 비교 평가한"(량치차오[梁啓超]) 최초의 인물이었다. 사마담에 의해 제자백가의 학술은 각자의 이름을 가지게 되었는데, 6가는 당시 사상계의 세력권을 대표했다.

사마담의 분류법은 그 후로도 죽 이어졌다. 서한 말기의 목록학자 유흠劉歆은 《칠략七略》에서 '제자략諸子略'이란 항목으로 제자백가의 저서를 분류했고, 동한 초기의 반고는 《한서》〈예문지〉에서 사마담의 6가를 기준으로 10가와 9가로 분류한 후 6가를 앞자리에 놓았다.(다만 병가가 소홀히 취급된 점은 아쉬움으로 남는다.)

　〈논육가요지〉는 《사기》 편찬에도 영향을 미쳤다. 사마천은 이 논문에 근거해 〈공자세가孔子世家〉〈맹자순경열전孟子荀卿列傳〉〈중니제자열전仲尼弟子列傳〉〈노장신한열전老莊申韓列傳〉 같은 일련의 학술 전기를 저술할 수 있었기 때문이다.

　사마담은 도가, 구체적으로는 황로도가黃老道家(황로파/황로학)의 입장에서 제자백가를 종합하고 비평했다.(그래서 황로도가를 '신도가新道家', 사마담을 '신도가의 마지막 학자'라고 부른 사람도 있다.) 그의 〈논육가요지〉는 황로도가의 정치적 이론을 제시해 학술 발전사뿐 아니라 문헌 목록학, 역사 편찬학에도 영향을 미쳤다.

3. 제자백가의 출현 배경

　유·도·묵·법의 4대 학파는 춘추전국시대의 중요한 사상이었다.(때로는 병가를 넣어 5대 사상 또는 5가로 부른다.) 이 4대 사상과 다른 학파의 주요 학자와 저서를 표로 정리해보았다.

제자백가의 주요 학자와 저서 일람표

백가	창시자 혹은 주요인물	제자(주요 학자)	제자(주요 저서)
유가 (복고사상)	공구 (기원전 5세기)	증삼, 복상, 좌구명, 공양고, 곡량숙, 안회 (이상 기원전 5세기) 맹가, 공급 (이상 기원전 4세기) 순황(기원전 3세기) 동중서(기원전 2세기)	논어 대학 중용 맹자(이상 4서) 좌씨춘추 우씨춘추 이씨춘추 춘추공양전 춘추곡량전 순자 경자 공손니자 영월 증자 서자 자사자 세자 미자 복자 양자 노중련자 왕손자 칠조개자
도가 (양보사상)	이이 (기원전 5세기)	희헌원(기원전 27세기) 열어구 관회 (이상 기원전 5세기) 장주 양주 (이상 기원전 4세기)	노자(도덕경) 관윤자 장자 열자 문자 갈관자 모자 역목 공자모 검루자 전자 첩자 장로자 황제군신 정장자 왕적자
묵가 (박애사상)	묵적 (기원전 5세기)	금활리 공상과 (이상 기원전 5세기) 맹승(기원전 4세기)	묵자 전구자 아자 수과자 호비자
법가 (법치사상)	이괴 (기원전 5세기)	관중(기원전 7세기) 신도(기원전 5세기) 오기 공손앙 신불해 (이상 기원전 4세기) 한비 이사 (이상 기원전 3세기)	법경 관자 상군서 한비자 신자 이자 처자 신자
명가 (논리방법)	혜시 (기원전 4세기)	등석(기원전 6세기) 공손룡(기원전 3세기)	혜자 등석자 공손룡자 황공 모공 윤문자 성공생
병가 (군사사상)	손빈 (기원전 4세기)	강태공(기원전 11세기) 전양저 손무 (이상 기원전 6세기) 사마조 왕료 (기원전 4~3세기)	육도 손자병법 사마병법

음양가 (현학사상)	추연 (기원전 4세기)	추석(기원전 4세기)	추자 풍촉자 황제 태소 두문공 여구자 주백 남공
종횡가 (외교기술)	소진 (기원전 4세기)	귀곡자 장의 (이상 기원전 4세기)	소자 장자 궐자 괴자 귀 곡자 영릉 영신
잡가 (종합사상)	여불위 (기원전 3세기)	시교(기원전 4세기) 유안(기원전 2세기)	여씨춘추 시자 회남자 위 료자
농가 (농업기술)	허행 (기원전 5세기)	신계연(기원전 5세기)	신농 검로 야로
소설가 문학가 (문학저작)	굴원 (기원전 4세기)	송옥(기원전 4세기)	이소 구가 신녀 고당
의가 방기가	편작 (기원전 5세기)	기백 유부 편작 진화 창공	황제내경(소문, 영추)
화식가 상가	범려 (기원전 6세기)	강태공 계연 백규 자 공 등	계연편 도주공생의편
사가	사마천 (기원전 2세기)	좌구명(기원전 6세기) 유향	좌전 전국책 사기

이들은 춘추전국시대에 일어난 특별한 사조로 그전에는 전혀 없었고 이후로도 거의 없었다. 학자들은 대표적인 4가를 학파로 분류하고 그 나머지는 전문지식 또는 전문 직업가로 본다. 그러나 모두가 나름의 이론과 저작이 있었다.

전통적인 분류법으로 보자면 의가醫家·상가商家·사가史家는 제자백가에 포함되지 않는다. 하지만《사기》〈편작창공열전扁鵲倉公列傳〉에 명의들의 행적이 기록되어 있고 그 맥도 상고시대부터 사마천 당대 때까지 이어지고 있어 의가를 제자백가의 일가에 편입시켜 보았다. 상가도 마찬가지다. 〈화식열전〉에 계연을 비롯한 경제 이론가, 범려 같은 성공한 상인들의 행적을 모아놓았다. 아울러 이들 모든 사람의 행적을 《사기》라는 책에 남겨놓은 사마천을 사가로 분류했다. 사마천은 역사서를 저술하게 된 연유를 밝히며 "일가一家의 말씀을 이루고 싶다."는 소망을 드러내기도 했다.

기원전 5세기 전후로 다양한 사상을 가진 다양한 인물들이 나타나게 된 원인은 무엇일까? 두 가지로 압축해볼 수 있다.

첫째, 사회구조가 급변하는 와중에서 생겨난 분란, 암흑, 빈부의 차이, 평민의 고통스러운 생활을 직시한 지식인들이 각자 고민하고 공부한 방식대로 방안을 내놓았다.

둘째, 세습귀족의 통치가 무너졌다. 기존 권위의 붕괴는 마치 꽃밭에서 무거운 돌을 들어낸 것처럼 꽃이 쉽게 피어날 조건이 되었다. 각국은 낡은 권위를 더 이상 고집할 수 없게 되어 새로운 사조에 의해 새로운 권위를 세우려 했다.

7. 제자백가의 경제사상과 '유상'

사마천은 유상들을 인상 깊게 기록했다. 계연·백규·자공·범려 등이 그 주인공들이다. 인문적 소양과 경영적 자질을 갖춘 유상의 모습은 〈화식열전〉뿐 아니라 사마천의 여러 글 곳곳에 그 흔적이 남아 있다.

제자백가의 경제관을 살펴보려는 필자의 목적은 현대판 유상이 갖추어야 할 인문학적 소양의 한 방편으로써 유용할 것이라는 생각

▮ 사마천은 《사기》를 통해 주요 제자백가의 전기와 그 사상을 정리했다.
사진은 저술에 몰두하고 있는 사마천의 모습을 그린 기록화이다.

에서였다. 제자백가의 저서들이 인문학 교재로 활용되고 있는 현실의 상황에서 정작 제자백가의 경제론을 정리해놓은 것을 찾아내지 못한 점도 또 다른 이유였다.

최근에 대두되고 있는 유상에 대해 간략히 알아본다.

1. 개관

최근 20년 사이 중국 본토를 비롯해 해외의 중화권 상인들 사이에 유儒와 상商의 관계가 관심사로 떠올랐다.

현대 사회는 정보사회와 지식가치사회로 진입한 지 오래다. 지식경제시대가 도래한 것이다. 정보를 언급할 때 지식의 가치를 같이 말하는데 이는 과학기술과 인문이 연계된 때문이다. 따라서 중국의 전통적인 인문정신을 상징하는 '유'라는 개념에 자연스럽게 눈길이 쏠렸던 것이다.

'유' 하면 문인 또는 문화적 소양을 가진 지식인을 떠올린다. 전통문화에서 '유'는 공부하는 선비를 가리키지만 오늘날에는 그 함의가 넓어지는 추세다. 이런 추세에 맞춰 지식[儒]과 경제[商]를 연계시키려는 경향이 뚜렷해졌고 시간이 흐르면서 '유상'은 중국 상인들이 가장 본받고 싶어 하는 모범으로 간주되기에 이르렀다.

유상의 큰 특징은 지식과 경제(력)를 함께 갖추었다는 점이다. 오늘날의 지식은 인문정신에 토대를 둔 지식을 말하는데, 따라서 공공의 선, 부의 사회 환원과 같은 고차원의 정신세계를 갖춘 상인에게만 유상이란 영예를 부여한다.

유상은 유자儒者의 도덕과 지혜에다 상인의 부와 성공을 결합한 개념이다. 이 말은 1990년대 중화문화권(홍콩·타이완·싱가포르를 위시한 동남아 지역)에서 논의되어 최근에 유상학儒商學이란 학문으로까지 나아갔다.

유상학에서 정리해놓은 유상의 개념은 유교적 가치를 체화한 상인이나 기업인 또는 유교적 윤리의식을 지닌 기업 집단을 가리킨다. 모범적인 유자와 엘리트 상인이 융합된 말이라 할 수 있다.

유상의 특징은 다음과 같다.

① 개인의 수양을 중시함
② 성실과 신용으로 경영함
③ 한 차원 높은 문화 소양을 보유함

▌ 홍콩의 화교 상인 리자청[李嘉誠]은 대표적인 현대 유상이다. 작고한 전 싱가포르 수상 리콴유[李光耀]와 함께 찍은 사진이다(왼쪽이 리자청).

④ 협력을 통한 윈-윈을 중시함

⑤ 사회와 국가에 대한 강한 책임감

유상은 공리功利를 초월하는 목표, 사회 발전에 대한 책임감, 세상
과 인간을 도우려는 포부가 있어야 한다. 자신을 세우려면 남도 세우
고, 자신이 성공하려면 남도 성공하게 하라는 자세로 사업에 임한다.
상도덕을 중시하며 의롭지 못한 재물은 취하지 않아야 한다.

2. 개념 정리

좁은 의미의 유상은 유가의 학설을 행동의 준칙으로 삼는 상인을
말한다. 넓은 의미로는 유가는 물론이고 도가·묵가·법가·병가·불가
의 장점을 두루 갖춘 상인을 일컫는다.

신유상新儒商(현대의 유상)은 후자의 범주에다 기업경영 이론, 과학
기술에 대한 지식과 안목, 창조적인 정신, 동서양 문화에 대한 교양
등을 두루 갖춘 상인을 가리키는 경우가 많다.

요컨대 전통적인 미덕과 시장경제에서 파생한 도덕관을 유기적으
로 결합해 인간의 가치를 존중하고 인간 경영을 실천하는 상인이라
고 할 수 있다. 한마디로 말해서 문화상인文化商人이다.

3. 유상의 기원

유상은 유가의 탄생 이후 출현한 집단이지만 더 좁히면 유가가 지
배이데올로기가 된 다음에 생겨난 상인 집단을 일컫는다. 좀더 의미
를 넓혀 문화 소양을 갖춘 상인을 유상으로 부른다면, 상인의 출현과

함께 유상도 생겨났다고 보아야 할 것이다.

　상인의 사회적 지위가 크게 상승하고 사회적인 공인을 얻음으로써 비교적 안정된 상덕商德을 형성한 시기는 명나라 때였다. 명대 중엽 '휘상徽商'이라는 상인 집단이 생겨나 큰 힘을 발휘하게 되는데, 이 '휘상'의 등장이 근대적 의미에서 유상의 출현이라고 할 수 있다.

　안휘성安徽省 휘주徽州 출신의 상인들로 구성된 휘상은 유가의 도덕관념으로 사업하자는 기치를 내걸고 실천했다. 신용을 지키고, 재부를 추구는 하되 옳은 방법으로 취하며, 인간의 도리를 중시했다. 당시 휘상이 보여준 상도덕(도덕적 수양·도덕적 자각·자율성)은 매우 수준 높은 것이었다.

▎본격적인 유상의 출현은 명나라 중기 이후 안휘성 휘주 출신의 상인 집단을 일컫는 휘상에서 시작되었다. 사진은 휘상의 고향이란 표지석과 휘주성의 모습이다.

4. 유상과 유가 사상

현대의 유상은 과학기술에 대한 지식과 안목을 갖추고 유가의 가치와 이상을 실현하고자 하는, 즉 선비의 혼과 상인의 재능을 갖춘 경영인이다.

인·의·예·지·신의 뿌리는 성신誠信에 있는 바, 유상은 이 '성신'을 기본으로 상품과 서비스의 질을 높이고자 한다. 또 직원의 노동 가치를 최대한 인정하고 보상한다. 공자가 말한 구사九思는 유상의 자기 수양과 경영 철학이 되었다.

① 시사명視思明 : 사물을 볼 때 분명하게 볼 것을 생각한다.

② 청사총聽思聰 : 들을 때 또렷하게 들을 것을 생각한다.

③ 색사온色思溫 : 안색을 드러낼 때는 온화하게 할 것을 생각한다.

④ 모사공貌思恭 : 태도는 공손하게 할 것을 생각한다.

⑤ 언사충言思忠 : 말은 충직하게 할 것을 생각한다.

⑥ 사사경事思敬 : 일은 신중하게 할 것을 생각한다.

⑦ 의사문疑思問 : 의문 나는 것은 물어볼 것을 생각한다.

⑧ 분사난忿思難 : 화가 날 때는 나중의 어려움을 생각한다.

⑨ 견득사의見得思義 : 이익을 얻을 때는 의로운 것인가를 생각한다.

5. 현대 중국의 유상과 유상 문화

1949년 중화인민공화국 성립 이후 30년의 병목 위기를 거쳐 개혁 개방의 파도에 올라탄 신유상은 천시天時(개혁개방)·지리地理(거대한 인구 및 영토)·인화人和('유'와 '상'의 결합)를 차지하게 되면서 물질과 정신, 양 측면에서 많은 과실을 얻고 있다. 여기에 안정된 정치 시스템에 의해 보호를 받음으로써 그들이 일군 부를 바탕으로 더 높은 목표를 추구할 수 있게 되었다.

오늘날 유상 문화는 중국의 경제에 보완재 역할을 하고 있고 시민의 도덕의식 함양, 기업의 관리와 기업의 문화를 세우는 데에도 기여를 하고 있다. 아울러 전통문화에 대한 소양이 부족하거나 유가의 가치관을 접하지 못한 기업인에게 영향을 주어 차원을 높일 수 있는 계기로도 작용한다.

유상은 단순한 상인이나 문화인이 아니다. 또 유상의 기준은 학문의 높고 깊음에 있는 것이 아니라 유가의 윤리도덕을 실천하느냐에 있다. 비록 문화적 소양이 깊지 않아도 불가에서 말하는 혜근慧根을 지닌 상인이라면 유상의 범주에 속한다.

중국에서는 수천 년 동안 유와 상이 결합해 제대로 정착된 적이 없었다. 이 두 단어는 여러 면에서 융합되기가 힘들었다. 2천 년 넘게 한쪽은 존중받고 다른 한쪽은 천시 받았다. 이 둘을 결합시키려면 특수한 방식의 매개가 있어야 했는데, 중화인민공화국의 성립 및 개혁개방이라는 배경이 결합의 촉매제가 되었다.

개혁개방 이후 사유 경제와 국유 경제가 상당한 변화를 보이면서 상업[利]과 전통 사상[義]은 오랜 질곡에서 벗어날 수 있었다. 이에 따라 유와 상도 각각 자유를 얻게 되고, 자유를 얻은 이 둘이 결합함으로써 유상이란 다소 낯선 단어가 우리 앞에 등장하게 되었다.

6. 현대 유상이 갖추어야 할 기본자세와 원칙

유상학에는 현대 유상이 갖추어야 할 기본자세와 원칙을 제시하고 있다.

① 덕을 입신의 근본으로 삼는다.

② 이익과 의로움이 통일된 가치관을 실천한다.

③ 경쟁을 두려워 않으며 윈-윈을 추구한다.

④ 인간 본위의 관리를 실행한다.

⑤ 새로운 것을 개척하고 창조할 의식과 능력을 갖춘다.

⑥ 문화와 지식이 결합된 기업 경영을 추구한다. 이를 위해 지식형 관리, 문화형 경영, 소양 교육, 문화 교육을 중시하는 기업 문화를 세운다.

⑦ 유가의 정수를 기업의 생존과 발전 이념으로 삼는다.

⑧ 인애仁愛 사상으로 화합하는 기업 환경을 조성하고 폭넓은 인간관계를 수립한다.

⑨ 성실하지 않으면 설 수 없고, 믿음이 없으면 존재할 수 없다, 라는 사상으로 무장한다. 정성·성실·신뢰는 기업 생존과 기업 발전의 생명선이다.

⑪ 유능한 인재를 발탁한다.

⑫ 유상의 풍도風度를 유지하기 위해 노력한다.

⑬ 예의를 갖춘다.

⑭ 생명운동 같은 의미 있는 운동에 동참한다.

▌현대 유상(신유상)의 인문 교재로 활용되고 있는 제자백가의 저술들

7. 유상의 가치와 의의

과거에 상인은 정치적으로나 사회적으로 천시 받던 존재였다. '간사하지 않은 상인은 없다'는 말이 이를 단적으로 보여준다.

이렇듯 상인은 원죄의식을 갖고 사는 존재로 인식되었으므로 사회에서 존경받는 유가의 행위규범과 도덕적 표준으로 자신들을 규정하고자 했다. 이에 따라 '장사를 하되 유가의 가르침을 행한다', '유가의 가르침으로 사업을 갖춘다' 같은 슬로건을 내걸었고 그로부터 유상이 태어나게 되었다.

유상은 다음과 같은 가치관과 정신을 강조한다.

① 옳지 않은 부의 축적에 반대하며 의로운 부를 강조한다. '의롭게 이익을 취하라'를 가장 기본적인 가치와 자세로 앞세운다.

② 사회적 책임감을 강조한다. '좋은 일을 즐겨하고 베풀기를 좋아하라'는 가르침을 실천한다.

③ 공자가 말한 '자기가 하고 싶지 않은 것을 남에 강요하지 말라'를 사업의 기본자세로 취한다.

④ 윈-윈할 줄 알아야 한다. '자신이 서고 싶으면 남도 세우고, 자신이 무엇인가를 이루고 싶으면 남도 이루게 하라'를 가슴에 새긴다.

⑤ '상품은 최고의 질을 추구하고 가격은 현실에 맞게 책정'하는 경영 지표는 유상의 기본이다.

⑥ 이윤을 남기기 위해 수단과 방법을 가리지 않는 행위는 절대 금물이다. '아이와 아녀자도 속이지 않는다'는 가르침을 지킨다.

⑦ 약속과 실천을 중시하며 실행하면 반드시 결과를 얻어낸다. '그

말은 반드시 믿음이 있고 행동에는 반드시 결과가 따른다'는 가르침을
지킨다.

⑧ 신용·성실·정성은 유상의 생명줄이다. '신용을 시킨다', '성실과
믿음을 근본으로 삼는다', '성실하고 속이지 않는다'는 유상의 항구적
인 표어다.

⑨ 의리와 이익을 분리하지 않는다. 즉 '의로움으로 이익을 통제할
줄 알고', '의롭게 재물을 취하며', '의류게 낚을 위해 재물을 쓸 줄 알아
야 한다'.

2. 제자백가의 경제사상 윤곽 잡기

이제 제자백가의 경제사상이라는 주제로 옮긴다.

중국사에서 춘추전국시대는 특별한 의미를 갖는다. 500여 년에 걸친 대혼란기였지만 최고 황금기이기도 했다. 정치적으로는 지배층이 뒤바뀌고 진나라의 천하 통일로 수렴되었다. 사상에서는 제자백가가 등장해 황금기를 연출했다. 경제와 상업에서는 국가에 의존하던 '공상식관'이 무너지고 상업자본과 자유 상인이 나타나 전국적인 규모의 경제활동이 펼쳐졌다. 상품은 다양해졌고 유통은 활기를 띠었다. 거상들의 출현은 필연이었다.

제자백가의 주요 관심사는 인간과 사회였다. 그러나 경제와 상업에도 관심을 나타냈다. 이러한 관심들은 사마천이 저술한 《사기》의 〈화식열전〉과 〈평준서〉로 종합되었다. 사마천은 제자백가 각각의 경제사상과 경제적 관점까지 구체적으로 기술하지는 않았지만 단편들을 남겨놓았다.

유가가 한나라 무제 때 국가이데올로기로 확립되면서 경제와 상업, 상인에 대한 인식이 왜곡되기 시작했다. 사농공상의 차별적 신분관에 입각해 위선적인 태도로 상업과 상인을 대했고, 제자백가의 경제사상에 대한 연구도 침체되었다.

이런 이해를 전제로 제자백가의 경제관을 개괄하고 후대에 강력한 영향을 남긴 유가와 법가의 상업관을 살펴본다. 유교이데올로기에 편중되어온 우리로서도 이 문제는 의미가 있을 것 같다.

1. 경제와 상업에 대한 제자백가의 인식

제자백가는 춘추시대에 싹을 틔웠고 전성기는 전국시대였다. 이 시기에 상업이 크게 발전해 영향력을 무시할 수 없게 되었다. 이런 시대적 추세에 따라 제자백가의 저술에도 상업에 대한 관점이 반영되기에 이르렀다.

도가가 상업에 부정적인 태도를 취했고 묵가·유가·법가는 상업의 객관적 작용을 대체적으로 긍정했다. 물론 각론에서는 견해차를 보이긴 한다. 또 농가처럼 극단적인 경제관을 보여준 학파도 있었다.

유가는 자유방임적 경제정책을 주장하며 개인이 자유롭게 상업에 종사하게 해야 한다고 했다.

법가는 국가가 간여하는 관영 상업을 발전시키자고 주장하면서 개인이 자유롭게 상업에 종사하는 것과 지나친 상업의 발전을 억제하라고 했다. 법가의 시조로 인정받는 관중은 경제와 상업이란 면에서 보면 결코 법가의 시조가 될 수 없는 인물이다. 그는 법가의 후배들과는 달리 상공업을 장려했고 경제적 부의 중요성을 누구보다 강조했다.

묵가는 상인의 행위, 상품의 가격, 화폐의 관계를 비교적 분명하게 인식했다.

농가는 상품의 직접 교환과 자급자족을 강조했고, 상인의 상행위를 사기로 보았다.

이런 개괄적인 인식을 바탕으로 법가·유가·도가·묵가·농가·잡가의 경제사상을 개관해볼 것이다.

유가는 창시자 공자를 비롯해 맹자와 순자를 살펴본다.

법가는 관자管子(관중)를 필두로 정자산鄭子産·안영晏嬰·상앙商鞅·한비자韓非子의 사상을 살펴본다.

묵가와 농가는 각각 묵자墨子와 허행許行의 경제사상을 중점적으로 논한다.

대상인으로서 진나라의 권력을 쥐었던 잡가의 대표 인물인 여불위呂不韋의 사상은 그가 편찬한 《여씨춘추呂氏春秋》를 중심으로 알아본다.

마지막으로 제자백가의 전기를 기록하고 〈화식열전〉과 〈평준서〉에 거상들의 발자취와 경제 관련 주장들을 남긴 사마천의 경제사상을 상세히 검토한다.

2. 유가 및 법가의 경제관이 후대에 미친 영향

사마천이 〈태사공자서〉에 아버지 사마담의 논문 〈논육가요지〉를 인용했음은 앞에서 언급했다. 사마담은 춘추전국의 제자백가를 대표하는 사상과 학파를 여섯으로 압축하고 도가의 입장에서 나머지 5가의 논지를 비판적으로 분석했다. 물론 이 논문에 6가의 경제사상에 대한 언급은 없다. 사마담이 6가를 언급한 이래 많은 학자들이 이를 답습했는데 그중 유가·도가·법가는 빠지지 않고 언급되었고, 후대에 유가와 법가의 영향이 가장 컸다.

제자백가의 사상은 다 달랐고 영향력도 차이가 있었다. 그러나 상업과 상인을 부정 또는 경시했던 학파들은 전국시대 이후 설 자리를 잃었다.

자연경제로 회귀하자는 도가의 주장은 공감을 얻지 못했고, 소생산자의 이익을 옹호했던 묵가도 지배 세력의 외면으로 봉건통치를 다지는 데에는 불리한 사상이었다. 《여씨춘추》로 대표되는 잡가는 상업관이 도드라졌지만 무위無爲를 기본으로 하는 황로학(황로파)에 뿌리를 두었고 유가의 자유무역 사상과 구별하기 어려워진 탓에 독립된 일가를 이루지 못했다. 경제사상의 흔적을 찾기 힘든 음양가나 명가는 특별히 언급할 내용이 별로 없고 농가의 견해는 논하기에 남아 있는 자료들이 미미하다. 따라서 남은 학파는 유가와 법가인데, 실제로도 두 학파의 영향력은 다른 학파를 압도했다.

한 무제 때 유가가 국교화되면서 나머지 학파는 배척되었다. 이후 유교는 2천 년 넘게 정치사상, 윤리도덕, 경제, 상업 등 여러 면에서 절대적인 영향을 미치게 된다. 법가 사상 역시 퇴출되었지만 일부는 유교에 수용되어 봉건 왕조들이 유지되는 데 지대한 역할을 했다.

본래 유가와 법가는 상업을 무시하지 않았다. 그러나 유교는 내생적인 계급관 때문에 이의억리以義抑利(의리로 이익을 억제한다)의 논리에 압도되었고, 유교를 국가이데올로기로 받아들인 역대 왕조에서 상업/상인을 낮춰보는 분위기가 만연해짐에 따라 상업을 상대적으로 중시한 다른 학파의 관점이 엄폐되었고, 봉건사회의 경제사상은 유가와 법가에서 비롯되었다는 착각이 조성되었다.

유가와 법가의 상업관이 미친 영향은 크게 두 가지다.

첫째, 농업을 중시하고 상업을 억제하는 정책.

둘째, 경제정책에 있어서 방임이냐, 간섭이냐의 문제.

당초 유가와 법가는 농민이 농업을 버리고 상업으로 달려가는 일을 억제하려 했을 뿐이다. 따라서 '숭본억말崇本抑末'의 정책 속에는 억상抑商과 중상重商이 포개져 있었다. 억상은 하나의 정책일 뿐 상업 활동 및 상인을 경시하는 경상輕商과는 크게 다른 것이었다.

'숭본억말'이라는 큰 틀에서 유가와 법가는 거의 일치하지만 각론에서 차이를 보인다. 법가는 거상 세력의 팽창을 억제하고 사영 상업을 관영 상업으로 대체하자고 했다. 관중과 상앙이 대표적인 인물이다. 반면 후대의 유가는 상업을 아예 퇴출하거나 개인 경영에 맡겨 부유한 호민豪民과 이익을 다투지 말자고 했다. 결국 '억상'의 핵심은 사영 상인을 억제하느냐, 관영 상인을 억제하느냐였다. 유가는 방임정책을, 법가는 간섭정책을 주장했다.

┃ 한 무제가 유가를 국가의 지배이데올로기로 확정함으로써 다른 제자백가의 사상은 외면당하고 말았다.
다양하고 활발했던 여타 제자백가의 경제사상도 같이 묵살되었다. 사진은 무제의 '파출백가'를 나타낸 조
형물이다.

유가가 방임에 방점을 둔 것은 일부 거상의 이익을 위한 방치에 가
깝다. 유가는 이를 은폐하기 위해 "천자는 많고 적음을 말하지 않고,
제후는 이해를 말하지 않고, 대부는 득실을 말하지 않고, 선비는 재
물의 유통을 말하지 않는다."《순자》는 논리를 내세웠다. 반면에 법가
는 국가가 간여해 사영 상업을 억제하고 관영 상업을 키우자고 주장
했다. 중앙집권 국가의 물질적 기반을 확보하기 위해서였다.

이런 이유에서 통일로 넘어가는 격변기에 유가와 법가의 투쟁은
격렬할 수밖에 없었고 이는 통일 이후에도 지속되었다.

제1부 제자백가의 경제사상 개관

제자백가 주요 사상가들의 경제인식

1. 관중

세계 최초의 전문 경제사상가

인류가 사회를 구성하고 생산 활동이 개시되면서 경제에 관한 관념도 자연스럽게 같이 생겨났다. 일부에서는 경제사상이 원시시대에 이미 출현했다고 주장하지만, 남아 있는 기록을 세밀히 추적하고 그 기록에서 재구성할 만한 내용과 주장을 확인할 수 있어야 그런 결론이 내려질 수 있을 것이다.

중국의 경제사상 연구는 관포지교管鮑之交의 주인공 관중管仲(730?~645BC.)으로부터 시작된다. 그 까닭은 첫째 그보다 앞선 사람들 중에 관중만 한 경제적 식견을 내세운 인물이 없고, 둘째 《관자管子》라는 저술이 남아 있으며, 셋째 독자적인 사상을 갖고 있기 때문이다.

가장 오래된 기록인 《시경詩經》에도 경제관이라 볼 수 있는 대목은 있지만 아쉽게도 뚜렷한 인물은 보이지 않는다. 《논어》에도 공자의 경제관이 다수 확인되지만 공자는 관중보다 늦은 시기의 인물인

像吾夷管

▌ 관중은 중국 경제사상사의 첫 페이지를 장식할 수 있는 자격을 두루 갖춘 인물이었다.

데다 사상도 체계적이지 못했다. 따라서 관중 이전에 독자적인 경제 사상을 피력한 인물은 아직까지는 발견되지 않는다.

관중의 경제사상을 이해하려면 그가 처했던 시대의 배경을 알아야 한다.

관중은 기원전 8세기 후반에서 기원전 7세기 전반(춘추시대 전기)에 활동했다. 이 시기는 혼란과 변혁의 소용돌이의 초입으로 춘추오패春秋五霸로 대변되는, 패권 쟁탈전이 개시되는 시기였다.

관중은 큰 성취를 이룬 저명한 정치가다. 그는 40년 가까이 동방의 바닷가에 위치한 제나라의 재상을 지내며 환공을 보좌해 개혁을 주도하고 나라를 부강하게 만들었다. 그 결과 제 환공은 '제후들을 아홉 번 불러 모아 단번에 천하를 바로잡는' 춘추오패의 선두가 되었다.

관중의 경제사상을 보여주는 《관자》는 후세 사람들이 관중의 말과 생각을 정리한 것으로 추정한다. 교정·중복·삭제를 거쳐 86편으로 정리되었으나 그 후 10편을 분실해 지금은 76편이 남아 있다. 그중에 1/3이 경제문제를 언급하고 있는데, 중심 사상은 '부민부국富民富國'이다.

먼저 그의 생애와 경력을 살펴보자.

1. 상인, 재상 그리고 경제사상가 - 관중의 생애

춘추시대 초기, 지금의 산동성 동부에 위치한 제나라에서 활약한 관중의 이름은 이오夷吾, 자는 중仲이다. 대개 자를 따서 관중이라 하고 관경중管敬仲이라고도 불린다. 상업에 종사하다가 정치에 관여했다고 알려졌다. 당시 제나라의 공자 소백小白(훗날의 환공)과 공자 규糾가 군주 자리를 놓고 싸웠는데 관중은 공자 규를 지지했다. 소백은 국군의 자리에 오른 후 지난날의 허물을 따지지 않고 관중을 중용했다. 관중 또한 환공을 잘 보좌해 개혁을 실행해 나갔다. 이 과정에서 벗 포숙鮑叔의 배려와 양보로 재상을 맡아 40년 동안 정국을 주도했다.

관중은 정치면에서 사·농·공·상의 직업을 규정했다. 경제면에서는 조세를 개혁하고 농업과 수공업에 유리한 정책을 실시했다.

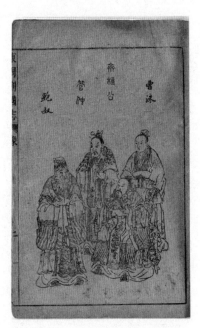

내치를 안정시킨 후에는 환공에게 '존왕양이尊王攘夷'를 실행하게 해 패권의 토대를 마련했다. '존왕'은 주 왕실을 받든다는 명분이고, '양이'는 화하華夏 지구를 침범하는 융戎과 적狄, 남방의 강국 초楚나라를 막는 정책이었다. 기원전 649년 융족이 주 왕실을 침범하자 제나라는 군사를 동원해 왕실을 보호하는 한편 이민족의 공격을 받는 제후국들을 도와주었다.

이러한 대내외 정책을 바탕

┃ 춘추시대를 주도한 제나라의 주역들(왼쪽부터 포숙, 관중, 환공. 조말)

제2부 제자백가 주요 사상가들의 경제인식

으로 제나라는 춘추 최초의 패주가 되었다. 부민부국을 목표로 각종 개혁이 성공을 거둬 초강국으로 성장한 것이다. 제 환공의 칭패稱覇(춘추오패의 선두)는 관중이 주도한 상업 및 대외무역의 발전과 긴밀하게 맞물려 있다. 중상주의 정책으로 제나라에는 각국의 상인들이 몰려와 물산이 풍부하게 거래되면서 천하의 중심으로 서게 되었다.

관중의 사상은 후대의 각 분야 사상가·정치가·학자·경제 전문가들에게 큰 영향을 미쳤다. 그의 경제사상은 20세기의 경제학자 케인스(1883~1946)와 닮았다고 보는 전문가도 있다.

2. 포숙과의 동업 - 관중의 상업 활동

"창고가 차야 예절을 알고, 입고 먹는 것이 넉넉해야 영예와 치욕을 안다."

2700년 동안 인구에 회자되고 역대로 국가정책에 큰 영향을 미쳐온 이 성어는 관중이 한 말이다. 경제가 인간의 의식을 결정한다는 명쾌한 발언이다.

관중은 귀족 출신이었으나 가세가 기울어 평민이나 다름없었다. 어린 날에는 말을 기르는 직업에 종사했고 성인이 되어서는 친구 포숙과 동업했다. 당시의 상황에 대해 관중은 이렇게 말했다.

내가 당초 곤궁할 때 포숙과 장사를 했다. 이익을 나누면 내가 많이 가져갔다. 포숙은 내가 욕심이 많다고 여기지 않았는데 내가 가난하다는 것을 알았기 때문이다.

노동과 장사에 뛰어든 경험을 통해 백성의 생활을 우선 해결해야
한다는 점을 체득했다. 포숙은 그런 관중의 재능을 알아보고 고비마
다 자리와 부를 양보했다. 그래서 생겨난 말이 '관포지교'다.

3. 관중의 나라 – 사마천이 목격한 제나라 지역

훗날 제나라 땅을 방문한 사마천은 이렇게 적었다.

내가 제에 갔는데 태산부터 낭야琅琊에 이르기까지, 그리고 북으로
바다에 이르기까지 기름진 땅이 2000리였다. 사람들은 활달하고 꾀를
많이 감추고 있었는데 그들의 천성이었다. 태공(강태공)의 성스러운 덕
으로 나라의 근본을 세웠고, 환공의 강성함으로 선정을 닦아 제후들과
회맹하여 패자라 칭했으니 당연한 것 아니겠는가? 한없이 넓구나, 참으
로 큰 나라의 기풍이!

한 나라의 부강함을 나타내는 지표로 천시·지리·인화를 꼽는다.
이는 천하의 정세, 그 나라의 환경, 인재로 바꾸어보면 된다. 본래 제
나라는 구구지제區區之齊(자그마한 제나라)였다. 바닷가의 작은 나라
였지만 개국조 강태공의 정책을 계승해 국력을 키웠고, 관중이라는
인재가 등장해 천하 제일의 나라가 되었다.

4. 산업구조 및 내정 개혁 - 개혁가 관중

춘추시대는 사회변동이 본격화되는 시기였다. 먼저 농업에서 변화가 이루어졌는데, 농업의 변화는 산업구조 전반을 흔들어 신분상의 변화를 가져왔다.

공전公田에 투입된 요역 노동자 중심의 농업에서 집단 농노를 이용한 자가 농업으로 전환되었다. 그에 따라 공전은 황폐화해지고 토지 쟁탈전이 격화되어 정변이 빈번해졌다.(기원전 7세기에만 40명 이상의 국군이 축출되었다.)

이런 상황에서 관중은 산업구조를 전면 재조정했다.

먼저 불안정한 농업 생산을 안정시켜 수산업과 역내의 상업에 의존하던 산업구조를 개선했다. 그런 다음 조세정책에 착수했다. 그런데 강제적인 세금 징수는 종종 납세 거부를 초래하곤 했기 때문에 주택·농지·가축·호구와 같은 기초생활에 대한 징세는 신중해야 했다. 관중은 소금과 철을 국가에서 전매專賣하게 함으로써 재정 확보에 심혈을 기울였다. 그런 후 무세無稅를 기조로 삼고 전매 이익을 징수의 원천으로 삼았다.

5. 대외무역을 제1의 국책으로

내정 개혁과 산업구조를 변모시킨 관중은 국가 주도의 무역에 나섰다. 국부 창출은 대외무역에 있다는 점을 인식한 것이다. 그래서 무역상들에게 최대한 편의를 제공했고 규제는 최소화했다.

외국 상인들은 자유롭게 국경을 오가면서도 세금을 내지 않아도 되었으며, 30리마다 설치된 역참에서 서비스를 제공받았다. 1승(乘, 4마리 말이 끄는 수레)에 물건을 싣고 오는 상인에게는 식사를 제공하고, 3승에게는 본인의 식사와 말 사료를 제공하고, 5승에게는 수행원의 음식을 추가로 제공했다. 그 결과 '천하의 상인들이 모두 물이 흐르듯 제나라로 들어오게' 되었다.

관중은 또 두 차례의 회맹을 열게 해서 관세율을 낮추었다. 아울러 타국의 산천 개발을 지원해주고 그 이익금을 다시 교역에 돌렸다. 오늘날 세계화와 흡사할 만큼 개방적이었다.

도로를 개선하고 도량형을 정했으며 명도전明刀錢을 제조해 기축통화 역할을 하게 만들었다.

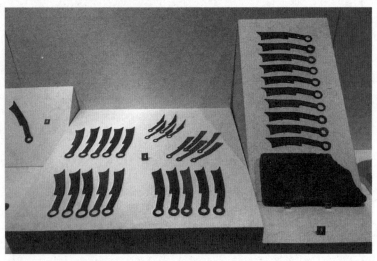

▌ 춘추시대 이후 기축통화 역할을 해낼 만큼 널리 유통되었던 제나라의 화폐 '명도전'

6. 다양한 무역 형태와 경제외교

대외무역에는 중계무역의 형태도 있었다.

관중은 동쪽의 래이萊夷 지방의 소금을 수입해 다른 나라에 수출했다. 래이는 제나라를 통해야 교역할 수 있었는데 관중은 이 같은 지리적 조건을 이용했다.

상품 값은 국제 가격에 맞추어 국내 가격을 조절했다. 어떤 상품의 국제 가격이 오르면 국내 가격을 내려 수급을 맞추려 했다. 천하의 경제와 일국의 경제가 별개가 아님을 잘 알고 있었던 것이다.

대외관계에도 경제를 이용했다.

이웃한 노나라와 중원의 위衛나라가 제나라에 맞서는 일이 빈번했다. 관중은 양국의 방직업에 주목했다. 관중은 자국의 백성들에게 이 두 나라의 옷감을 사서 옷을 지어 입도록 하고, 금 300근으로 옷감을 수입했다. 양국의 농민들은 농사를 포기하고 방직업에 열을 올리니 옷감의 생산력이 급증했다. 그러나 얼마 지나지 않아 식량난에 직면하자 곡물 가격이 폭등했다. 제나라는 곡물 수출을 금지하고 있었다. 양국의 백성 중 열에 여섯이 제나라로 도망쳐왔다.

관중은 정보의 중요성을 잘 알고 있었다. 각국의 정보를 수집하기 위해 관상官商을 이용했다. 이렇게 수집한 정보로 국제 정세에 대처하고 대외무역에 활용했는데, 정보 수집 요원 중에는 타국의 상인들도 있었다.

7. 예의와 염치를 아는 부富가 진정한 부

관중은 백성의 의식주를 어느 정도까지는 끌어올려야 통치를 따른다고 했다. 의식주가 해결되어야 나라를 떠받치는 4가지 기둥(사유四維, 禮·義·廉·恥)이 세워진다고 보았다.

'예'란 도를 넘지 않는 자세와 태도다.

'의'란 잘난 척하지 않고 이치에 맞게 행동하는 것이다.

'염'이란 자신의 잘못된 점을 숨기지 않는 깨끗함이다.

'치'란 남의 잘못된 언행을 따르지 않는, 즉 부끄러움을 아는 것이다.

'사유'가 바로 서면 통치자의 지위는 안정되고, 백성들은 서로 속이지 않고 행동이 반듯해지며, 부정한 일이 일어나지 않는다. 그래서 백성의 생활을 책임지는 정치가 필요한 것이다. 정치가 순조로우려면 민심을 따라야 하는데, 관중은 이를 '사순四順'이라고 표현했다. '사순'은 아래와 같다.

① 백성은 근심과 고생을 싫어하니 통치자는 그들을 즐겁게 해줘야 한다.

② 백성은 가난과 천함을 싫어하니 통치자는 그들을 부유하고 귀하게 해줘야 한다.

③ 백성은 위험에 빠지는 것을 싫어하니 통치자는 그들을 안전하게 만들어줘야 한다.

④ 백성은 자신이 죽고 후손이 끊기는 것을 싫어하니 통치자는 그들

이 수명을 누리고 대를 이을 수 있도록 해줘야 한다.

그는 민심에 따르는(순민심順民心) 것을 '이민利民'과 '부민富民'의
전제로 보았다. 경제와 정치는 별개가 아니라 상호 보완하는, 수레의
바퀴와 같은 관계로 이해한 것이다.

8. 정책으로 실현된 관중의 경제사상

1. 직업과 신분을 정착시키다 – 사민 정착

'사민四民'은 사·농·공·상이다. 관중은 사민의 분업과 정착을 가
장 먼저 내세웠다. 부민부국을 위한 기본 조치였다.

사민의 직업에 따라 구역을 나누었다. 사·공·상은 성시城市에, 농
은 농촌에 거주하게 했다. 관중은 사·공·상을,

궤軌(5가) → 리里(10궤, 즉 50가) → 련連(4리, 즉 200가) → 향鄕(10련, 즉
2,000가)

으로 나누었고 농을,

읍邑(30가) → 졸卒(10읍, 즉 300가) → 향鄕(10졸, 즉 3,000가) → 현縣(3향,
즉 9,000가) → 속屬(10현, 즉 90,000가)

으로 편제했다.

행정조직은 군사 조직과 일체가 되었다. 사·공·상의 행정 편제 중에서 리는 소융小戎, 련은 졸卒, 향은 려旅란 군사 조직으로 변경할 수 있도록 했다.

이 민병 일체는 분업 발전에 맞게 시행되었다.

총 21향 중 사는 15향에 3만 가, 공과 상은 각각 3향에 6천 가였다.

농은 5속에 45만 가였다.

전국의 49만2천 호 중에서 사가 6.1%, 공과 상이 각각 1.2%, 농이 91.5%였다.

관중은 이 제도를 세습화했다.

2. 농업은 국가 안정의 기본 – 농업 중시

농업은 90% 이상의 인구가 종사한 주요 산업이었다.

관중은 농민이 적극적으로 생산하도록 "토지의 질에 따라 세금을 다르게 거두었고, 그 결과 농민들이 다른 곳으로 이주하지 않게" 만들었다. 또 농사짓는 시기를 놓치지 않도록 해 "농민이 농사짓는 때를 빼앗지 않으면 백성이 부유해진다."는 점을 제도에 반영시켰다. 가축을 늘리고 산과 못을 개발하는 일도 농사시기를 기준으로 삼아 정하게 했다.

관중의 경제사상은 농업 생산의 안정이 먼저였다.

3. 부민부국의 지름길 – 상공업 병행

농업이 산업을 주도하고 공업과 상업의 중요성을 함께 강조한 점이 관중의 탁견이었다. 이는 선대의 강태공이 "상공업을 발전시키고 어업과 소금의 이점을 잘 살린" 경제정책과도 서로 통한다. 관중은 지리적 이점을 살리는 이 전통을 계승하고 발전시켰다. 상공업의 발전은 다른 산업에도 기여하고 국가 간의 교류에도 필요한 요소라는 점을 꿰뚫어보았던 것이다.

경제정책이 효과를 내면서 생산력이 향상되었다. 백성의 생활수준이 높아지자 국력도 같이 올라갔다. 그 결과가 제 환공의 춘추오패 첫 패자霸者였다.

▌관중 당시 제나라 도성인 임치는 모든 방면에서 활기를 띠는 국제도시였다. 임치성을 상상하여 복원한 조형물이다.(관중기념관) 사마천은 전국시대 조나라의 도성 한단의 상황을 묘사하면서 시장으로 달려가는 사람들이 흘리는 땀이 비가 되어 내릴 정도였다고 했다.

9. 실천으로 입증된 《관자》의 경제사상

관중이 법가로 분류된데다 독존유술獨尊儒術로 인해 상업을 천시
하는 바람에 그의 경제사상은 그다지 주목받지 못했다. 또 《관자》를
관중의 저작이 아닌 전국시대의 저작이라는 관점에서 연구해오다
보니 관중의 중요 사상들 역시 무시되곤 했다.

최근에 《관자》가 관중의 사상을 반영한 것이라고 대다수가 동의하
므로 《관자》의 내용을 바탕으로 몇 가지 키워드를 살펴본다.

1. 인간은 자기에게 이익이 되는 것을 추구한다 — 자리관

'자리自利'란 자신을 위하는 본성을 말한다.

> 무릇 사람의 심정은 바라던 것을 얻으면 즐거워하고 싫어하는 바
> 를 만나면 근심한다. 이는 귀한 사람이나 천한 사람이나 똑같다._(《금장
> 禁藏〉편)

모든 사람이 다 자신을 위한다는 뜻이다. 또,

> 상인들이 장사를 하면서 하루에 이틀 길을 가고 밤낮을 가리지 않으
> 며 천 리를 멀다 하지 않는 것은 이익이 앞에 있기 때문이다. 어부가 바
> 다에 들어갈 때 만 길이나 되는데도 파도에 맞서고 격류를 거슬러가면
> 서 백 리를 무릅쓰고 아침 일찍부터 밤늦게까지 바다에서 나오지 않는
> 까닭은 이익이 물에 있기 때문이다. 따라서 이익이 있는 곳이라면 천 길

이나 되는 높은 산이라도 오르지 않는 곳이 없고 아무리 깊은 물이라도 들어가지 않는 곳이 없다._(《금장》편)

라고도 했다. 이익을 위해서라면 어떤 대가를 마다않고 모험한다는 뜻이다.

2. 화폐도 재부의 일종이다 — 재부관

《관자》에 나오는 기본적인 재부관은 농업 생산을 주도적 산업으로 삼은 관중의 사상과 일치한다.

곡물이 재부를 대표하며, 자연의 물질 형태를 떠나서는 재부를 이해할 수 없다고 했다. 또 금이나 옥 같은 귀중품도 재부의 한 형태로 인정했다.

귀중품은 당시에 이미 일반 등가물(화폐)의 가치를 지니고 있다고 여겨졌다. 화폐는 곡물과는 다른 물질 형태를 띤 존재지만 관중은 그 자체에 재부의 가치를 지니고 있다고 보았다. 이런 인식 때문에 상업을 배제하지 않았던 것이다.

3. 재부 창출의 근원은 노동이다 — 노동관

《관자》에는 노동이 재부를 창출한다는 내용이 많이 나온다.

나라가 부유해지면 기초를 튼튼히 세워야 하고, 백성이 부유해지면 농업 생산을 발전시켜야 하는데, 이때 필요한 것이 생산자의 노동이다.

땅은 백성이 아니면 개간할 수 없고, 백성이 힘을 쓰지 않으면 재부를 모을 수 없다. 천하의 생산물은 백성이 힘을 써야 나온다._〈팔관八觀〉편〉

4. 빈부 문제는 통치와 직결된다 — 분배관

《관자》에는 분배 문제도 여러 곳에 언급되어 있다.

관중이 살던 시대는 사유제가 출현한 지 천 년이 지난 뒤여서 빈부의 차이가 몹시 심했다. 빈부의 차이는 왜 발생하는가?《관자》에는 이에 대한 분석이 나온다.

첫째, 계절의 변화로 인해 물품에 대한 수요가 달라진다. 때문에 물가의 오르내림이 발생한다.

둘째, 해마다 수확이 다르기 때문에 곡물 가격이 달라져 상인이 이를 틈타 이익을 취한다. 정책에 완급이 있듯 사물에는 경중이 있다. 같은 원리로 물가의 등락이 빈부의 분화를 촉진한다.

셋째, 생산자의 지력(능력)이 다르기 때문이다.

지혜로운 사람은 다른 사람보다 10배의 이익을 얻지만 어리석은 사람은 본전도 못 지킨다. 군주가 잘 조절하지 못하기 때문에 백성의 재산이 100배나 차이가 난다._〈국축國蓄〉편〉

개인의 능력 차이가 빈부의 분화를 가져오는 중요 원인이지만, 이 개인차는 제도의 문제는 아니라고 했다. 그렇다면 빈부 문제를 어떻게 해결할 것인가? 관중은 백성을 부유하게 하되 지나쳐서는 안 된다고 했다. 너무 부유해지면 부릴 수 없기 때문이다. 또 너무 궁핍하게 해서도 안 된다고 했다. 통치할 수 없기 때문이다. 따라서 '빈부는 적당'해야 하며 사회의 등급 제도에 맞추어 분배되어야 하는데, 빈부가 적당하지 않으면 통치가 질서를 잃기 때문이다.

관중은 부의 편중과 가난 해소에 힘썼으나 부유한 사람의 것을 강제로 빼앗는 데에는 반대했다.

5. 적절한 소비가 경제의 활성을 촉진한다 — 소비관

소비의 기준에 관해서는 이렇게 언급했다.

> 음식에는 적당량이 있어야 하고, 의복에는 제한이 있어야 한다._《주정主政》편)

생산 발전의 상태와 등급 제도의 기준에 맞추어 소비를 하라는 뜻이다. 또 검소와 사치의 문제도 언급했다.

> 지나치게 검소하면 황금의 가치가 떨어지고, 황금의 가치가 떨어지면 생산이 원활하지 않기 때문에 손상이 간다. 지나치게 사치하면 황금의 가치가 오르고, 황금의 가치가 오르면 물가가 떨어져 물자를 낭비하게 된다._《승마乘馬》편)

지나치게 검소하면 화폐의 가치가 떨어지고, 그 반대면 화폐의 가치가 올라가는데 둘 다 생산과 소비에 불리하다고 했다.

6. 화폐와 상품은 불가분의 관계이다 — 화폐관

《관자》에는 화폐에 대한 언급도 있다. 〈경중〉편 등에 재화·상품·가격·화폐 상호간의 관계에 대한 대목이 나온다.

- 재부가 (위로) 몰리면 가격이 오르고, (아래로) 흩어지면 가격이 내려간다.
- 재부를 간직해두면 가격이 오르고, 풀면 가격이 내려간다.
- 재부를 지키면 가격이 오르고, 지키지 않으면 가격이 내려간다.
- 정책이 급하면 가격이 오르고, 둔하면 가격이 내려간다.
- (상품이) 적거나 부족하면 가격이 오르고, 남거나 많으면 가격이 내려간다.
- 곡물 가격이 비싸면 모든 상품이 싸지고, 싸면 모든 상품이 비싸진다.
- 화폐의 가치가 높으면 모든 상품이 싸지고, 낮으면 모든 상품이 비싸진다.
- 화폐의 가치가 높으면 백성이 한사코 이익을 추구하지만, 화폐가치가 낮으면 사용하지 않는다.
- 정책이 급하면 황금 값이 오르고, 둔하면 황금 값이 내린다.

상품 가격이 오르고 내리는 이치 외에도 상품·화폐·교환관계와 관련된 문제들도 언급했다. 화폐가 상품에서 분리되지 않은 시대에는 상품이 화폐를 대신했는데, 금·옥·옷감·곡물 등이 그 역할을 했다.

관중은 화폐를 몇 등급으로 분류했다. 주옥을 상급, 황금을 중급,

옷감을 하급으로 나누었다.(《지수地數》편) 화폐에는 유통뿐 아니라 저축과 지불 기능도 있다고 했고, 또 화폐와 상품이 교환될 때의 비례관계에 대해서도 언급했다.

나라의 화폐 가운데 9할이 조정에 있고 1할이 민간에 있다. 화폐가치가 오르고 물가가 내리면 상품을 사들이고 화폐로 값을 치른다. 화폐가 민간에 있고 상품이 조정에 있으면 물가는 10배로 오른다. 관에서 시장가격으로 상품을 내다 팔면 물가는 다시 어느 선까지 내려간다._(《산국궤山國軌》편)

위 글에는 몇 가지 의미가 포함되어 있다.
첫째, 화폐와 다른 모든 상품과의 관계.
둘째, 화폐와 곡물과의 관계.
셋째, 곡물과 다른 상품과의 관계.
그러나 이 사이에서 발생하는 비례관계는 실제 생활에서 끊임없이 변화하기 때문에 제대로 파악하기란 쉽지 않다. 더욱이 곡물은 화폐를 포함한 모든 상품에 대해 이중성을 갖고 있고 그 자체로 변화가 많아 더 어렵다.
이밖에도 《관자》에는 화폐의 주조 및 화폐 정책, 시장 및 무역 문제 등에 관해서도 기술해놓았다.

7. 누진세를 기조로 한 가벼운 세금 — 조세관
어떤 정책도 재정의 뒷받침 없이 시행되기 어렵다.

나라에 수입이 없으면 존립이 위협받는다. 관중은 수입을 늘려 재정 지출에 대비해야 한다고 했다. 국가에서 곡물·소금·철을 전매해 산천을 개발하고, 개발된 산천에서 나는 물산을 취할 수 있도록 자금을 대여했다.

세금 징수는 가볍게 하되 강제 징수는 반대했다. 또 한 해 농사 정도에 따라 차등을 두었다.

8. 제도적 뒷받침은 경제를 발전시킨다 — 제도 정비에 대한 관점

《관자》에는 경제라는 측면에서 국가의 기능과 제도의 중요성도 언급해놓았다.

밭에도 궤軌가 있고 인구에도 궤가 있다. 상품 소비에도 궤가 있고 백성의 일상 비용에도 궤가 있다. 화폐에도 궤가 있고 고을에도 궤가 있고 현에도 궤가 있고 나라에도 궤가 있다. 이 궤에 밝지 않고서 나라를 이끌려 한다면 불가능하다.

'궤'란 궤도나 규범을 말한다. 규칙과 법도라고 할 수 있다. 모든 경제활동은 일정한 규칙을 따르지 않으면 혼란이 생긴다. 그러나 그것도 시간이란 조건이 있기 때문에 절대화시켜서는 안 된다.

10. 노동과 토지가 재부를 창출한다 – 관중에 대한 역대 평가

관중은 노동이 재부를 창조한다는 명언을 남겼다.

> 땅은 백성이 없으면 개간할 수 없고 백성이 힘을 쓰지 않으면 재부를 얻을 수 없다. 천하의 생산물은 (백성이) 힘을 써야 생겨난다. _《관자》〈팔관〉편)

노동이 없으면, 노동과 토지가 결합되지 않으면 재부를 창출할 수 없다는 이 말은 영국의 경제학자 윌리엄 페티(1623~1687)의 "노동은 재부의 아버지이고 토지는 재부의 어머니다."라는 논지와 닮았다.

《관자》에 비친 관중의 경제사상은 비록 후대에 주류적인 위치를 차지하진 못했지만 영향력은 매우 깊어 여러 경제사상들이 다 이 논점에서 출발했다.

관중은 그의 정치적 성공 때문에 사람들의 관심을 끌었다. 그를 추앙하는 사람도, 비난하는 사람도 많았는데 공자는 관중을 칭송한 경우였다. 《논어》에 이런 글이 나온다.

> 관중은 환공을 보좌하여 제후의 패자가 되게 하고 천하를 단번에 바로잡았다. 백성들은 지금까지도 그의 덕을 보고 있다. 관중이 없었더라면 우리는 머리를 땋지 않고 옷을 입고 있을 것이다. _《헌문憲問)편)

관중이 없었더라면 여전히 야만인처럼 살고 있을 것이라는 요지다. 혹자는 관중을 성인의 반열에 올려놓기도 했다. 그러나 공자의 후학들은 달랐다. 맹자는 "(관중이) 공을 이루는 데 힘을 썼지 의리를 위해서는 힘을 쓰지 않았으며, 아는 데는 힘을 많이 썼지만 어짊을 이루는 데는 힘을 쓰지 않았다."고 비판했다. 순자는 관중을 야인野人이라고 비하하며 천자의 대부가 되어서는 안 될 사람이라고 혹평했다.《순자》〈대략大略〉편) 진·한 이후 유가가 독존이 되자 인의仁義만 강조되고 공리功利는 배척되었다. 관중의 위상은 급락해 여러 인재 가운데 한 사람 정도로 취급되었다.(제갈량諸葛亮이 자신을 춘추시대의 관중, 전국시대의 명장 악의樂毅에 비유한 것이 한 예이다.)

오늘날 그에 대한 평가는 많이 달라졌다. 공자의 경제관이 관중의 그것보다 높다고 평가한 학자들이 여전히 있긴 하지만, 공자보다 200년 앞서서 실천한 관중의 경제사상은 공자가 따를 수 있는 것이 아니다. 중국 경제사상사에서 이론을 정립한 최초의 인물은 누가 뭐라 해도 관중이다. 사실 공자보다 시대적으로 앞선 인물이 두 사람 더 있다.

한 사람은 정鄭나라의 개혁을 주도한 정자산(?~522BC.)으로 기원전 479년에 세상을 떠난 공자보다 약 반세기 이전 사람이다. 또 한 사람은 제나라의 재상을 지낸 안영(?~500BC.)으로 기원전 500년경에 세상을 떠났다. 안영은 부를 추구하되 정도가 있어야 한다는 '폭리론幅利論'으로 잘 알려진 사람이다.

관중의 경제사상을 연구하고 심도 있는 평가를 내린 사람은 사마천이다. 사마천은 "관중이 국정을 맡아 제나라의 상相이 되어 바닷가의 작은 제나라를 화물이 서로 통하고 재화가 쌓이는 부유한 나라,

강한 군대로 만들고 백성들과 좋고 싫음을 함께했다."며 관중의 말을 인용한 후에 내용을 더 보탰다.

창고가 차야 예절을 알고, 입고 먹는 것이 풍족해야 영예와 치욕을 알며, 위에서 법도를 지키면 육친이 굳건해진다. 예의와 염치가 느슨해지면 나라가 망한다. 아래로 내리는 명령은 물이 땅으로 흐르듯 민심에 따라야 한다.

그런 다음 관중의 정책과 그 결과를 평가했다.

이렇게 해서 말은 간결하고 실행은 쉬워졌다. 풍속이 하고자 하는 대

▌ 중국의 경제사와 경제사상사에서 관중이 차지하는 비중은 막중하다. 향후 그에 대한 평가는 더욱 왕성해질 것이다. 사진은 제나라 도성이던 산동성 치박시 임치구에 있는 관중 무덤이다.

로 그에 맞춰주었고, 풍속이 원치 않으면 그에 따라 없애주었다. 관중은 국정을 수행하면서 화가 될 것도 복이 되게 하고, 실패할 것도 성공시켰다. 물가를 중시했고, 거래를 신중하게 처리했다. 관중은 공실公室보다 더 부유했으나 제나라 사람들은 그가 사치스럽다고 여기지 않았다. 관중이 죽고도 제나라는 그 정치를 준수하여 늘 제후들보다 강했다.

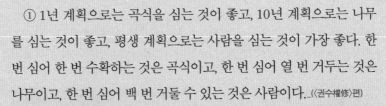

■ 관중과 관련된 명언명구

① 1년 계획으로는 곡식을 심는 것이 좋고, 10년 계획으로는 나무를 심는 것이 좋고, 평생 계획으로는 사람을 심는 것이 가장 좋다. 한 번 심어 한 번 수확하는 것은 곡식이고, 한 번 심어 열 번 거두는 것은 나무이고, 한 번 심어 백 번 거둘 수 있는 것은 사람이다._《권수權修》편)

(一年之計일년지계, 莫如樹穀막여수곡; 十年之計십년지계, 莫如樹木막여수목; 終身之計종신지계, 莫如樹人막여수인. 一樹一穫者일수일확자, 穀也곡야; 一樹十穫者일수십확자, 木也목야; 一樹百穫者일수백확자, 人也인야.)

● 사마천도 〈화식열전〉에서 이와 비슷하게 "1년을 살려거든 곡식을 심고, 10년을 살려거든 나무를 심고, 1백 년을 살려거든 덕을 베풀어야 한다. 덕이라는 것은 사람과 사물의 관계를 말한다."라고 했다. 사람에 대한 투자야말로 무엇과도 비교할 수 없는 값진 투자다.

② 땅은 백성이 없으면 개간할 수 없고 백성이 힘을 쓰지 않으면 재부를 얻을 수 없다. 천하의 생산물은 (백성이) 힘을 써야 생겨난다._《팔

(地非民不動지비민부동, 民非力毋以致財민비력무이치재, 天下之所生천하
지소생, 生于用力생우용력.)

● 모든 생산의 기본은 노동이라는 관중의 노동관을 집약하고 있
는 명언이다.

③ 나라가 사치하면 쓰임새가 헤프고, 쓰임새가 헤프면 백성은 가
난하고, 백성이 가난하면 간사한 꾀가 생기고, 간사한 꾀가 생기면
사악하고 간교함이 생긴다._《팔관〉편)

(國侈則用費국치즉용비, 用費則民貧용비즉민빈, 民貧則姦智生민빈즉간지
생, 姦智生則邪巧作간지생즉사교작.)

● 지도층이 사치하면 국가 재정이 부족해져 백성의 살림이 힘들
어지고 불법과 편법이 활개를 쳐 혼란에 빠진다. 관중은 이 문제의
원인은 물자의 부족에서 비롯되는 것이므로 지도층은 절제할 수 있
어야 한다고 했다.

④ 부유한 사람이 충분히 소비하면 가난한 사람은 일자리를 얻는
다. 이것이 백성의 편한 삶으로 모든 생업을 일으켜 먹고 살게 하는
것이다. 이는 백성들 혼자 힘으로 되는 것이 아니라 (군주가) 나서서
도와줘야 한다._《치미侈靡〉편)

(富者靡之부자미지, 貧者爲之빈자위지. 此百姓之怠生차백성지태생, 百振
而食백진이식, 非獨自爲也비독자위야, 爲之畜化위지축화.)

● 빈부의 차를 해결하기 위해서는 부유층이 부를 베풀어 가난한

백성이 일을 할 수 있게 해야 하고, 나라는 정책으로 이를 뒷받침해야 한다는 지적이다. 단순히 낙수효과가 아니라 일자리를 창출할 수 있도록 부를 풀어야 한다는 뜻이다.

⑤ 무릇 인간의 심정은 이로운 것을 보면 달려가지 않는 사람이 없고, 해로움을 보면 피하지 않는 사람이 없다. 상인들이 장사를 할 때 하루 이틀 길을 가고, 밤낮을 가리지 않으며 천 리를 멀다고 여기지 않는 까닭도 이익이 눈앞에 있기 때문이다._《금장禁藏》편)

(夫凡人之情부범인지정, 見利莫能勿就견리막능물취, 見害莫能勿避견해막능물피. 其商人通賈기상인통고, 倍道兼行배도겸행, 夜以續日야이속일, 千里而不遠者천리이불원자, 利在前也이재전야.)

● 자신에게 이로운 것을 추구하는 것은 인간의 본능이다. 이윤 추구를 가장 큰 목표로 삼는 상인은 더욱 그렇다.

2. 정자산

나는 세상을 구하고 싶을 따름이다

기원전 7세기, 외진 곳에서 강대국으로 발돋움한 진나라는 끊임없이 동방으로의 진출을 꾀했다. 중원의 선진 문물과 인재들을 적극 원했던 것이다. 진나라의 이러한 용트림은 천하의 정세에 영향을 끼칠 수밖에 없었는데 그 중심에 야심찬 군주 목공(재위 659~621BC.)이 있었다.

진나라의 동방 진출은 사방으로 통하는 길목에 위치한 약소국 정나라에 큰 위협이 되었다. 한때 중원의 요충지를 차지하고 위세를 떨쳤던 정나라는 춘추 초기 장공(재위 791~743BC.) 이후 쇠퇴를 면치 못했다.

정나라는 상업과 교통의 중심지에 있었지만 국력이 약하고 자원이 부족했다. 이에 경제정책, 특히 상인에 대한 정책을 달리할 수밖에 없었다. 경험이 풍부한 상인들의 인프라에 주목해 그들을 적극 보호하고 정책으로 뒷받침하기 위해 맹약을 체결했다. 맹약은 나라 간

▎관중과 더불어 춘추시대 탁월한 정치가로 꼽히는 정자산

의 중대한 약속이다. 그런데 이를 상인들과 맺은 것이다.

그 내용은 상인이 공실(公室, 집권자이자 정나라)을 배신하지 않는 한 공실 역시 상인의 물건을 강제로 빼앗지 않으며 경영에도 간여하지 않는다는 것이었다. 역사상 집권자와 상인이 맺은 최초의 계약이었다. 이로써 상인의 도움으로 토지를 개발하고 황무지를 개간해 경제가 크게 발전했다. 그 중심에는 정자산鄭子産(?~522BC.)이라는 정치가가 있었다.

1. 약소국의 운명을 개척하다 - 정자산의 생애와 정치

1. 소통은 정치의 기초

정자산은 공자(551~479BC.)보다 약 30년 연상이다. 약관의 나이로 정계에 들어와 40년 가까이 정나라의 국정을 주도했다.

당시 정나라는 '구주九州의 목구멍'으로 불렸는데, 강대국의 틈바구니에 끼여 늘 조진모초朝晉暮楚(아침에는 진나라, 저녁에는 초나라라는 뜻으로, 눈치를 보는 처지를 비유하는 말), 좌고우면左顧右眄하며 불안에 떨던 약소국이었다. 게다가 정쟁으로 얼룩져 국력을 소모하고 있었다. 정자산의 아버지도 이 정쟁의 와중에 피살되었다.

이런 상황에서 정자산이 등장했다. 그가 정국을 주도하자 기득권 세력이 반발했다. 교육 장소인 향교鄉校는 정쟁의 장소로 변질되었다. 시중의 민심은 향교를 폐지하자는 쪽이었다. 그러나 그와는 반대로 자산은 향교를 여론 수렴 장소로 활용했다. 다음은 자산의 말이다.

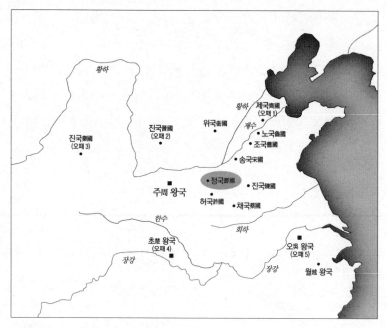

춘추시대 지도와 정나라

    조만간 그곳에 모여 권력을 쥔 사람들의 장단점을 논의할 것이다. 그들이 칭찬하는 점은 계속 유지하고 비판하는 점은 고치면 될 터이니 우리의 스승이 될 것이다. 충성스럽게 백성을 위해 좋은 일을 하면 백성의 원성도 줄어들 것이다. 위엄과 사나움만 가지고는 원망을 막을 수 없다. 사람은 누구나 비난을 들으면 그것을 서둘러 제지하려 한다. 그러나 이는 마치 넘치는 홍수를 막으려는 것과 같다. 홍수로 인한 피해는 많은 사람들을 다치게 하여 어찌해볼 수 없다. 제방을 터서 물길을 다른 곳으로 흐르게 하느니만 못하다. 향교를 남겨두는 것은 사람들의 논의를 듣는 것 자체가 좋은 약으로 병을 낫게 하는 것과 마찬가지이기 때문이다.

바로 뒤에 언급하겠지만 자산은 개인 재산의 소유권을 인정해 농지를 정리하고 그것을 법률로 보장했다. 그 법률을 청동 솥에 새겨 관청 앞에 세워놓고 누구든 법조문을 볼 수 있게 했다. 저항하는 기득권을 향해서는 백성에게 이롭다면 무슨 일이든 다할 것이라며 단호하게 대처했다.

자산은 "정권을 잡으면 반드시 인덕仁德으로 다스려야 한다. 정권이 무엇으로 튼튼해지는지 잊어서는 안 된다."는 뼈 있는 말을 남겼다. 백성이 있기 때문에 정권이 튼튼해진다는 뜻이다. 또 정치의 구체적인 방법에 대해서도 언급했다.

정치에는 두 가지 방법밖에 없다. 하나는 너그러움이고 하나는 엄격함이다. 덕망이 높고 큰 사람만이 관대한 정치로 백성들을 따르게 할 수 있다. 물과 불을 가지고 비유해보자. 불이 활활 타오르면 백성들은 겁을 먹는다. 때문에 불에 타죽는 사람은 적다. 반면 물은 성질이 부드럽기 때문에 겁을 내지 않는다. 이 때문에 물에 빠져죽는 사람이 많은 것이다. 관대한 통치술이란 물과 같아 효과를 내기가 여간 어렵지 않다. 그래서 엄격한 정치가 많은 것이다.

효과가 금방 나타나는 불과 같은 정치보다는 더디지만 영향력이 지대한 물과 같은 큰 정치를 추구하겠다는 뜻이다.

그가 개혁을 추진하자 1년 만에 더벅머리 아이들이 까부는 일이 없어졌고, 노인들이 무거운 짐을 들고 다니지 않아도 되었으며, 어린 아이들이 중노동에 동원되지 않게 되었다. 2년째가 되자 물건 값을 속이는 일이 없어졌고, 3년째가 되자 밤에 문을 잠그지 않아도 되었으며 길에 떨어진 물건을 줍는 사람이 없었다. 4년이 지나자 농기구를 그대로 둔 채 집에 돌아와도 아무 일이 없었다. 5년이 지나자 군대를 동원할 일이 없어졌고, 명령하지 않아도 백성들은 상복 입는 기간을 정해서 알아서 입었다.

2. 백성의 적극성을 끌어내야 생존한다

춘추시대에 법 제정은 중요한 의미를 가진다. 자산은 정권을 맡자 형정刑政(법률)부터 제정해 세 발 달린 솥[鼎]에 법을 새겨 누구나 볼 수 있도록 했다. 중국 역사상 최초의 성문법이었다.(이 때문에 정자산은 법가 계통의 선구자로 분류되기도 한다.)

제1조는 '귀족이 함부로 물건을 빼앗아 가면 고소할 수 있다'는 것이었다.

법률이 공개되자 정나라만 아니고 주변국의 귀족들도 반대했다. 진晉나라의 실권자인 범선자范宣子는 "밑에 있는 천한 것들이 소송을 걸기 시작하면 어떡하느냐?"며 항의했다. 법을 공개함으로써 평민이 보호를 받도록 했지만 자국은 물론 이웃 나라 특권층까지도 나서서 그를 비난했다.

개혁은 지도층의 지지가 없으면 불가능한데 귀족 출신인 정자산이 이를 밀고 나갔다는 점이 흥미롭다. 이 무렵 개혁가들은 귀족 출신이 아닌 경우가 많았다. 신분상의 한계와 필사적으로 저항하는 기득권 세력 때문에 정자산보다 200년 후 사람인 상앙(?~338BC.)처럼 처참한 최후를 당하는 경우도 있었다.

정자산은 백성의 이익에 눈을 돌려 그들의 적극성을 끌어내는 방편으로 법을 제정해 내부부터 단단히 다지려 했다.

3. 균형 외교와 등거리 외교는 생존의 수단

정자산에게 또 하나의 중요한 분야는 외교였다.

정나라는 중원에 위치하고 있어 국력이 강할 때는 주변국을 아우를 수 있지만 그렇지 못할 경우는 그 반대였다. 오죽했으면 '구주의 목구멍'이란 별명까지 붙었을까? 특히 북방의 강국 진晉과 남방의 강국 초楚의 눈치를 많이 보았다.

《좌전》에 정자산이 정치와 외교를 어떻게 행했는지 나와 있다.

정나라가 제후국들의 일에 나설 때면 자산은 여러 나라가 정치를 어떻게 하는지 자우子羽에게 물어 그에게 좋은 문장으로 공문을 만들게 하고, 비심裨諶과는 수레를 타고 교외로 나가 계획하고 있는 일의 성사 여부를 묻고, 돌아와 풍간자馮簡子에게 판단하게 했다. 일을 어떻게 해야 할지 결정되면 자대숙子大叔을 불러 집행하게 했다. 이렇게 빈객들을 응대했기 때문에 일을 그르치는 적이 드물었다.

자산의 외교 활동은 전문가의 세심한 조언을 거쳐 빈틈이 거의 없었다. 다음 일화는 자산이 어떻게 약소국 정나라의 위신을 세웠는지를 잘 보여준다.

자산이 정나라 간공을 보좌해 진晉나라에 갔다. 이때 노나라 양공이 죽는 바람에 간공은 진 평공을 만나지 못하고 영빈관에 체류하게 되었다. 그런데 영빈관이 좁아 가져온 공물을 다 들여놓을 수가 없어 자산은 영빈관 담장을 허물고 수레와 말을 안으로 들여놓았다. 진나라의 대부 사문백士文伯이 이런 결례를 저질렀냐며 따졌다. 자산은 이렇게 맞받았다.

작은 우리 나라는 큰 나라들 틈에 끼어 있어 큰 나라들이 툭하면 공물을 요구합니다. 백성들을 쥐어짜서라도 일이 있으면 언제든 찾아왔습니다. 그런데 진나라에 도착했는데 국군은커녕 담당관도 만나지 못하고 있습니다. 기약이 없으니 가져온 공물을 풀 수도 없고 밖에서 이슬을 맞게 할 수도 없으니 걱정일 따름입니다. 그 옛날 당신네 나라 문공은 궁실은 형편없어도 손님을 맞이하는 관사는 으리으리하여 지금처럼 이런 걱정은 전혀 할 필요가 없었습니다. 그런데 지금 이곳 영빈관은 종들이 사는 집 같습니다. 좁아 터져서 가져온 공물을 들일 곳조차 없으니 하는 수 없이 담장을 허물어서라도 귀한 공물을 잘 간수하려 한 것뿐입니다. 공물을 다 진상하고 허문 담장을 고쳐놓고 돌아가게 한다면 더 바랄 것이 없겠습니다.

사문백이 이를 보고하자 진 평공은 간공에게 사과하고 후한 예로 접대했다. 이 때문에 '손님을 마치 자기 집에 온 것처럼 접대한다'는 말이 생겨났고 이는 중국에서 사신을 대우하는 기준이 되었다. 자산은 진 문공의 사례를 들어 간공의 체면을 높여주는 한편, 사신에 대한 적절한 대접을 요구했던 것이다. 그것이 주인을 높이는 것이기도 했다.

자산은 공물(실제로는 전쟁 물자)의 양도 대폭 줄였다. 그가 영빈관 담장을 허문 것은 과도한 공물에 대한 항의였다. 강대국의 요구를 다 들어주다가는 나라가 거덜 날 판이었다. 그래서 국제정치의 상황을 면밀히 분석하고 힘의 원리를 상세히 파악해 대처해 나갔다. 자산은 약소국의 생존이라는 필사적인 목표 아래 정책을 세웠다. 첫째는 침략당하지 않는 것, 둘째 강대국의 착취를 최대한 줄이는 것이었다.

정나라에 외교는 생사존망이 달린 일이었다. 살아남기 위해 줄타기, 양다리 외교에 진력해야 했다. 자산은 등거리 외교를 하면서도 자존심을 지키는 외교술을 보여주었다. 이는 정나라 내부의 철저한 개혁이 선행되었기 때문에 가능했는데 앞에서 설명한 법 제정이 대표적인 경우였다. 기초생활을 보장하고, 부국강병에 대한 자신감을 키우며, 국제 정세를 안정시키기 위한 외교적 성공이 절실했다.

4. 정치에도 경계와 경지가 있다

사마천은 자산의 정치적 경지를 불능기不能欺라고 표현했다. 속일 수 없다는 뜻이다. 이는 사나운 정치로 일관해 백성들이 감히 속일 수 없었던 서문표西門豹의 불감기不敢欺, 지나치게 어진 정치 때문에 백성들이 차마 속일 수 없었던 복자천宓子賤의 불인기不忍欺보다 한 차원 높은 정치다.

자산은 정치를 알았던 사람이다. 정치인 중에는 정치를 잘하는 사람은 드물지 않으나 잘 아는 사람은 드물다.

정자산이 세상을 떠나자 백성들은 통곡했다. 공자도 "그는 옛사람의 유풍을 이어 받아 백성을 사랑했다."고 애도했다. 자산은 40년 정치 인생 중 20년 가까이 재상에 있었다. 또 그의 할아버지가 목공穆公이었다. 그런데도 후손들은 장례를 치를 비용이 없어 시신을 광주리에 담아 산에 묻었다. 백성들이 패물을 가져와 제대로 장례를 치르라며 애원했으나 후손들이 이를 거절하자 사람들은 가져온 패물을 냇가에 던져버렸다. 그러자 물에서 영롱하게 빛이 났는데 사람들은 그 시내를 금수하金水河라 불렀다. 이 시내는 정나라 도읍인 하남성 정주시의 중심을 흐른다.

정자산은 이렇게 말한다.

백성과 나라에 이익이 되는 일이라면 생사를 그 일과 함께할 것이다.

녹봉(재력)과 벼슬(권력)은 자신을 비호하는 수단이 된다. 나는 배운 다음 벼슬한다는 소리는 들어보았어도 벼슬한 다음 공부한다는 소리는 들어보지 못했다.

2. 정자산의 경제정책과 경제사상

1. 제도로 상인을 보호하라

정자산의 경제정책에서 가장 주목할 것은 상업 및 상인 보호이다. 이와 함께 신흥 지주계급이 성장할 수 있는 정책을 시행했고, 이는 상인 계층이 더 성장할 수 있는 기회가 되었다. 상인들은 본연의 업인 상품 매매뿐 아니라 토지를 사들이고 개간도 할 수 있게 되었다.

상인의 관계를 보여주는 일화가 《좌전》에 나온다.

기원전 525년 강대국 진晉나라의 경卿 한기韓起(한선자韓宣子)가 정나라를 방문했다. 한기에게는 귀한 옥고리가 있었는데 나머지 짝은 정나라 상인이 가지고 있었다. 한기는 짝을 맞추고 싶어 특별히 정나라 국군에게 부탁했다. 정자산은 이 이야기를 들었지만 한기의 부탁을 들어주지 않았다. 그 옥고리가 관부의 물건이 아니라는 이유를 댔다. 주변에서는 그깟 옥고리 하나 때문에 대국의 미움을 사서야 되겠냐고 했지만 자산은 들은 척도 안 했다. 한기는 하는 수 없이 그 상인에게 직접 사기로 하고 협상이 시작되었다. 상인이 이 일은 나라에 보고해야 한다며 주저하자 한기가 자산에게 그 사실을 말했다. 그제야 자산은 200년 전에 국군과 상인이 맹약을 맺은 사실을 알려주었다. 공실에서 옥고리를 요구하는 것은 공실이 맹약을 어기고 강탈하는 것인데, 옥고리를 얻자고 강국이 제후국을 잃을 수는 없는 일 아니냐며 한기를 설득했다. 한기는 결국 옥고리를 포기했다.

사실 상인은 관청에 보고할 필요 없이 교역할 수 있었다. 그 상인이 보고해야 한다고 말한 것은 공실에 대한 존중에서 나온 인사말일 뿐이었다. 정자산은 가격 문제는 거론하지 않는 채 상인들과의 맹약만을 언급해 한기를 난처하게 했던 것이다. 사소한 물건 때문에 대국 사신의 청을 거절하면서까지 상인의 이익을 보호한 경우는 보기 드물다. 또 대국의 요구라도 사리에 맞지 않으면 거절할 수 있다는 사례를 남겼다.

자산이 상인의 비위를 맞추기 위해 그들을 보호한 것이 아니었다.

자산은 정당한 상업만을 장려했을 뿐 서로를 속이는 매매는 불허했다. 그의 집권 2년 만에 '시장에서 물건 값을 속이는 일이 없어졌다'는데, 사실 가격이 공평하면 상업이 더 정상적으로 작동된다는 사례를 몸소 보여주었다.

사사로운 이기심이 극심했던 춘추시대에 정자산은 투명한 정책과 공평한 교역을 추진한 인물이다. 사료의 내용이 과장된 것이 아니라면 자산의 정치적 업적은 정말 소중한 것이라 할 수 있다.

2. 정책으로 상인을 보호하라

자산은 상업과 상인을 보호하기 위해 영주 계급의 특권을 줄이고 신흥 상인과 토지 소유자의 이익을 돌보는 정책을 채택했다.

▌ 정자산은 법을 솥에다 주조한 이른바 형정刑鼎(또는 법정法鼎)을 관청 앞에 세워 상인과 평민의 권익을 보호했다. 사진은 형정을 나타낸 조형물이다.

당시 나라 안팎의 사정은 어려웠다. 귀족의 세력은 컸고 국군의 총애를 받는 자들 때문에 국정을 제대로 수행할 수 없을 지경이었다. 자산은 중앙집권 통치를 강화하려면 봉건영주의 독립성부터 약화시켜야 한다고 여겨 '전유봉휼田有封恤' '여정유오廬井有伍'(이상, BC.543), '작구부作丘賦'(BC.538), ‘주형서鑄刑書'(BC.526) 같은 정책들을 내놓았다.

‘전유봉휼'이란 밭의 경계를 정돈하고 수로를 정리하는 정책이다. 자산은 국가권력을 동원해 농토와 수리 시설을 정리했다. 수로를 만들려면 영주의 땅을 지나야 했고, 경계를 확정하려면 그들의 땅을 건드릴 수밖에 없었다. 이에 자산은 귀족의 봉지와 봉지 이외의 땅을 구분했다. 봉지 이외의 땅은 몰수하고 봉지에는 세금을 매겼다. 당연히 저항이 뒤따랐으나 제도가 안정되면서 귀족의 일부는 몰락하고 말았다.

‘여정유오'란 귀족 영주에게 예속된 농노를 농민으로 편제하는 정책이다. 이 정책으로 국가에서 농민을 직접 통제하니 병역과 노역에 동원할 수 있는 인적자원이 크게 늘어나고 반대로 농민에 대한 영주의 통제권은 크게 약화되었다. 이 첫 단계 개혁으로 비로소 중앙정부의 통치력이 귀족 영주의 세력 범위까지 미치게 되어 농노·농민·경작지 등을 국가에서 관리할 수 있게 되었다.

‘작구부'는 2단계 개혁 중 하나였다. 이는 군 복무와 관련해서 귀족 영주에게 구丘 단위로 세금을 거둔 충격적인 조치였다. 영주들에게 군 복무를 의무화하고 복무하지 않을 경우 세금을 내게 해 이렇게 거둬들인 세금으로 소와 말을 기르고 전차와 병기를 제작했다. 전에는 이런 것들은 전시에만 징발했고 끝나면 돌려주었다. 그러다 보니 사병을 조직해 중앙정부에 대항하는 자들이 적지 않았다. ‘작구부'의 실행으로 정부에서 전국의 병력과 무기를 관리하게 되어 중앙집권이 한층 용이해졌다.

마지막 개혁은 ‘주형서', 즉 성문법의 제정과 공표였다. 이전에는 생사여탈권이 영주의 입에서 나왔다. 그러나 법률이 명문화되고 나서 귀족의 사법 특권(심판권과 처벌권)이 훨씬 줄어들었다. 사회관계가 변하면서 예법도 따라서 변했는데 '주형서'는 이 변화를 법률에 반영한 것으로, 봉건사회 법치의 출발점이란 점에서 큰 의미를 갖는다.

타국의 귀족들까지도 정자산의 이 개혁에 거세게 저항했지만 시행한 지 50년 만에 모든 나라가 따르게 되었다. 시대적 요구가 거셌던 것이다.

저항 세력은 귀족만이 아니었다. 중소 토지소유자들도 반발했다. 그러나 반발은 곧 사라졌다. 개혁이 자신들에게 유리하다는 것을 알았기 때문인데, 더 이상 영주에게 땅을 빼앗길 염려도 없고 재산을 침해당할 위험도 없다는 사실이 확인되었던 것이다.

3. 그가 죽자 부모를 잃은 듯했다 – 정자산에 대한 평가

그러나 자산의 개혁은 귀족의 통치를 유지하는 선에서 진행되었다. 그는 조화를 강조했다. 귀족의 기본적인 권한은 보장해주되 낡은 정책과 풍속을 바꾸고 현실에 맞추어 새 제도를 마련했다.

자산은 신흥 지주계급을 대표하는 인물은 아니다. 그러나 중앙집권을 강화하기 위해 봉건영주의 특권을 제한해 토지와 권력을 함께 소유하던 이들을 토지만 소유하는 지주계급으로 전환시켜 나갔다. 동시에 신흥 지주들을 육성하는 정책도 강구했다. 이는 봉건영주 체제에서 봉건지주 체제로의 전환에 한층 속도를 내게 하는 조치였다.

결과적으로 자산의 사상과 정책은 춘추 말, 전국 초의 개혁 흐름을 이어주고 잡아끄는 역할을 했다.

자산의 개혁으로 이득을 본 계층은 신흥 지주만이 아니었다. 상인 계층도 이익을 얻었다. 기존의 봉건영주 체제는 상인 집단이 성장함에 따라 이미 현실에 맞지 않은 낡은 체제였다.

자산은 중앙집권을 강화해 세금을 통일하고 통행의 제한을 완화함으로써 물류의 유통을 원활하게 만들었다. 상업은 돈은 벌 수도 있지만 위험도 감수해야 한다. 그래서 상인들은 번 돈으로 땅을 사두어 위험에 대비했고 거기서 나는 수입으로 다시 사업을 확대했다. 이런 과정을 거쳐 상인들도 차츰 신흥 지주층에 포함되었다. 자산은 세금을 내면 사전私田을 인정해주었으므로 상인이 토지를 차지할 수 있는 근거가 되었다.

'주형서'도 상인에게 유리했다. 예전에는 귀족들이 멋대로 상인과 신흥 지주를 압박했지만 법률이 공표된 후에는 그럴 수 없게 되었다. 진晉나라의 대부 숙향叔向이 백성이 죄다 소송에 나설 것이라며 법률 공표를 중지하라고 강권한 것도 귀족의 이익이 침해되리라는 염려 때문이었다.

자산의 개혁은 상인의 권익을 현실에 맞게 보장하는 결과를 낳았다. 때문에 《한시외전韓詩外傳》에는 "자산이 죽자 상인들이 통곡을 했는데 마치 부모를 잃은 것 같았다."고 적었다.

■ 정자산과 관련된 명언명구

① 하늘의 도는 멀고 사람의 도는 가깝다. 인간이 미치지 못하는 것을 어찌 알 수 있겠는가? 《좌전》

(天道遠천도원, 人道邇인도이. 非所扱也비소급야, 何以知之하이지지?)

 ● 정자산은 하늘의 도니 천명이 하는 미신을 부정했다. 대신 인간의 의지와 힘을 믿었다.

② 진실로 나라에 이익이 된다면 생사를 함께할 것이다. 《좌전》

(苟利社稷구리사직, 死生以之사생이지.)

 ● 정자산이 법률을 공표하자 기득권 세력들이 거세게 저항했다. 이에 자산이 "나는 세상을 구하려 할 뿐이다."라면서 한 말이다.

③ 나는 충정과 선함으로 원망을 줄인다는 말은 들었지만 위협으로 원망을 막는다는 말은 듣지 못했다. 《좌전》

(我聞忠善以損怨아문충선이손원, 不聞作威以防怨불문작위이방원.)

 ● 정자산이 개혁 정치를 펴자 처음에는 백성들도 원망했다. 그러자 측근들이 힘으로 불만을 누르자고 했다. 이에 자산이 믿음을 갖고 충정을 다하면 언젠가는 진심을 알아줄 것이라며 한 말이다. 정치와 정책의 성공은 백성의 믿음에 달려 있음을 정확하게 인식하고 있었던 것이다.

④ 정치는 반드시 덕으로 해야 하며 정권이 무엇으로 안정되는가

를 잊어서는 안 된다._《사기》〈정세가鄭世家〉

(爲政必以德위정필이덕, 毋忘所以立무망소이립.)

● 정자산은 너그러운 정치는 덕망이 높은 사람만이 할 수 있다고 했다. 그래야만 물이 많은 사람을 적시듯 큰 영향과 감화를 줄 수 있다고 했다.

⑤ 자산이 우리를 버리고 세상을 떠났으니 백성들은 장차 누구에게 의지한단 말인가?_《사기》〈순리열전循吏列傳〉

(子産去我死乎자산거아사호, 民將安歸민장안귀?)

● 정자산이 세상을 떠나자 백성들은 너나할 것 없이 통곡했다. 다른 기록에 따르면, 자산이 죽자 남자들은 차고 다니던 옥 장식을 모두 버렸고, 여자들은 귀걸이 장식을 버린 채 골목골목에 모여 석 달을 통곡했으며, 여흥과 모든 놀이가 중지되었다.《공종자孔從子》〈잡훈雜訓〉제6)

3. 안영

이익 추구에도 정도가 있어야 한다

춘추시대 때 제나라에는 두 사람의 걸출한 재상이 출현했다. 앞서 소개한 관중과 이제부터 소개할 안영晏嬰이다. 안영은 변혁기에 접어든 제나라의 정치를 무난하게 잘 이끌었다. 특히 인재를 보는 안목과 청렴한 공직 생활로 후대에 존경을 받았다. 또 지혜에서 나오는 유머 감각까지 갖춘 정치가였다.

경제에서 안영의 핵심적인 주장은 이익을 추구하되 정도가 있어야 한다는 '폭리론'으로 집약된다. 또 지배층에게 절약을 강조하고 세금을 가볍게 매겼다.

정치가로서 또 외교관으로서 안영의 면모를 먼저 보고, 그가 추진했던 경제정책을 알아보자.

▮ 지혜롭고 다재다능했던 안영의 초상화

1. 다재다능하고 청렴했던 정치가 - 안영의 생애

안영은 흔히 안자晏子라고 부른다. 자는 평중平仲이며 춘추시대 제나라 이유夷維(지금의 산동성 고밀시高密市) 출신이다. 태어난 해는 알수 없고 기원전 500년에 죽었다. 명문가 출신으로 아버지 안약晏弱이죽은 후 직위를 이어받아 경卿이 되었다. 영공, 장공, 경공을 모시면서 관직이 상국相國(재상에 해당)에 이르러 57년간 일했다.

정치가로서 그의 주장은 '인의로 다스리고 평화로 외교한다'는 말로 요약된다. 그는 백성을 아끼고 몸소 근검절약했다. 또 박학다식해논쟁에 능했다. 성품이 강직해 국군의 면전에서 어진 정치를 펴고, 형벌을 줄일 것이며, 세금을 가볍게 하라고 간했다.

《안자춘추晏子春秋》8권 215장을 저술했다고 하나 대체로 안영 당시 사람들이 그의 말과 행동을 기록한 것을 후대에 정리해 엮은 게 아닌가 본다. 하지만 안영의 사상을 제대로 반영했다는 평가를 듣는다.

안영은 정치가·외교가·문학가로서 재능이 넘쳤으며 각종 정책을수립하고 실행한 인물이었다. 경제와 관련해서는 '폭리론' 같은 견해를 내놓았다.

안영에 관한 기초적인 기록은《사기》〈관안열전管晏列傳〉, 즉 관중과 안영을 다룬 열전이다. 이 열전은 관중에 관한 분량이 훨씬 많지만 사마천은 마지막 논평에,

만약 안자(안영)가 지금 살아 있다면 그를 위해 마부가 되어 채찍을드는 일이라도 마다하지 않을 정도로 나는 안자를 흠모한다.

라며 존경심을 표현했다.《사기》에 기록된 안영의 됨됨이를 풀어서 정리해본다.

앞서 말한 대로 안영은 영공, 장공, 경공 세 국군을 섬겼다.(경공을 섬긴 기간이 48년으로 가장 길어 주로 경공과 관련된 일화가《안자춘추》에 실려 있다.) 근검절약하고 힘써 일했기 때문에 크게 쓰였다. 재상이 된 후에도 고기반찬이 한 가지를 넘지 않았고 집안사람들에게 비단옷을 입지 못하게 했다. 군주의 통치가 제대로 될 때는 명령에 순종했지만 그렇지 않을 경우 옳고 그름을 가려 실행하니 제후들 사이에 명성이 자자했다.

안영은 통치자의 그릇된 행동을 절묘한 충고로 고치게 만드는 능력이 있었다. 안영의 지혜, 안자의 어록이라고 할 만큼 그의 말에는 지혜가 충만하다. 또 충고 안에는 유머가 녹아 있어 상대의 마음을 상하지 않게 하는 묘한 힘이 있었다. 지혜 속에 잘 저장되어 있는 유머 감각, 유머 속에 번득이는 지혜의 칼날이라고 할 수 있다.

2. 지혜로 무장한 안영의 인품과 유머

1. 귤화위지橘化爲枳

'귤이 회수淮水를 건너면 탱자로 변한다'는 말이 있다. 이 사자성어가 '귤화위지'다. 같은 식물, 같은 사람이라도 풍토와 환경에 따라 달라진다는 의미다. 이 성어가 생겨난 데에는 재미난 일화가 있다.

안영이 외교 사절로 남방의 초나라를 방문했다. 초나라 영왕은 왜

소하고 못생긴 안영을 놀려주려고 일을 꾸몄다. 연회가 시작되어 술잔이 도는 중에 주변이 시끄러워졌다. 얼마 후 한 병사가 오랏줄에 묶인 남자를 끌고 들어왔다. 도둑질을 하다가 잡힌 자인데, 제나라 출신이라고 했다. 영왕은 제나라 사람들은 질이 나쁘다며 안영을 비웃듯 째려보았다. 이에 안영이,

> 귤이 강을 건너면 탱자로 변한다더니, 원래 순박하고 착한 제나라 사람이 초나라에 와서 도둑으로 변했습니다. 초나라의 풍토가 사람을 이렇게 만들었나 봅니다.

라고 응답했다. 영왕은 껄껄 웃으며 안영의 재기를 칭찬하고 후하게 대접했다.

2. 이도살삼사二桃殺三士

'복숭아 2개로 3명의 용사를 죽이다'라는 이 성어는 우리에게는 낯설지만 중국인에게는 널리 알려진 일화다. 특히 안영의 생애에서 가장 빛나는 장면으로 회자되고 있다.

경공은 요란한 것을 좋아해 특이한 재주나 힘이 센 장사들을 옆에 두었다. 이들 중에 '제나라 3걸'이라는 전개강·고야자·공손접 등 세 용사들이 있었다. 이들은 경공의 총애를 믿고 조정의 기강을 어지럽히는 존재들이었다.

노나라의 국군이 제나라를 방문했다. 안영은 재상의 신분으로 연회에 배석했고, 전개강 등도 자리를 차지하더니 안하무인격으로 실

컷 떠들어댔다.

술이 돌자 안영은 뒤뜰의 복숭아가 잘 익은 것 같은데 귀빈께 맛보게 하시는 것이 어떻겠냐고 경공에게 청했다. 크기가 쟁반만 한 복숭아는 꿀처럼 달고 귀한 것이라 아무나 먹을 수 없었다. 경공과 노나라 국군이 맛을 보고는 침이 마르도록 칭찬했다.

광주리를 보니 딱 두 개가 남아 있었다. 안영은 세 용사로 하여금 서로의 공로를 자랑하게 해 우열을 가려 상으로 주자고 했다. 경공은 흔쾌히 받아들이고 판정은 안영이 내리게 했다.

먼저 공손접이 맨손으로 호랑이를 때려잡고 경공을 구한 공을 장황하게 늘어놓은 후 "이 정도면 복숭아를 먹을 자격이 충분하지 않겠소?"라며 자기 가슴을 쾅쾅 쳤다. 안영은 그 정도면 먹을 자격이 충분하다고 판정했다.

이번엔 고야자가 나섰다. "호랑이를 때려잡은 일이 쉬운 일은 아니나 나는 황하에 뛰어들어 괴물 같은 자라와 싸워 주군이 무사히 강을 건너게 했소이다. 이 정도면 어떻소?"라고 했다. 경공도 황하의 물살이 거셌고 요물이 얼마나 사납던지 고야자가 없었다면 힘들었을 것이라고 거들었다. 안영은 그에게도 술과 복숭아를 내렸다.

이때 전개강이 얼굴을 붉히며 벌떡 일어났다. "나는 적국과 싸워 주군을 맹주의 자리에 올려놓았소. 두 사람의 공로는 개인적인 것이지만 나는 사직을 지켰소이다. 이런데도 내 공이 두 사람만 못하단 말이오? 두 국군 앞에서 이렇게 치욕을 당하다니 어찌 다른 사람들에게 얼굴을 들겠소이까!"라고 울분을 토한 후 검을 뽑아 자결했다.

공손접과 고야자가 깜짝 놀라며, "우리가 의형제를 맺어 함께 살

▌ '이도살삼사'의 고사를 나타내고 있는 벽돌 그림

고 함께 죽자고 했는데, 둘만 상을 받는 바람에 전개강이 죽었으니
어찌 구차하게 살리오!" 하며 차례로 목숨을 끊었다.

3. 지혜로운 사람, 안영에 대한 평가

노나라를 방문한 안영에 대해 노 소공은 다음과 같이 평가했다.

안자(안영)는 지혜로운 사람이다. 나라를 망하게 할 군주를 반성하게
하고 위기에 처한 나라를 안정시켰다. 그러면서도 사사로운 이익과는
거리가 멀다. 군주를 시해한 최저崔杼의 시신을 도륙하고 난적의 무리
를 소멸시켰다. 그러면서도 명예를 얻으려 하지 않았다. 제나라의 외교
를 걱정 없게 했고 내부의 환란을 없앴다. 그러면서도 자기 공을 자랑
하지 않고 차분히 자만하지 않으며 겸손하게 물러가 가족을 의지하고
산다._《안자춘추》

안영과 공자는 서로를 알고 있었다. 안영은 공자를 탐탁지 않게 여

겨 제나라에서 벼슬하려는 것을 막았다. 안영이 보기에 공자는 현실과는 거리가 먼 사람이었다.

후세 사람들은 공자가 가르치면서 지칠 줄 몰랐던 성인이라면, 안영은 몸소 실천함으로써 백성을 교화하는 현명한 정치가라는 평가를 내렸다.

안영의 언변은 화려하고 예리했다. 그러나 그보다는 정작 행동이 먼저였다.

> 가까이 있는 신하는 침묵하고 멀리 있는 신하는 벙어리가 된다 해도 백성들의 수많은 입이 쇠를 녹인다. _《안자춘추》

여론의 중요성을 잘 아는 발언이다. 검소하고 청렴한 생활로 군주와 백성의 신뢰를 받았던 안영은 남다른 식견과 통찰력으로 제나라를 중흥시켰다. 정말 실용적인 정치의 진수를 보여준 인물이다.

3. 정책으로 확인한 이론 – 안영의 경제사상과 정책

안영이 실시했던 정책을 중심으로 그의 경제사상을 살펴본다. 이와 관련한 주요 기록은 《좌전》과 《안자춘추》다.

1. 이익의 추구에도 정도가 있어야 한다 – 폭리론

안영은 누구나 경쟁심이 있다고 했다. 그러므로 부를 추구하는 것은 자연스럽다. 다만 지나친 축재는 시기와 질투의 대상이 되어 집안이 망하고 목숨까지 잃는 일도 초래한다고 했다. 안영은 옷감의 폭에는 한도가 있다는 비유를 들며, 이익도 바르게 추구하되 정도가 있어야 한다고 했는데 이를 '폭리幅利'라고 한다.

또 통치자들에 대해서는 스스로를 통제하고 이익의 일부를 양보하라고 했다. 양보는 덕의 주체이자 덕을 드러내는 일이므로, 이익이 과하지 않으면 질투를 살 일도 없어 결과적으로 재부를 지킬 수 있다는 논리다.

또 억지로 이익을 추구하는 것보다 그것이 의로운 것인지 생각하라고 했다.(이는 공자의 '이익을 보면 그것이 의로운 것인가를 생각하라'는 말과 서로 통한다.) 의로움을 이익의 바탕으로 인식한 것이다.

안영은 이를 몸소 실천했다. 경공이 그에게 패전邶殿의 좋은 땅 60읍을 하사하자 거절하며 "부를 싫어해서가 아니라 부를 잃을까 두려워서입니다."라고 말했다. 안영이 사는 집은 작고 허름했다. 경공은 안영이 외국에 나간 틈을 타 안영의 이웃을 이사 가게 하고 그곳에 큰 집을 지어 안영에게 주었다. 그러나 외국에서 돌아온 안영은 새집을 헐게 하고 그 이웃에게 다시 살도록 했다. 그 후에도 경공이 새 마차, 좋은 말, 좋은 음식을 내렸으나 모두 돌려보냈다.

안영은 귀족에게도 '폭리'를 권했다. 당시 귀족들 사이에 싸움이 벌어져 전씨田氏와 포씨鮑氏가 난씨欒氏와 고씨高氏를 제거하고 그들의 땅을 나눠가지려 했다. 안영은 승리한 두 집안을 설득해 그 땅을 공실에 헌납하도록 했다. '이익을 쌓아두기만 하면 나쁜 일이 생긴다'며 설득한 것이다.

2. 위가 사악하면 아래에서 원망한다 ― 조세관

안영은 봉건귀족의 수탈을 온몸으로 겪은 바 있었다. 그들이 온갖 물산을 독점하고 각종 명목으로 세금을 거두어들였으니 백성의 반감은 커져갈 수밖에 없었다. 결국 백성의 마음이 떠나고 시장에는 상인의 발길이 끊어졌다. 안영은 "사악함이 위에 누적되면 백성한테는 원망이 쌓여" 나라 전체에 원망과 비방이 가득 찬다고 성토했다. 모순이 더 쌓이면 백성을 위험한 곳으로 내몰고 약탈이 악순환이 될 것이었다. 안영은 정치를 너그럽게 하고, 관문을 헐고, 금지 조항을 없애고, 세금을 가볍게 하라고 했다. 또 사치를 일삼는 귀족들이 감세해달라고 했을 때 백성의 인력과 재력을 지나치게 착취해서는 안 된다고 경고했다.

한번은 경공과 안영이 높은 곳에서 도성을 내려다보고 있었다. 경공은 수려한 산하와 오가는 사람들을 보며,

내 후손들도 이 강산을 그대로 갖게 되면 얼마나 좋겠는가!

라고 하자 안영은,

자고로 명군은 백성을 이롭게 할 뿐입니다. 백성을 감쌀 수 있어야 강산을 영원히 보존할 수 있습니다. 지금처럼 백성이 힘들면 그 소원은 난망할 것입니다.

라고 응대했다. 경공이 낙담한 표정으로 어떻게 하면 정치 상황을 바

꿀 수 있냐고 묻자 이렇게 대답했다.

　　재물을 쌓아놓기만 하고 사용하지 않는 것은 나쁜 일입니다.

안영은 경공의 호화로운 생활을 비꼰 것이다.

3. 위부터 절약하라 − 절용론

　안영은 재부를 갈구하는 인간의 욕망은 자연스러운 것이지만 이 욕망 때문에 싸움이 벌어지는데, 그것을 방지하기 위해서는 국군과 귀족이 먼저 검약해야 한다고 했다. 통치자의 욕구가 지나치면 백성에게 부담이 되어 나쁜 결과를 초래한다면서 통치 계층 스스로 자신들에게는 각박하게, 백성들에게는 후덕하게 대하라고 주문했다.

　　관은 존경 받을 정도면 충분하므로 장식에 신경 쓸 필요가 없고, 옷은 추위를 가릴 정도면 충분하므로 꾸밀 필요가 없다.

　안영은 예제禮制를 이용해서 신흥 지주계급이 급성장하는 것을 늦추려 했다. 이로 보아 안영의 정치적 성향은 보수주의자처럼 보이긴 한다. 그러나 실제로는 신흥계급이 귀족의 권익을 지나치게 훼손할까 싶어 그들의 적극적인 경제활동을 부분적으로 단속한 것이었다. 한편 경공이 기득권 통치의 준거인 주례周禮를 회복해 치세의 도구로 삼자고 했을 때 안영은 "저는 할 수 없습니다."라며 거부하고 탄식했다는데, 이를 보면 보수주의자일지언정 복고주의자는 아니었다.

4. 과도기의 제나라를 이끈 인물 - 안영에 대한 평가

당시 제나라는 신구 세력의 투쟁이 극렬했다.

안영은 기본적으로 귀족의 통치를 부정하지 않았다. 이는 안영의 보수적인 측면이다. 안영은 신흥 지주계급의 성장 속도에 당황했지만 이들이 향후 시대를 이끌어갈 것이라는 점은 인식했다. 신흥 지주계급을 대표하는 전씨 세력의 통치에 대해 백성들은 전씨 집안을 "부모처럼 사랑하여 물 흐르듯 거기로 달려갔다."고 할 만큼 인기가 있었으므로 안영은 그들이 추진한 정책에 굳이 반대하지 않았다.

안영은 사욕이 없었다. 귀족의 기풍을 바꾸고 백성의 원한을 누그러뜨리고자 힘썼지만 귀족들은 안영이 근검절약하는 것은 군주가 하사하는 것을 감추는 행위에 지나지 않는다며 힐난했다. 궁정은 부패하고 왕기는 쇠퇴해가는 상황에서 안영의 노력은 사실 헛수고에 가까웠다.

전체적으로 안영의 경제관은 귀족의 통치를 연장하려는 경향이 강했지만 구체적인 형태에서는 부패한 귀족을 질타하고 신흥 계급의 개혁을 칭찬하는 모순을 보여주었다. 이는 안영의 경제사상이 지닌 이중성 때문이다. 안영의 헌신은 몰락해가는 계급에 대한 봉사의 성격이 있었던 것이다.

① 속담에 '집을 선택하는 것이 아니라 이웃을 선택할 뿐이다'는 말이 있습니다. _《좌전》

(諺曰언왈 : 非宅是卜비택시복, 唯隣是卜유린시복.)

● 안영이 진晉나라에 사신으로 간 사이 경공이 안영을 위해 낡은 집을 부수고 새집을 지어주었다. 일을 마치고 돌아온 안영이 이를 보고 옛집으로 돌아가겠다면서 한 말이다.

② 사직의 쥐새끼와 사나운 개. _《안자춘추》

(社鼠猛狗사서맹구.)

● 경공이 나라를 다스리는 데 가장 큰 근심거리가 무엇이냐고 묻자 안영은 "사직의 쥐새끼와 사나운 개"라고 대답했다. 사직의 사당에 있는 쥐새끼를 잡자고 불을 지르거나 물을 붓게 되면 사당이 훼손될까 싶어 쉽게 잡지 못하듯, 나라에도 이런 자들이 있다고 했다. 또 술집의 술이 아무리 맛있어도 그 집의 개가 사나우면 손님을 내쫓듯 나라에도 이런 자들이 있다고 했다.

③ 백성을 사랑하는 것보다 더 높은 뜻은 없고, 백성을 즐겁게 하는 것보다 더 좋은 행동은 없다. _《안자춘추》

(意莫高于愛民의막고우애민, 行莫厚于樂民행막후우낙민.)

● 안영의 정책은 '애민'과 '낙민'에 있다. 경제정책도 마찬가지다. 안영은 실천가였다. 그래서 혹자는 공자가 가르치면서 지칠 줄 모르

는 성인이라면, 안영은 몸소 실천하며 교화하는 현자라며 두 사람을 평했다.

④ 남쪽의 귤, 북쪽의 탱자/ 남쪽의 귤이 북쪽에서는 탱자로 바뀌다. _《안자춘추》_

(南橘北枳남귤북지/ 橘化爲枳귤화위지)

● 안영은 한 지역의 풍토가 개개인에 미치는 영향에 주목했다. 좋은 정책으로 백성을 교화하려면 그 지역의 풍토에 맞추는 일이 필요하다고 보았다.

⑤ 나라에 도가 없으면 군자는 예에 따라 일하는 것을 부끄럽게 여긴다. 나라가 사치하면 검소함으로 보여주고, 나라가 검소하면 예의로 보여준다. _《예기禮記》〈단궁檀弓〉하편_

(國無道국무도, 君子耻盈禮焉군자치영예언. 國奢則示之以儉국사즉시지이검; 國儉則示之以禮국검즉시지이례.)

● 안영에 대한 증자曾子의 논평이다. 안영은 지도층이 근검절약하고 지출을 줄여야 백성의 삶이 나아진다고 했다. 특히 바른길로 가지 않으면서 예를 차리는 것을 허례로 보았으며, 예의에 앞서 사치하지 말아야 한다고 했다.

4. 공자

가난이 아니라 분배를 강조하다

'사·농·공·상'은 봉건시대의 신분 관념을 나타내는 각각의 단어들이자 그 순서를 가리키는 하나의 개념이다. 이 사농공상 중에서도 '상'(상인)은 맨 나중이었다. 이 개념은 조선 500년을 관통했다. 조선은 유교의 나라였다. 사농공상은 유교의 신분관과 동일시되었고, 그 창시자가 공자孔子일 것이라는 인식이 자리 잡았다.

유교가 지배이데올로기로 정착하기 이전, 즉 원시유교(유가)의 관념에도 상인이 가장 천시되었을까? 공자도 이들을 천시했을까?

공자의 수제자이자 거상이었던 자공이 공자와 공문孔門을 후원했다는 사실은 우리 안에 스며들어 있는 통념과는 다소 차이가 있어 혼란을 가져다준다.

▌ 대사구大司寇(사법부 장관) 벼슬을 하던 시절의 공자의 초상화

1. 2500년 만에 다시 떠오른 공자

2013년 11월 12일, 중국공산당 전체회의(전회全會)에서 시진핑 주석은 '당의 제18기 3중 전회 정신으로 사상을 확실하게 통일하자'는 제목으로 강연했다.

전회의 정신을 관철하기 위한 몇 가지 요구와, (⋯) '사회의 공평과 정의를 촉진하고 인민 복지의 증진'을 출발점이자 종착점으로 삼아야 한다. 경제 발전을 먼저 이루고 공평성의 문제를 나중에 해결하겠다는 것이 아니라, 파이를 계속 확대함과 동시에 그것을 분배하는 일도 잘 해야 한다.

그러면서 《논어》〈계씨季氏〉에 나오는 공자의 말을 인용했다.

재부가 적다고 걱정하기보다는 분배가 고르지 못한 것을 걱정하고, 가난을 걱정하기보다는 불안을 걱정한다.

위 구절은 분배의 불공정이 불안의 주요인이라고 지적한 것이다. 분배의 균형이 안정을 유지하는 데 중요한 요소임을 보수주의자인 공자도 인식했다. 위 구절의 앞뒤 대목을 소개하면 다음과 같다.

나는 이렇게 들었다. 나라와 집을 가진 사람은 재부가 적다고 걱정하기보다는 분배가 고르지 못한 것을 걱정하고, 가난을 걱정하기보다는

(나라와 집안의) 불안을 걱정한다. 고르게 돌아가면 가난함이 없고, 화합하면 모자람이 없고, (나라와 집안이) 편안하면 기울지 않는다.

이 발언은 중국 사회에 적지 않은 영향을 미쳤다. 위정자만이 아니라 백성들도 공자의 이 말로써 분배 정책의 합리성을 점검해왔다. 다만 균등한 분배가 절대적인 균등이 아니라는 점을 지적해둔다. 공자는 경제적 공평성, 분배의 적당함이 통치의 중요 요소임을 강조한 것인데 이에 대해 훗날 주자朱子는 각각의 분수만큼 갖는 것이라는 상당히 보수적인 해석을 내놓았다.

2. 공자의 경제관을 반영하는 몇 가지 일화들

1. 넉넉해야 교육이 가능하고 군대도 강해진다

공자가 위衛나라의 상황을 본 후 감개무량한 나머지 수행한 제자 염유冉有에게 말했다.

"사람이 참으로 많구나!"

염유가 물었다.

"사람이 많으면 어찌해야 합니까?"

공자가 답했다.

"방법을 강구해서 잘살게 해야지."

염유가 또 물었다.

"잘살게 한 다음에는 어찌해야 합니까?"

공자가 답했다.

"그럼, 교육을 해야지."

공자는 인구(노동력)가 충분해야 생산이 발전되어 백성이 부유해 진다고 여겼다. 인구가 많아지고 백성이 부유해지면 교육을 할 토대 가 만들어진다. 부유하게 한 후에 교육해야 한다는 공자의 사상은 통치의 첫 번째 기준이 되었다. 이는 재부가 있어야 제대로 교육이 된다는, 당시로서는 상당히 진취적인 인식이었다. 앞서 관중 편에서 언급한 '부민부국'과 그것을 떠받치는 '사유'(예·의·염·치)의 관계 와도 맥을 같이한다.

공자가 활동한 춘추시대 후기는 전쟁으로 백성들의 삶이 고단했 다. 각국의 통치자들이 군비 증강에 열을 올리다 보니 백성들은 과중 한 세금에 시달렸다. 이런 시기에 공자는 무엇이 우선이냐는 질문에 백성을 부유하게 하는 것을 먼저 꼽으며 그래야 백성이 위정자를 믿 게 될 것이라고 했다. 결국 통치자는 백성의 믿음을 얻는 것이 가장 중요한 일이 된다.

공자는 백성의 믿음을 얻는 문제를 경제적인 해법으로 풀었다. 제 자인 유약有若이 노 애공과 나눈 대화에서 공자의 인식을 알아볼 수 있다.

노나라 애공이 (공자의 제자) 유약에게 물었다.

"해마다 흉년이 들어 재정이 부족하니 어쩌면 좋겠습니까?"

"그런데 왜 세금을 1/10로 줄이지 않으십니까?"

"2/10로도 부족한데 그 절반인 1/10이라뇨?"

"백성이 풍족한데 어찌 임금 혼자만 부족할 것이며, 백성이 부족한데 어찌 임금 혼자만 풍족할 수 있겠습니까?"

백성의 믿음을 얻는 것이 왜 중요한지에 대한 설명이다. 경제가 힘들면 국가도 곤란해진다. 그러면 민심의 향배가 중요해지는데, 그럴 때일수록 세금을 줄여야 한다고 말한다. 공자가 가난보다는 분배가 고르지 않음을 더 걱정해야 한다고 말한 데에는 백성의 믿음이야말로 국가의 안정에 매우 중요하다는 인식이 깔려 있다.

2. 이익에 대해서는 언급이 드물었지만 상업을 경시하지 않았던 공자

《논어》를 보면 공자는 경제적 이익에 대해 그다지 언급하지 않았다. 그렇다고 상업과 상인을 천시한 것도 아니었다.

그의 상업관은 지금 보아도 신선하다. 이는 오랫동안 여러 나라를 주유한 그의 편력과 무관하지 않을 것이다. 주유하는 동안 여러 부류의 사람들과 접촉했고, 만년에는 습득한 학식과 경험을 펼치면서 '교육에는 부류가 없다'고 할 만큼 참신한 면모가 번득인다. 참고로 공자는 주나라의 예제로 돌아가자는 복고주의자였지만 교육자로서는 사학이라는 모델을 만들어낸 신지식인이었다.

공자 제자들의 직업은 다양했다. 그중에서 자공은 대상인이었다.

자공 : 여기 아름다운 옥이 있다면 궤짝 안에 잘 간직해야 합니까, 값을 잘 쳐주는 상인을 찾아 팔아야 합니까?
공자 : 팔아야지! 팔아야지! 나는 살 사람을 기다리겠다.

공자는 또,

안회顏回는 이상을 추구했으나 늘 가난하다. 자공은 관청과 거래하지
않으면서도 돈을 벌었는데 예측을 잘했다.

라고 평가한 적이 있다. 자공의 치부致富를 긍정적으로 본 대목이자
공자의 경제관이 개방적이었음을 알게 해주는 장면이다.

3. 이利와 의義의 결합과 유상의 출현

《순자》〈유효儒效〉편에 이런 글이 나온다.

공자가 노나라 사구司寇 벼슬을 받자 심유씨沈猶氏는 아침에 그의 양
에 물을 먹여 무게를 늘려 팔지 않았고, 공신씨公愼氏는 그의 음탕한 처
를 내보냈으며, 신궤씨愼潰氏는 지나치게 사치한 탓에 국경을 넘어 옮
겨갔고, 소와 말을 팔던 노나라 사람들은 값을 속이지 않게 되었는데 이
는 (공자가) 몸을 바르게 닦고 기다렸기 때문이다.

공자가 법을 집행하는 벼슬을 맡자 사치풍조와 시장질서가 바로
잡혔다는 내용이다.

공자는 이익 추구를 나쁘다고 보지 않았지만 '이利를 보면 의義를
생각하라'고 토를 달았다. 또 이익이 눈앞에 보이면 '그것이 정당한
것인가를 생각하라'고 했다.《논어》〈헌문〉편 부와 이익을 추구하되 정당
해야 한다는 뜻이다.

물론 정통 유가에서는 '의리가 먼저고 이익이 나중'이며, '의리로 이익을 통제'하라고 주장한다. 유가 특유의 의리관이다. 이 의리관은 신信이란 개념과 합쳐져 다음과 같은 가치관들을 파생시켰다.

> 신근우의信近于義 : 믿음은 의리에 가깝다.
>
> 근이신謹而信 : 정직하고 믿음이 있어야 한다.
>
> 언이신言而信 : 말에는 믿음이 중요하다.
>
> 언필신言必信 : 말은 반드시 믿음이 있어야 한다.

유가의 '신'은 상업 분야에서는 '신용'으로 정착했다. 이렇게 해서 유가의 의리와 상업의 신용은 자율자제自律自制하는 도덕적 관념으로 정착했다. 이런 의리관을 중요한 원칙으로 삼는 상인이 바로 '유상'이다.

4. 경상輕商과 천상賤商 의식에 대한 오해

상인과 상업을 가볍게 보는 의식이 유가에서 비롯되었다고 알려져 있다. 일부는 맞고 일부는 틀리다. 틀리다는 것은 적어도 공자에게 그런 의식을 찾아볼 수 없다는 점에서 그렇다. 오히려 공자는 고른 분배, 정당한 이익 추구, 가벼운 세금 같은 관념을 갖고 있었다. 상인이 가장 천한 신분으로 고착된 것은 유가가 통치이데올로기로 정착해 지배층에 복무하는 사상으로 변질되면서였다. 편의에 따라 이를 유가와 구별해 '유교儒敎'라 부른다.

사농공상의 구분과 그로 인한 차별은 송나라 때 주자학朱子學(성리학)에 의해 공고해졌다. 또 주자학을 전격 수용한 조선에서 경상과 천상 의식은 확고부동한 신분관으로 고착되어 상업의 발전이 저해되고 제약을 받아 유상이 커나갈 수 없었다.

중국 상인사에서 유상을 대표하는 휘주徽州의 상인들은 유고儒賈와 고유賈儒를 구분했다. 전자는 상업 활동을 함으로써 유교의 가르침을 행하는 상인을, 후자는 유교를 받들며 상업 활동을 행하는 상인을 가리킨다. 어느 쪽이든 고賈(상商)와 유儒(문文)가 결합된, 문화적인 소양이 높았던 상인 집단이었다. 이런 점에서 공자의 의리관과 유상의 가치관은 많은 것을 생각하게 한다.

3. 공자의 경제사상

1. 시대적 배경과 기본 사상

먼저 공자가 살았던 춘추시대 후기의 상황을 알아본다.

공자가 살았던 시대는 정전제에서 영주제로, 영주제에서 다시 지주제로 넘어가는 과도기였다. 여러 방면에서 사회적 분열이 진행되고 새롭게 재조직되는 단계였다.

정전제는 일정한 면적의 토지를 정井자처럼 아홉 구역으로 나누어 여덟 가구에게 각각 나누어주고 나머지 한 구역을 공동 경작하게 해 세금으로 내게 하는, 토지와 조세가 결합된 제도였다. 토지는 모두 국유였다.

주나라는 이 정전제를 기반으로 농민을 토지에 묶어두고 통제했다. 그러나 정전제가 무너지면서 귀족들 사이에 쟁탈이 일어났고 그 다음에 나타난 것이 영주제였다. 영주제가 정착되면서 지배층의 토지 사유화가 두드러졌고, 신흥 상인도 일부나마 토지를 소유할 수 있게 되었다. 이렇게 형성된 영주제는 신흥 상인이 중심이 된 지주제로 이행하기 위한 싹을 틔우고 있었다.

복잡다단한 사회상의 변화 때문인지는 몰라도 공자의 언행과 사상에는 이중성이 보인다. 복고를 꿈꾸면서도 혁신을 논했고, 군자와 소인으로 나누어 보면서도 '가르침에 부류는 없다'고 했으며, 천명을 외치면서 하늘과 귀신에 관해서는 말하지 말라고 했다.

공자의 경제사상을 체계적으로 말해주는 기록은 없다. 다만 인학仁學을 비롯한 주요 사상 여기저기에 섞여 간간이 등장하고 있을 뿐이다. 공자의 인학은 예(주례)의 형식으로 나타나기 때문에 경제와 관련한 의義나 이利 등이 여기에 포개져 있다.(의義는 맹자에 와서 핵심적 위치에 올랐는데 공자가 말한 인仁과 같다고 보면 무난하다.) 공자가 의리를 중심으로, 이익을 부수적으로 내세웠다는 견해가 있다. 그 근거로,

군자는 의리에 밝고 소인은 이익에 밝다._《논어》〈이인〉편)

이익을 보면 의리를 생각하라._《헌문》편)

백성이 얻고자 하는 이익을 얻게 한다._《요왈》편)

등을 든다. 하지만 엄밀히 보면 이는 '의주이종義主利從'이 아니다.

공자의 발언에서 이 둘은 이질적이거나 병렬적인 개념으로, 왕왕 대
립하거나 상응하는 관계를 보인다. 그럼에도 전체적으로 이익과 관
련한 공자의 사상은 '인'을 앞세우는 쪽에 가까우므로 '인'을 중심으
로 공자의 경제사상을 살펴보는 쪽이 좋을 듯하다.

2. 부귀는 천명이다 - 재부관

공자는 한 사람의 부귀는 천명天命으로 결정된다고 보았다.

> 죽음과 삶도 천명이고 부귀도 천명에 달려 있다._《안연》편)

이 말은 제자 자하子夏가 들은 말이라고 했지만 공자의 말로 보아
도 무방할 것이다. 공자는 모든 사람이 재부를 바라지만 이를 얻으려
면 일정한 도덕적 표준(주례의 등급제에 따른 도덕관념)에 부합해야 한
다고 했다.

> 부귀는 누구나 얻고자 하는 바이다. 그러나 정당한 방법으로 얻은 것
> 이 아니라면 거기에 안주해서는 안 된다. 빈천은 누구나 싫어하는 바이
> 다. 그러나 정당한 방법으로 그리된 것이 아니더라도 그것을 피해서는
> 안 된다._《이인》편)

또 이렇게 말했다.

> 부를 구해서 얻을 수 있다면 시장 문지기라도 하겠지만 그렇지 않다

면 내가 좋아하는 바를 하겠다._《술이》편)

공자 역시 부귀를 마다하지 않았다. 그러나 도덕규범에 부합해야 하고, 부합한다면 상관하지 않겠다고 했다. 그것이 공자의 재부관이다.

3. 농사짓는 일은 내가 늙은 농부만 못하다 – 노동관

공자는 재부가 노동으로 창조된다고 인식했지만 통치 계급이 생산노동에 종사하는 것에는 반대했다. 공자의 노동관을 잘 보여준 장면이 있다.

번지樊遲가 농사를 배우고자 청했다. 공자는 "(농사짓는 일은) 내가 늙은 농부만 못하다."고 했다. 이번엔 과일과 채소 재배법을 청하자 공자는 "나는 늙은 과일 채소 재배자만 못하다."라고 했다. 번지가 나가자 공자는 "소인이로구나, 번지는! 윗사람이 예를 좋아하면 백성이 존경한다. 윗사람이 의로움을 좋아하면 백성은 복종한다. 윗사람이 신의를 좋아하면 백성은 진정을 다한다. 이렇게 하면 사방 백성들이 아이들을 안고 업고 몰려온다. 어찌 농사를 배운단 말인가."라고 했다._《자로》편)

공자는 농업에 종사해본들 자기가 농민만 못하다고 스스로를 낮춘 듯했지만, 막상 제자가 농사일을 배우려 하자 '소인'이라고 깎아내렸다. 통치자 입장에서 노동을 대하고 있음을 알 수 있다. 공자는,

군자는 도를 추구하지 먹는 것을 추구하지 않는다. 농사를 지어도 굶주림이 그 안에 있고, 배우면 그 안에 녹봉이 있다. 군자의 관심은 도에

있는 것이지 가난을 걱정하는 일에 있지 않다._((위령공)편)

라고 했다. 통치자(군자)는 노동할 필요가 없다는 것이다. 예를 배우
고 의리를 받들고 믿음을 추구하면 백성이 자연히 복종하므로 도만
있으면 모든 것이 다 된다고 했다.

4. 분배가 고르지 못한 것이 문제다 – 분배관

다음 구절은 공자의 분배관을 대변한다.(시진핑 주석이 2013년 전회
에서 인용한 그 대목이다.)

재부가 적다고 걱정하기보다는 분배가 고르지 못한 것을 걱정하고,
가난을 걱정하기보다는 불안을 걱정한다._((계씨)편)

이 부분은 역대로 해석이 다양했다. 종래에는 통치 계층 내부의 분
배 문제를 지적한 것으로 해석했는데, 최근에는 부유한 자의 것을 나
누어 가난한 자를 구제하라는 정치적 주장으로 해석하기도 한다. 앞
서 살펴본 공자의 노동관과 그의 계급성을 고려한다면 공자는 귀족
계급의 입장에서 노동문제를 대했다고 볼 수 있다. 이는 아리스토텔
레스가 노예를 사람으로 보지 않은 것과 같은 맥락이다.

따라서 공자가 언급한 재부의 분배는 지배계급 사이의 분배 문제
를 가리키는 것으로 보아야 할 것이다. 노예제 또는 농노제사회에서
노예와 농노는 재산권이 전무하거나 거의 없었다.

5. 규범의 도를 넘는 소비는 안 된다 - 소비관

공자 소비관의 큰 원칙은 계급에 따라 규범 있게 하라는 것이다. 공자는 기존의 예제를 함부로 무시하는 신생 귀족의 사치를 비판했다. 그 무렵 신분 질서가 이완되면서 제후와 대부들이 예제를 등한시하는 경향이 있었다. 공자의 눈에는 이것이 문란紊亂으로 비쳐졌다. 몇 가지 예를 보자.

진晉 문공은 자기가 죽으면 천자의 예로 장례를 치러달라고 요구했다.

관중은 관청 앞에 제후만 사용할 수 있는 새문塞門을 세웠다.

장문중臧文仲은 채蔡나라에 머물며 제후 행세를 했다.

노나라의 계문자季文子는 천자처럼 태산에 행차하고 천자만이 관람할 수 있는 팔일八佾라는 춤을 자기 집 뜰에서 관람했다.

이렇듯 예제에 어긋나거나 무시하는 현상이 일어났으니 보수주의자인 공자가 탄식한 것은 이해할 만하다.

공자는 사치와 낭비와 과소비를 무작정 반대하지 않았다. 다만 등급 제도에 규정된 소비의 기준을 넘지 말라고 했다. 또 검소하라는 말은 정도에 맞는 소비, 즉 예제의 기준을 뛰어넘지 말라는 뜻이었다.

공자는 소비에 신경을 많이 썼다. 정갈하지 않은 음식이나 때 지난 고기는 먹지 않았고, 제대로 자른 고기가 아니면 먹지 않았으며, 조미료가 적당하지 않아도 먹지 않았고, 심한 냄새가 나는 음식 역시 먹지 않았으며, 밥 때가 아니면 먹지 않았다.

┃ 당시 귀족들 사이에서 유행했던 닭싸움을 묘사한 벽돌 그림

또 잠을 잘 때는 반드시 잠옷을 입었고 그 길이는 키의 절반이었다. 장식품도 달았다. 다만 고가품 중에 값이 덜 나가는 옥기 종류를 택했다.

일상생활에서도 마찬가지였다. 자리가 정돈되어 있지 않으면 앉지 않았고, 먹으면서 말하지 않았으며, 잠잘 때도 말하지 않았다. 문을 나설 때는 수레를 탔지 걸어서 가지 않았다.

공자의 생활 태도는 그 자신의 신분에 맞추어져 있었고, 소비도 마찬가지였다.

6. 보수주의자의 마지노선 - 세금과 노역에 대한 관점

주례를 숭배한 복고주의자 공자는 조세제도 개편에 반대했다. 노나라에서 경작지에 대한 징수 제도를 바꾸려 하자 세금과 노역은 가벼워야 한다는 이유로 한사코 반대했다. 세금과 관련해서 공자가 한 말이 있다.

제2부 제자백가 주요 사상가들의 경제인식

계씨가 주공보다 부유했다. 그런데도 (공자의 제자) 염구冉求는 계씨를 위해 세금을 거두어 더 불렸다. 이에 공자는 "(염구는) 내 제자가 아니다. 너희가 북을 울리며 성토해도 괜찮다."라고 했다._《선진》편

대부 신분인 계씨가 제후인 공보다 더 잘 살았다. 계씨 밑에서 일하는 제자 염구가 세금을 더 거두고 크게 불리자 염구를 비난하는 내용이다. 공자는 또 노역과 관련해서도 언급했다.

비용을 절약하여 백성을 아끼고, 때에 맞추어 노역을 시켜야 한다._《학이》편

세금 징수는 1/10세에 찬성했다. 이에 대해서는 앞에서 소개한 제자 유약과 노나라 애공과의 대화에서 공자의 생각을 짐작해볼 수 있다.

4. 기울어진 평가와 그 영향

공자의 경제사상에 대한 평가는 갈린다. 그중에서 과대평가된 면이 많다는 지적은 타당하다. 공자는 관중처럼 체계적인 경제사상을 갖추지 못했다. 공자는 사상가이자 교육가였다. 그가 이익을 언급한 경우는 드물지만 그렇다고 보잘것없다는 의미는 아니다. 공자의 경제관은 허점이 있음에도 후대에 깊은 영향을 남겼다.

공자의 3천 제자들 중 72명이 수제자라고 한다. 공문孔門은 인의 도덕을 중시했다. 《논어》의 내용이 대체로 그렇다. 그런데 경제와 생산에 관심을 가진 제자로 자공과 번지가 언급되어 있다는 점은 특이하다.

　　자공은 크게 치부한 거상이었다. 공자를 뒷바라지 했고 공문이 학파로 자리 잡는 데 기여했다. 사마천은 자공을 언급하며, 공자가 천하에 명성을 떨칠 수 있었던 것은 부유한 자공이 앞뒤로 모셨기 때문이라고 했다.

　　자공은 《논어》 안에서도 큰 비중을 차지한다. 《논어》를 편찬하는 데 그의 역할이 그만큼 컸기 때문일 것이다. 이런 앞뒤 정황으로 보았

❙ 공자의 사당의 주 건축인 대성전

　제2부 제자백가 주요 사상가들의 경제인식

을 때 자공의 경제관념은 공자에게도 일정한 영향을 미쳤을 것이다.

공자의 사상을 계승한 인물로 맹자, 순자, 동중서, 한유, 주희 등이 있다. 이들은 인의도덕에 관한 학문을 중시했지만 사회경제 문제는 상대적으로 소홀했으므로 유가학파는 중국의 경제사상에서만큼은 주류가 될 수 없었다. 유가가 유교가 되면서 중국의 경제사상이 크게 발전하지 못했기 때문이다.

■ 공자와 관련된 명언명구

① 재부가 적다고 걱정하기보다는 분배가 고르지 못한 것을 걱정하고, 가난을 걱정하기보다는 불안을 걱정한다._《논어》 〈계씨〉편)

(不患寡而患不均불환과이환불균, 不患貧而患不安불환빈이환불안.)

● 공자의 분배관을 보여주는 대목이다. 종래에는 통치 계층 내부의 분배 문제를 지적한 것으로 해석했다. 그러나 최근에는 부유한 자의 것을 나누어 가난한 자를 구제하라는 정치적 주장으로 해석한다. 현실에서 분배의 문제가 그만큼 심각하기 때문일 것이다.

② 부귀는 누구나 얻고자 하는 바다. 그러나 정당한 방법으로 얻은 것이 아니라면 거기에 안주해서는 안 된다. 빈천은 누구나 싫어하는 바다. 그러나 정당한 방법으로 그리된 것이 아니더라도 그것을 피해서는 안 된다._《이인》편)

(富與貴부여귀, 是人之所欲也시인지소욕야. 不以其道得之불이기도득지, 不

處也불처야. 貧與賤빈여천, 是人之所惡也시인지소오야. 不以其道得之불이기
도득지, 不去也불거야.)

● 새삼 주목할 점은 부귀를 얻는 방법의 정당성뿐 아니라, 빈천에
서 벗어나기 위한 방법도 정당해야 한다는 주장이다. 그래야 부귀하
다 해서 빈천을 업신여기지 않고, 빈천하다 해서 부귀를 증오하지 않
게 된다.

③ 가난하면서 즐거워하고, 부유하면서 예를 좋아하는 것만 못하
다._(《학이편》)

(未若貧而好樂미약빈이호락, 富而好禮者也부이호례자야.)

● 자공의 "가난하면서 아첨하지 않고 부유하면서 교만하지 않으
면 어떻습니까?"라는 질문에 대한 답이다. 과연 보수적인 사상가답
다. 가난하면서 즐기기라는 게 과연 가능한 일인가? 이런 점에서 자
공의 질문이 한결 현실적이다.

④ 부를 구해서 얻을 수 있다면 시장 문지기라도 하겠지만 그렇지
않다면 내가 좋아하는 바를 하겠다._(《술이》편)

(富而可求也부이가구야, 雖執鞭之士수집편지사, 吾亦爲之오역위지, 如不
可求여불가구, 從吾所好오종소호.)

● 공자도 부귀를 원했다. 그러나 그것을 얻으려면 도덕규범에 부
합해야 했다. 부합한다면 얻겠다는 것이 공자의 재부관이다. 물론
'여건과 상황이 허용한다면'이라는 전제조건이 따른다고 봐야 한다.
이런 점에서 부에 대한 공자의 인식은 소극적이었다.

⑤ 가난하면서 세상을 원망 않기란 어렵지만, 부유하면서 교만하지 않기란 어려운 일이 아니다._《헌문》편)

(貧而無怨難빈이무원난, 富而無驕易부이무교이.)

● 공자의 말이 듣기에 그럴싸하지만 현실은 꼭 그렇지 않다. 부유하면서 교만한 자들로 넘쳐난다. 그래서 자공이 "부유하면서 교만하지 않으면 어떠냐?"라고 물었던 것 아닐까?

5. 노자

작은 나라, 적은 백성이 답이다

노자老子를 대표로 하는 도가의 경제관은 소국과민小國寡民과 무위無爲로 요약된다. 현대 용어로 표현하면 작은 정부와 적은 인구를 추구했고, 이를 위해 억지로 일을 만들거나 정책을 내지 말라는 것이다. 그러나 극심한 빈부 격차, 거대 기업의 독주와 횡포, 환경오염, 인간 소외 등 오늘날 세계가 안고 있는 문제점들을 생각해볼 때 도가의 이런 입장은 그냥 지나치기에는 뭔가 아쉽다.

도가의 경제관은 기본적으로 소극적이고 부분적으로는 극단적이다. 장자莊子는 여기에서 더 나아가 염세적이기까지 하다. 도가의 경제관은 다른 제자백가와 큰 차이를 보이지만 그러나 일부는 지금도 유의미하다.

1. 억지로 일삼지 말라 - 도가의 무위와 경제관

노자의 경제사상을 알아보기에 앞서 도가의 경제관념을 개괄해보고자 한다. 도가의 대표 경전은《노자》(일명《도덕경》)와《장자》다. 이두 책에서 반영된 경제사상의 핵심만 짚어본다.

'억지로 일삼지 말라'(무위無爲)는 노자 사상의 핵심이다. 이는 경제사상에서는 마음을 비우고 욕심을 줄이라(과욕寡欲)는 주장으로 연결된다. 노자는 이를 '작은 나라 적은 백성'이라는 정치사상으로 발전시켰다. 이는 노자가 그리는 유토피아의 모습이다. 사상적으로는 복고사상이며, 경제적으로는 자급자족 자연경제 상태를 상정했다.

장자는 노자에 비해 염세적이다. 시비도 없고 성패도 없으며 생사도 없는 일체의 허무虛無를 주장한다. 그의 사상은 극단적인 방임放任과 소극消極으로 요약된다. 장자의 이 사상은 경제에도 그대로 반영되어 "상인에게 시장에서 볼 일이 없어지면 그보다 더좋은 일은 없을 것"이라고 했다. 또 "재물이 모이기 때문에 다툼이 벌어진다."며 적극적인 경제활동을 부정했다. 장자는 진귀한 상품과 도량형을 함께 없애야 한다고 했다.

상업을 부정하는 도가의 극단

▌ 호남성 장사시長沙市 마왕퇴馬王堆에서 출토된 비단에 쓰여진《노자》의 일부

적 경제관은 후대에 거의 영향을 미치지 못했으나 '일삼지 않음으로써 다스린다'는 사상만은 큰 영향을 끼쳤다. 한나라 초기의 무위이치無爲而治 방략은 도가에서 비롯된 사상으로, 백성의 힘을 아끼고 인구를 늘리려는 목적에서 취해진 것이었다.

도가는 방임을 내세웠다. 이는 훗날 경제 방임주의의 한 뿌리가 되었다. 또 욕심을 줄이라는 가르침, '얻기 위해서는 먼저 주라', '상대를 약하게 만들려면 먼저 강하게 만들어라'와 같은 변증법적 사상은 현대의 경영 철학에 통찰력을 제공해주었다.

한편 '다투지 말라'(부쟁不爭)며, 다투지 않고도 승리할 수 있다고 했다. 경쟁에서도 조화와 협력은 필요한 일인데, 도가는 '윈-윈'할 수 있는 방법을 제시해주었다.

2. 신비한 존재 - 노자의 생애와 주요 사상

노자는 언제 나서 언제 죽었는지 모른다. 그래서 그의 존재를 부정하는 사람도 있다. 일설에는 공자가 예를 묻기 위해 그를 찾았다는데 그때 노자의 나이를 34세로 추정한다.

노자의 성은 이李, 이름은 이耳, 자는 백양伯陽, 시호는 담聃이다. 초나라 고현苦縣 곡인리曲仁里에서 태어났다고 한다. 그러나 곡인曲仁이라는 지명이 유가를 비꼬는 느낌을 주고 있어 후대의 조작이라고 보기도 한다.

노자는 낙양洛陽에서 동주東周의 사관을 지냈다. 오랫동안 주나라에서 살았으나 주나라가 쇠퇴해가는 것을 보고는 떠났다. 그가 함곡관函谷關에 이르렀을 때 윤희尹喜라는 사람이 "선생께서는 귀찮더라도 저를 위하여 글을 지어주십시오."라고 청하자 노자는《도덕경》상·하편을 지어주고 떠났다고 한다. 노자의 전기를 남긴 사마천은 그가 160세까지 살았다는 설을 인용했는데, 신비감만 더해줄 뿐이다.

그의 사상은《도덕경》에서 살펴볼 수 있지만 손을 댄 곳이 많아 완전치 않다.《도덕경》은 간결하지만 도道에 대한 사색의 경지를 잘 보여준다. 이러한 사색은 우주철학으로 확대되었다. 노자가 도가의 창시자로 추앙 받는 이유다.

《도덕경》전체에 흐르는 사유의 경지는 종교와 신화의 그물에서 빠져 나와 비약을 이루었다. 노자의 직관적 인식론과 방법론은 훗날 불교, 특히 선종에 영향을 미쳤다.

노자는 '부드러움이 강함을 이긴다' 같은 변증법적 학설을 제기해 새바람을 불어넣었다. 정치적으로는 통치 계급의 인의도덕의 허구를 폭로했다. 그가 말하는 도는 우주론과 본체론을 동시에 포괄하는 개념이며, 이를 무위자연無爲自然과 연계시켜 깊이를 더했다. 그는 도가 상제上帝보다 먼저라면서 상제의 지위와 권위를 부정했다.

도가 사상은 유교와 뚜렷한 궤적을 이루면서 동양 철학사의 큰 흐름을 형성했다. 사마천은 양가의 대립 현상에 대해 다음처럼 안타까움을 표현했다.

세상에서 노자의 학문을 배우는 사람들은 유학을 배척하고, 유학을 배우는 이도 노자를 배척한다. '도가 같지 않으면 함께 꾀하지 않는다'

■ 원나라 때의 서예가이자 화가인 조맹부趙孟頫가 그린 노자의 초상화

는 말이 바로 이를 두고 한 말인가?_《사기》〈노자열전〉

그러면서 "이이(노자)는 억지로 하지 않고 저절로 교화되게 하고, 맑고 고요하게 있으면서 절로 바르게 되게 했다."며 노자의 사상을 요약했다.

3. '무위'와 '부쟁' - 노자의 경제사상

1. 억지로 하려 들지 말라 - 무위론

'무위'는 정치와 사회적 관점에서 노자가 취한 개념이다.

인간의 행동은 자연법칙에 부합해야 하므로 소극적으로 응해야 하고, 만물은 변화하므로 인간은 거기에 순응해야 한다. 그것이 무위다. 이는 경제활동에서도 예외가 아니다. 무위는 경제 방면에서 두 가지 관점을 내놓았다.

첫째, '성스러움을 끊고 지혜를 버린다'는 사상을 실행하면 백성의 이익이 100배가 될 것이라며, "백성이 다스리기 힘든 것은 그들이 지혜가 많기 때문"이라고 했다. 곧 '아는 바 없고 욕심 없는' 상태가 되어야 한다는 것이다.

둘째, 도가의 이런 인식은 일부 의미 있는 관점을 이끌어냈는데 빈부의 불균형 반대, 지나친 세금 반대, 침략 전쟁 반대 같은 주장들이 그것이다.

2. 욕망이 모든 모순과 갈등의 화근이다 – 무욕과 과욕

노자는 욕망의 최고 경지는 무욕無欲이고 그다음은 과욕寡欲이라고 했다. 이런 인식은 토지 사유 현상에 대한 반발에서 나온 것이었다.

그는 사물의 발전에는 규율성이 있는데 '욕망하는 것'은 이 규율성에 어긋나므로 혼란이 일어난다고 했다. 욕심이 없으면 자연의 본성인 박朴(소박)으로 돌아간다. 욕구를 줄이는 것이 과욕이고, 과욕의 구체적 표현은 지족知足(만족할 줄 아는 것)이다.

노자 학파는 이 '지족'을 빈부를 가려내는 기준으로 삼았다. 그래서 "만족할 줄 아는 자가 부유하다." "만족할 줄 아는 것보다 큰 부는 없다."고 했다. 노자의 재부관은 주관적인 '지족/부지족'에서 결정된다는 유심주의를 띠고 있다.

노자는 "사람을 유혹하는 사물은 지나가는 사람의 발걸음도 멈추게 한다."며 생산 욕망에 대한 객관적인 자극을 부정하지 않았다. 이런 점에서 과욕과 지족은 뗄 수 없는 관계에 놓인다. 욕심을 줄이지 못하면 만족을 알 수 없고, 욕심을 줄이면 만족을 알 수 있게 되기 때문이다.

과욕과 지족은 귀족의 약탈 현상에 대해서는 의미가 있었지만, 일반인에게까지 적용하는 것은 경제인식의 발전을 가로막는 요인으로 작용했다.

3. 사치를 없애고 검소하라

과욕과 지족은 물질생활에서 간소함과 소박함으로 나타난다.

지나친 물질 향유는 사람의 심기를 흩어놓는다, '배를 채우고 뼈를 단단하게 하는' 생활이면 되는 것이지, '마음을 허하게 하고' '의지를 약하게 만드는' 사치와 향락을 해서는 안 되는 것이다. 그래서 천하를 다스리는 자가 "수놓은 옷을 입고, 날카로운 칼을 차고, 음식과 재물이 남아돌면" 농지는 황폐해지고 창고는 비게 마련인데, 이는 도적이나 마찬가지라고 했다.

이 주장은 귀족들이 백성을 착취하는 것에 대한 항의였다.

4. 꾸밈은 혼란의 근원이다 – 공예와 기교에 반대하다

공예工藝와 기교技巧를 비판하는 것은 도가 경제의 특징이다.

노자는 공예를 주된 공격 대상으로 삼았다. 공예야말로 사회 혼란의 근원이라고 본 때문이다.

노자는 자연의 본성(소박함)을 중시했다. 공업 생산은 자연물의 형태를 바꾸는 것이므로 자연의 본성을 파괴하는 행위였다. 전국시대 때 가공할 군사 장비, 화려한 건축, 정교한 사치품 제조가 두드러졌는데 이는 노자의 생각과는 맞지 않는 현상이었다.

도가가 공예와 기교를 반대하는 것은 나름의 사변적 이치에는 맞을지 모르지만 시대의 변화, 사회 현상의 발전과는 맞지 않았다.

5. 기르되 소유하지 말라 – 사유제에 대한 입장

노자는 사유제를 반대했다. "기르되(만들되) 소유하려 하지 말고, 일하되 자랑하지 말라."고 했다. 생산에 종사하되 생산품을 소유하지 말하는 것이다.

그가 사유제를 반대한 까닭은 소박함과는 거리가 멀기 때문이었

▌ 북이 달리고 세 마리의 용마가 이끄는 수레를 나타낸 벽돌그림은 당시 귀족들의 호화로운 생활을 반영한다.

다. 그러나 개인의 이익까지 부정하지는 않았다. 다만 무사無私(사욕이 없는 것)를 사유의 수단으로 삼으라고 했다. 자신을 남보다 뒤에 두거나 밖에 두면 몸을 보전할 수 있게 되므로 이 '무사'야말로 사사로움을 이루는 것이라고 했다. 이는 노자의 철학 주제인 '일삼지 않지만 일삼지 않는 것이 없는' 사상과 일치한다.

노자는 이런 논리로 신흥 지주계급이 확대되는 것을 막으려 했지만 결과는 현실 도피론자의 환상일 뿐이었다.

6. 화근인 부는 나누어야 한다 – 균부론

부를 고르게 나누어야 한다는 균부均富에 관한 견해는 부자의 입장에서 출발한 것으로, 천도天道는 가득 차 있는 것을 반대한다는 데에서 나왔다. 부귀는 오래갈 수 없고 화를 불러들이는 근원이므로 고루 나누는 것이 좋다는 주장이다.

이는 자연의 규율이란 '남으면 덜고 부족하면 보탠다'는 인식에 따른 것으로, 결국 '균부'는 모두에게 이로운 일이 된다. 노자는 부자에게 이르기를, 사람을 구하고 사람을 버리지 말 것이며 물건을 구하고 물건을 버리지 말라고 했다.

많은 부를 추구하지 않아야 빈부의 불균형이 발생하지 않는다는 것은 현실 문제를 해결하는 데에는 무용하다. 노자는 인간이 부를 늘리려는 것은 개인의 욕망뿐 아니라 제도에 의해서도 결정된다는 점을 보지 못했다.

4. 노자의 유토피아: 소국과민 – 노자의 경제사상이 갖는 의미

노자가 보기에 백성의 굶주림은 지배층의 약탈과 중과세 때문이며, 사회 분란의 근원은 전쟁, 인구 증가, 공예의 발전 때문이었다. 이에 노자는 '작은 나라, 적은 백성'이라는 소국과민의 이상향을 제안했다. 그것은 "이웃나라와 닭과 개 울음소리까지 서로 들릴 만큼 서로 마주보고 있지만 백성들은 늙어 죽을 때까지 서로 오가지 않는" 그런 나라였다. 소국과민은 작은 농촌공동체 생활로 돌아가자는 주장이다.

노자의 세계관에는 유물론적 색채가 보이고, 경제관에는 유심론적

▌푸른 소를 타고 세속을 떠나는 노자의 모습을 나타낸 조형물

요소가 보인다. 노자의 경제사상은 소극적이며 어떤 면에서는 퇴행적이다. 다만 다투지 말라는 부쟁의 논리는 윈-윈의 정신과 맞닿아 있다.

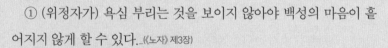

■ 노자와 관련된 명언명구

① (위정자가) 욕심 부리는 것을 보이지 않아야 백성의 마음이 흩어지지 않게 할 수 있다._《노자》제3장)

(不見可欲불견가욕, 使民心不亂사민심불란.)

● 노자는 철저하게 욕심, 특히 위정자의 욕심을 경계한다. 욕심을

제2부 제자백가 주요 사상가들의 경제인식

없애면 더할 나위 없겠지만 그것이 안 되면 욕심을 줄이기라도 하라고 경고한다. 그래야 백성을 덜 힘들게 한다는 것이다.

② 낳아서(만들어서) 기를(축적할) 수 있다. 낳되(생산하되) 소유(독점)하지 말라. _《노자》 제10장

(生之畜之생지축지, 生而不有생이불유.)

● 노자는 백성을 사랑하고 나라를 다스리되 억지로 일삼지 않고 자연의 순리에 맡기는 무위자연의 도를 따르라고 강조한다. 같은 맥락에서 사물을 생산해 늘리고 축적할 수 있지만 그것을 독점하지 말라고 한다. 노자의 경제관은 매우 소극적이지만 오늘날 의미 있게 들리는 부분도 있다.

③ 백성이 굶주리고 있다. 위정자가 세금을 많이 거둬 먹어치우기 때문에 백성이 굶주리는 것이다. _《노자》 제75장

(民之饑민지기, 以其上食稅之多이기상식세지다, 是以饑시이기.)

● 위정자는 백성을 배불리 먹을 수 있게 하고, 편안하게 살게 하고, 병 없이 제 명에 살 수 있게 해야 한다. 그러나 현실은 이와는 반대로 위정자의 탐욕 때문에 백성이 굶주리고 죽음을 면치 못한다고 비판한다.

④ 이웃 나라와 닭과 개 울음소리까지 서로 들릴 만큼 서로 마주 보고 있지만 백성들은 늙어 죽을 때까지 서로 오가지 않는다. _《노자》 제80장

(隣國相望인국상망, 鷄犬之聲相聞계견지성상문, 民至老死민지노사, 不相
往來불상왕래.)

● 노자가 꿈꾸는 이상향 '소국과민'의 모습이다. 훗날 이를 두고
노자가 퇴행적이라고 비판도 했지만, 이른바 문명의 이기利器가 인
간의 삶에 어떤 영향을 미치는지 성찰이 필요하다는 점에서 음미해
볼 만하다.

⑤ 오직 무지하고 ~ 오직 무욕한 것을 소박이라 한다._《장자》 외편 '마제
馬蹄')

(同乎無知동호무지 ~ 同乎無欲동호무욕, 是謂素樸시위소박.)

● 장자는 노자보다 더 경제활동을 부정한다. 그는 인간의 본성을
자족自足과 소박으로 규정하고, 무지하고 무욕해야 소박한 것이라고
했다.

6. 묵자

나는 천한 사람이다

춘추전국은 전쟁의 시대였다. 사람들은 평화를 갈망했다. 묵자墨子는 서로를 공격하지 말고 사랑하라는 메시지로 사람들과 공동체를 만들어 세상을 구원하고자 했다.

묵자의 사상은 하층민과 소자본 생산자의 이익을 대변한다. 그는 자신을 찾는 곳이면 어디든 마다않고 달려갔으므로 묵자의 집 굴뚝에는 검댕이가 없다는 말이 생겨났다. 또 노동 없이는 생존할 수 없다며, 서로에게 이익이 될 수 있게 하라고 했다.

1. 사랑과 봉사의 삶 – 묵자의 생애

묵자의 이름은 적翟이다. 대략 기원전 468년경에 태어나 기원전 376년경에 사망한 것으로 추정한다. 나이로 보자면 약 93세까지 살

墨子

(約公元前480年 ~ 公元前390年)

▌ 묵자는 철저하게 노동을 중시한 목수 출신의 사상가였다.

왔다. 기원전 470년에 태어나 기원전 399년에 세상을 떠난 그리스의 소크라테스와 비슷한 시대의 사람이다.

묵자는 춘추전국 교체기에 송宋나라의 미천한 집안에서 태어났다고 알려져 있다. 그러나 일부에서는 귀족 목이目夷(묵대墨臺) 씨의 후손이라고 보기도 한다. 아무튼 묵자는 목수 일을 했고 스스로를 떠돌이란 뜻의 빈맹賓萌에 비유했다. 송 소공 때 대부에 임명되었고 그 후 오랫동안 노나라에 거주했다. 이 무렵부터 유가를 버리고 묵가를 제창해 독립된 학파로 활동했다.

묵가의 사상은 소자본 생산자의 이익을 반영한다. 사유재산을 보호하고, 겸애兼愛(서로 사랑하라)와 비공非攻(전쟁 반대)을 주창했다. 또 참정권을 주장하며 '상현尙賢·상동尙同'의 이상을 실현코자 했다.(상동은 평등을 존중하는 철학이고, 상현은 신분에 관계없이 인재를 존중한다는 뜻이 있다)

'비명非命'은 귀신의 작용을 배척하는 것인데 역설적으로 그것이 하늘의 의지와 귀신을 밝힐 수 있다고 했다. 또 허례의식과 지나친 예악 때문에 벌어지는 사치와 낭비를 맹렬히 공격했다.

묵가는 고통을 당연한 것으로 받아들였다. 그래서 묵가의 조직은 규율이 엄격해 다른 학파들한테는 현학顯學(남다른 학파)으로 비쳐졌다. 전국시대 말기에 활약한 후기묵가는 역사적 경험, 민중의 의지, 정책의 효과(이를 '삼표법三表法'이라고 한다) 면에서 커다란 공헌을 했다.

현존하는《묵자》53편 중에서〈경經〉〈경설經說(상)〉〈경설(하)〉〈대취大取〉〈소취小取〉편은 후기묵가의 대표작으로 꼽힌다.

묵자는 이색적인 인물이다. 강대국 초나라가 기술자 공수반公輸般의 도움으로 송나라를 공격할 거라는 첩보를 듣고 열흘 밤낮을 달려 초의 수도로 들어가 공수반과 모래판을 놓고 게임을 치러 공격을 중단케 했다는 일화는 유명하다.(이 고사를 바탕으로 영화 〈묵공〉이 만들어졌다.)

최근에 묵자 연구가 활기를 띠고 있는 것도 이런 이유 때문일 것이다.

2. 왜 '묵자호'일까?

〈The Science Times〉 2018년 1월 26일자에 중국이 세계 최초로 양자과학 실험위성 발사에 성공했다는 기사가 실렸다. 이 위성은 2016년 8월 16일 01시 40분에 발사되었다. 중국은 2004년 '항아공정姮娥工程'(달 탐사프로젝트)을 수행한 이후 위성 발사체와 우주정거장 설치에 성공했다.

탐사프로젝트에 항아姮娥라는 신화 속의 여신 이름을 붙였듯이 이번의 실험위성을 '묵자호墨子號'라고 명명했다. 묵자는 평화주의자로 잘 알려져 있어서 이 이름을 묵자의 평화사상과 연결하는 기사도 나온다. 하지만 번지수를 잘못 짚었다.

사상가 묵자는 과학자이자 발명가였다. 중국인들은 묵자를 '과학(계)의 성인'(과성科聖)으로 추앙한다.《묵자》란 책은 신학·정치·경제·교육·윤리·철학·군사·논리학 등 거의 모든 분야를 섭렵한 백과

▌ 2018년 중국은 세계 최초로 양자 과학 실험위성 발사에 성공했다. 위성의 이름은 '묵자호'이다. 묵자호의 발사 성공으로 인류는 공간이동이 가능한 시대로 접어들었다.

전서인데, 물리학과 수학의 인식도 실려 있다.

묵자는 광선이 직선으로 진행하는 성질을 이해해 작은 구멍을 통하면 물체의 상이 거꾸로 맺힌다는 현상을 비롯하여 양자역학과 관련한 기본 지식을 알고 있었다. 따라서 2500년 전에 과학적인 아이디어를 제시한 묵자를 기려 이 위성의 이름을 '묵자호'라고 한 것은 충분히 이해할 만하다.

3. 묵자의 굴뚝에는 검댕이가 없다

묵자는 천하를 떠돌며 자신의 사상을 실천했다. 이런 묵자의 일생을 전하는 고사성어가 '묵돌불검墨突不黔'이다. 이 표현은 《한서》〈답빈희答賓戱〉에 나오는데 글자 풀이만으로는 잘 이해가 가지 않는다. 묵자가 하도 바쁘게 돌아다녀 집에 붙어 있는 날이 없으므로 그의 집 굴뚝은 연기 때문에 생겨나는 검댕이가 없었다는 의미다.

이와 대구를 이루는 말로 '공석불난孔席不暖'이 있다. 공자의 자리는 따뜻할 날이 없다는 뜻이다. 묵자나 공자 모두 바쁘게 돌아다니는 모습을 과장해서 표현한 말이지만 어찌 보면 씁쓸한 성어이기도 하다. 그만큼 그들의 마음을 세상이 헤아려주지 못했다는 반증이니까.

4. 이해관계에 대한 묵자의 통찰

묵자의 경제사상을 살펴보기에 앞서 '이해利害'에 대한 묵자의 인식을 알아보자. 묵자는 인간관계에서 발생하는 가장 중요한 요소로 '이해'를 들었다.

이익이 맞물리면 무거운 쪽을, 손해가 맞물리면 가벼운 쪽을 택하라.

관련 대목을 함께 인용하면 다음과 같다.

제2부 제자백가 주요 사상가들의 경제인식

손가락을 잘라 팔을 보존하듯 이익을 두고는 큰 쪽을 취하고, 손해를 두고는 작은 쪽을 취하라. 손해를 두고 작은 것을 취하는 것은 손해를 취하는 것이 아니라 이익을 취하는 것이다.

경쟁하고 있는 쌍방은 이익을 위해 싸운다. 서로의 이익을 빼앗지 않을 수 없다. 이익을 취할 기회를 포착하는 것은 사람들의 공통된 욕구다.

이익과 손해는 긴밀하게 연결된다. 새옹지마塞翁之馬라는 고사에서 '새옹'이 말을 잃은 것이 어찌 복이 될 줄 알았겠는가? 그래서 손자는 "(…) 지혜 있는 자가 일을 생각할 때는 반드시 이로운 점과 해로운 점을 아울러 참작한다."《손자병법》〈구변九變〉편)고 했다. 행동을 할 때 이익과 손해, 양면을 고려하라는 말이다. 이로울 때 손해를 생각하고, 손해라고 판단될 때 이익을 고려해야만 어느 한쪽의 맹목성에서 벗어날 수 있다고 했다.

5. 윈-윈하라 – 경제에 관한 묵가의 기본 인식

묵가는 전기묵가와 후기묵가로 나뉜다. 사상적인 측면에서 전기와 후기 사이엔 다소 차이가 있다.

상인의 역할과 화폐의 교환가치에 대한 묵가의 인식을 살펴본다.

묵자는 자신을 천인賤人이라 했다. 그는 계급의 등급을 어느 정도 인정하면서도 하층민의 권익을 옹호했다. 겸애 사상을 바탕으로 하층민의 배고픔, 추위, 과로를 해소하려 했다.

묵가는 상인에게 의지하지 않으면 물자가 유통되지 않으므로 교통을 발전시켜 백성의 편의를 돌보자고 했다. 당연히 이익을 추구하는 것을 긍정했다. 다만 "남에게 손해를 끼쳐 자기가 이익을 얻는" 것에 반대하고 서로에게 이익이 돌아가게 하라고 했다. 그러나 사치품에 대해서는 생산이든 교환이든 찬성하지 않았다.

납세는 소생산자들이 져야 하는 의무라고 보았고, 또 소생산자가 상품 교환에 참여해 자신의 뜻을 표출하라고 했다.

후기묵가의 경제관에서 상품의 가격과 화폐의 관계에 관한 입장이 흥미롭다. 곡식을 예로 들며, 화폐의 가치가 떨어지면 곡식 값이 올라도 비싼 것이 아니고 그 반대의 경우도 마찬가지라고 했다. 법으로 정해진 화폐의 가치는 불변이지만 곡식의 가격은 그해의 풍흉에 따라 변하므로 그에 따라 화폐의 구매력이 변한다고 본 것이다.

묵가 학파는 화폐를 하나의 상품으로 인식했다. 이는 화폐를 교환수단으로만 인식한 다른 학파에 비하면 한걸음 나아간 것이었다.

6. 노동 없이는 살 수 없다 – 묵자의 경제사상

묵자의 경제사상을 나누어 살펴보자.

묵자는 하층민과 피통치자의 입장을 대변했다. 경제 측면에서도 마찬가지다. 이 계통의 사상가로 관중 다음으로 묵자가 언급되기도 한다. 또 비슷한 시기 고대 아테네의 사상가 크세노폰(440?~354?BC.)

에 비교되기도 한다.

1. 생산에는 빈틈이 없어야 한다 - 재부관

묵자는 생산력을 발전시켜 국가의 재부를 늘리고자 했다.

옛날 임금과 대신들이 나라의 정치를 맡아 하면 모두 나라의 부를 말하고 백성을 늘렸다._《(비명非命) 상편》

성왕이 한 나라를 다스리면 그 나라의 부는 배가 된다._《(절용節用) 상편》

관문과 시장, 산림과 못에서 나는 이익을 거둬 창고와 나라의 곳간을 채운다._《(비락非樂) 상편》

그렇다면 어떻게 해야 할 것인가? '재물의 생산에 빈틈이 없어야 한다'고 했다.《(칠환七患)편》 약탈이나 착취가 아니라 생산으로 재부를 늘려야 한다는 뜻이다.

2. 인구의 증가가 중요하다 - 인구관

묵자는 인구 증가가 중요하다고 했다.

천하가 가난하면 부유하게 만드는 일에 종사하고, 백성이 적으면 백성을 늘리는 일에 종사하며, 백성이 어지러우면 다스리는 일에 종사한다._《(절장節葬) 하편》

예나 지금이나 인구 부족은 심각한 문제여서 통치자들은 인구를 늘리기 위해 몰두해왔다.

월왕 구천句踐(?~465BC.)은 나이든 남자는 장년의 여자를 아내로 취하지 못하게 했고, 장년의 남자는 나이든 여자를 아내로 얻지 못하게 했다. 남자가 20세인데도 아내를 맞이하지 않고 여자가 17세가 되었는데 시집가지 않으면 그 부모한테 벌을 주었다. 아이가 젖을 뗄 때 관청에 보고하면 아이를 돌봐주었다. 사내아이를 낳으면 술 두 항아리와 개 한 마리를 주었고, 여자아이를 낳으면 술 두 항아리와 돼지 한 마리를 주었다. 쌍둥이를 낳으면 식량배급표를 주었고, 세쌍둥이를 낳으면 유모를 고용해주었다. 자녀를 돌볼 여력이 없으면 관청에서 돌봐주었다. 능력이 있는 자는 생활 보장 외에도 특별 교육을 받게 해주었다.

구천의 인구정책은 오늘날의 복지정책과 닮았다. 당시 각국이 이와 유사한 인구정책을 실시했다. 전란으로 인구가 크게 줄었기 때문이다.

3. 남을 이롭게 하라 – 이익관

묵자는 이익에 대해 자주 언급했다. 공자가 이익을 말하는 경우가 드물고, 맹자가 아예 입에 올리지 않은 것과 대조된다.

묵자는 "의리가 곧 이익이다."《경》상편라고 했다. 그것은 곧 "천하의 이익을 일으키는 것이고" "나라와 백성의 이익"이었다. 또 "이익이란 얻으면 기쁜 것"이며, "의로움이란 천하를 위한다는 본분으로 남을 이롭게 해줄 수 있어야지 나를 위해 사용해서는 안 된다."《경설》상편고 했다.

큰 나라가 작은 나라를 공격하지 않고, 큰 집은 작은 집의 사람을 적
게 하지 않고, 강자는 약자를 겁박하지 않고, 귀한 자는 천한 사람을 업
신여기지 않고, 속이길 잘하는 자는 어리석은 사람을 속이지 않는다. 이
렇게 하면 크게는 하늘에 이롭고, 중간으로는 귀신에 이롭고, 아래로는
사람에게 이롭다. 이 셋이 모두 이로우면 이롭지 않는 곳이 없다. 그러
므로 천하가 나서서 그에게 아름다운 명성을 더할 것이니 이른바 성왕
이란 것이다._(《천지天志》 상편)

통치자는 백성에게 이롭지 않은 일을 하지 않아야 한다는 내용이다.

▎묵자는 모든 부의 원천을 노동으로 인식할 정도로 노동을 대단히 중시했다. 그림은 곡식을 찧는 벽돌
그림이다.

4. 노동 없이는 살 수 없다 - 노동관

묵자는 노동을 신성시했다. 사람이 금수와 구별되는 까닭은 노동을 하고 노동으로 살아가기 때문이다.

> 힘(노동)에 의지하는 사람은 살고, 힘에 의지하지 못하는 사람은 살지 못한다._〈비락〉 상편)

> 강하면 반드시 부유하고, 강하지 못하면 가난하다. 강하면 반드시 배부르고 강하지 않으면 굶주릴 수밖에 없다._〈비명〉 하편)

이런 사상을 지녔으므로 당연히 불로소득에 반대했다.(〈천지〉 하편)

묵자의 노동관에 대해 비판적인 견해가 많았다. 순자는 "묵자 개인의 걱정이요 지나친 생각일 따름"(《순자》 〈부국〉편)이라고 했으며, 현대의 학자 궈모뤄[郭沫若]는 통치계급의 이익을 대변하는 반민주적이고 반동적인 천박한 인식이라고 비판했다.(《십비판서+批判書》) 그러나 위에서 보았다시피 묵자의 노동관에는 백성을 중시하고 생산 발전을 꾀하려는 인식을 발견할 수 있다.

5. 같은 업종에도 분업이 필요하다 - 분업관

《묵자》에는 사회적 분업에 대한 언급이 많이 나온다. 남녀 간, 직업 간, 업종 내 분업 등이다. 묵자는 담장을 쌓는 일과 신발을 만드는 일을 예를 들며 언급했다.

6. 세금은 재부의 밑천이다 - 조세관

묵자는 세금 징수에 찬성했다. 세금으로 재정이 튼튼해지고, 재정이 든든해지면 재부가 흩어지지 않는다고 했다.((비락) 상편) 다만 과중한 징세는 반대했다.

7. 허례허식을 버려라 - 소비관

소비도 자주 언급했다. 비단 의식주뿐 아니라 각종 생활 도구 등에 대해서도 여러 차례 언급했다. 이는 마치 공자의 모습을 연상하게 하는데, 두 사람 사이에는 차이가 있었다.

소비와 관련된 묵자의 주장은 절용節用(비용 절약)이다. '나라가 쓸데없는 비용을 없애고', '일을 만들어 일으켜 세워서 백성들이 재물을 사용할 수 있게 하라'는 것이다. 당시 성행하던 후장厚葬에 반대하고 절장節葬하라고 한 것도 이런 이유였다. 후장은 비용이 많이 들 뿐 아니라 생사람의 목숨을 앗아가는 순장殉葬까지 했기 때문이다.

8. 가치에 따라 교환의 조건이 달라진다 - 교환론

마르크스는 아리스토텔레스가 상품 가치에서 균등 관계라는 것을 찾아냈는데 이는 그의 천재성이 번득이는 부분이라고 했다. 중국의 한 학자는 상품의 교환·가치·가격에 관한 묵자의 견해를 아리스토텔레스 것과 비교하기도 했다.

묵자는 가치 형태라는 문제에서 아리스토텔레스와 같은 사례를 들었으며, 동일한 인식 수준에 도달했는데, 탁월한 견해라 하지 않을 수 없

다.__(후지창[胡寄窓], 《중국경제사상》, 1962, 상해인민출판사)

아래는 후지창이 파악한 상품 교환·가치·가격에 관한 묵가의 인식이다.

① 〈경설〉 하편에 이런 대목이 보인다.(현대 용어로 쉽게 바꾸었다.) "신발을 만드는 것은 다른 상품과 교환하기 위해서이지 자기가 신으려는 것이 아니다." 상품의 교환가치와 사용가치가 다르다는 것을 잘 인식하고 있다.

② 또 같은 편에, "상품의 가격이 적당해야 가격이 너무 오르지도 떨어지지도 않는다."는 부분이 있다. 이는 가격과 가치가 일치해야 한다는 의미다. 가격이 비싸다는 것은 가치보다 높다는 뜻이고, 가격이 싸다는 것은 가치보다 낮다는 것이다.

③ 〈경〉 하편에서는 가치와 일치하는 가격이라면 상품은 모두 팔릴 수 있고, 그런 가격을 '정가正價'라고 말한다. 이 대목은 등가교환이란 조건 아래서의 상품 교환을 가리킨다.

④ 〈경설〉 하편에, 화폐와 곡식은 서로 같은 가치로 교환된다는 말이 나온다. 이는 화폐라는 상품과 곡물이란 상품의 등가교환을 가리키는데 묵자는 화폐가 일반 상품, 즉 특수에서 일반으로 환원된 상품으로 간주했다.

7. 작은 손해가 이익이다 − 묵자의 경제사상이 갖는 의의

묵자는 가치와 가격이라는 문제를 명확하게 밝히지는 못했지만 상품으로서 화폐가 갖는 의미는 인식하고 있었다.

하·상·주 3대의 문물이 대량으로 출토되어 묵자 이전 시기에 이미 생산기술뿐만 아니라 교환관계가 활발했음이 확인되었다. 또 문헌 기록도 있다.《일주서逸周書》와《국어國語》에는, 화폐는 유통 과정에서 닳아 작아지게 되고, 작은 화폐로 큰 화폐를 충당하는 경우도 있으므로 백성들이 화폐를 믿지 않게 된다, 따라서 큰 화폐를 주조해서 유통시켜야 백성의 의심을 풀어줄 수 있다고 언급되어 있다.

백성이 화폐를 믿지 않는다는 내용으로 보아 화폐와 일반 상품이 대립한다는 인식이 있었던 것 같다. 또 필요에 따라 화폐를 무겁게도, 가볍게도 만들어 상품 교환의 조건에 맞추라는 내용들은 묵자의 경제관에서도 발견되는데, 전반적으로《관자》의 수준에서 벗어나지 못했다는 평가다. 그럼에도 묵자의 경제관은 상당히 앞서간 측면이 있다. 화폐와 상품의 관계, 교환에서 가치와 가격의 관계, 상품 교환에서 상인의 역할 등에 대한 언급은 주목할 만하다. 또 "남에게 손해를 끼쳐 자기가 이익을 얻는" 것에 반대하고 서로에게 이익이 돌아가게 하자는 주장은 충분히 새길 만하다.

① 지금 사람들은 이와 다르다. 그 힘을 빌리면 살 수 있지만 그 힘을 빌리지 못하면 살지 못한다._《묵자》〈비악非樂〉편

(今人與此異者也금인여차이자야. 賴其力者生뇌기력자생, 不賴其力者不生불뢰기력자불생.)

● 묵자는 인간은 동물과 달리 노동해야만 생존할 수 있다고 했다. 이들의 노동이 없으면 지배층은 살 수 없다고 했다.

② 의로움이란 이롭게 하는 것이다._《경》 상편

(義利也의리야.)

● 이익이란 관점에서 의로움과 정의를 이해하려는 것이 묵자 사상의 특징이다. 이 점이 유가와 다른 점이다.

③ 그것(물건)이 팔리지 않은 원인이 없어지면 바로 팔리게 되는 것은 값이 맞았기 때문이다. 합당한가 합당하지 않은가는 바라는 것과 바라지 않는 것을 바로잡아준다._《경설》 하편

(其所以不售去기소이불수거, 則售즉수, 正價也정가야. 宜不宜의불의, 正欲不欲정욕불욕.)

● 사고파는 물건 값이 적당해야 거래가 된다. 물건과 그 가치가 맞아야 자신이 바라는 바를 얻게 된다.

④ 그러므로 먹을 것은 힘들이지 않을 수 없고, 땅은 힘들여 경작

하지 않을 수 없고, 쓰는 것은 절약하지 않을 수 없다._(《칠환七患》편)

(故食不可不務也고식불가불무야, 地不可不力也지불가불력야, 用不可不 節也용불가불절야.)

● 묵자는 식량을 중시했다. 백성이 먹을 것이 모자라면 아무리 훌륭한 통치자라도 나라를 다스릴 수 없다고 했다. 식량은 생산을 늘리는 동시에 소비를 줄여야 수요를 맞출 수 있다고도 했다.

⑤ 백성의 이익에 보탬이 되지 않는 낭비를 성왕은 하지 않았다._ (《절용》편)

(諸加費제가비, 不加於民利者者불가어민리자, 聖王不爲성왕불위.)

● 묵자는 낭비를 반대했다. 특히 통치자의 낭비를 격렬하게 비판했는데 그들의 낭비는 백성의 삶을 황폐시킨다고 보았기 때문이다.

7. 상앙

바꿀 수 있는 것은 다 바꾸어라

　개혁가 상앙商鞅(395?~338BC.)은 비참한 최후 때문에 부정적인 평가가 뒤따랐다. 그러나 그의 개혁은 비참한 최후와는 달리 화려하게 꽃을 피워 천하통일의 씨앗이 되었다.

　상앙은 철저한 개혁가였지만 경제 분야만큼은 매우 보수적이었다.

　진나라는 서방의 외진 곳에 위치해 있어서 상대적으로 상공업이 발달하지 못했고, 상공업자들이 자본 세력으로 성장하지 못해 나라에 별 위협이 안 되었다. 자연스럽게 통치자의 뜻대로 중앙집권이 강화되었고, 안정적·보수적인 농업 분야가 산업의 중심이 되었다.

　상앙의 경제사상은 농업을 중시하고 상공업을 억제하는 정책이었다. 그가 어떤 경제관념으로 진나라의 국부를 키웠는지, 또 진나라가 어떻게 천하를 통일할 수 있었는지 알아보는 것도 재미있을 것이다.

▌중국 역사상 최고의 개혁가로 평가받는 상앙

1. 비운의 개혁가 – 상앙의 생애와 개혁 사상

상앙은 약소국 위衛나라 국군의 방계 후손이었다. 이 때문에 위앙 衛鞅으로도 불렸다.

당시 국군의 작은아들을 공자公子로 칭하고 공자의 자손을 관습적으로 공손公孫이라 불렀으므로 상앙은 공손앙으로 불리기도 한다. 상앙은 그가 진나라로 건너와 상商(지금의 섬서성 상락시商洛市) 지역을 봉지로 받은 이후에 생긴 이름이다.

상앙의 집안은 몰락해 보잘것없었지만 그는 배우길 좋아했다. 특히 법가의 형명학刑名學을 좋아했다. 공부를 마친 상앙은 강국 위魏나라의 재상 공숙좌公叔座의 가신이 되었다. 그러나 중용되지 못하고 진나라로 갔다. 당시 진 효공은 구현령求賢令을 선포했는데 상앙은 좌서장左庶長에 중용되었다. 이후 효공의 신임을 얻어 진나라를 전면적으로 개혁하는 작업에 나섰다.

춘추에서 전국 말까지는 대변동의 시대였다. 제후들이 할거하고 귀족영주들이 토지 쟁탈전을 벌이던 시대였다. 또 모든 나라들이 개혁에 나서지 않으면 안 되는 시기이기도 했다. 경쟁에서 이기려면 강해져야 하고 강해지려면 변법變法을 해야 했다. 이 시대를 '변법의 시대'라고 부르는 이유다.

상앙이 개혁에 나서기 전에 이미 몇 차례의 변법이 있었다.

기원전 445년 위魏 문후는 경제 전문가 이괴李悝에게 개혁을 맡긴 바 있고, 기원전 405년 남방의 강국 초楚 도혜왕은 군사 전문가 오기吳起를 기용해 변법을 단행했다. 같은 해에 조趙 열후는 공중련公仲連

을, 기원전 357년 동방의 강국 제齊 위왕은 추기鄒忌를 기용해 변법을 시행했다. 약소국인 한韓의 소후조차도 기원전 355년 신불해申不害를 기용해 변법에 나섰다.

전국시대 때 개혁의 열풍이 천하의 판도를 뒤흔들었다. 개혁에 성공한 나라는 부강해졌고 실패한 나라는 쇠약을 면치 못했다.

진나라의 개혁은 기원전 356년부터 추진되었다. 상앙의 개혁은 이전 것과 비교해 여러 면에서 달랐다. 전면적이고 철저했다. 상앙의 개혁은 그의 경제사상을 반영한 것이기도 하므로 간략하게나마 알아둘 필요가 있다.

① 연좌법連坐法을 실행했고, 가벼운 죄라도 무겁게 처벌했다.

② 군공軍功을 장려하고 개인 간의 싸움을 금지했다.

③ 농업을 중시하고 상업을 억제했다. 또 방직을 장려했다.

④ 언론을 통제했다.

⑤ 땅을 개척하고 농지 면적에 따라 징세했다.

⑥ 귀족의 봉읍을 폐지하고 현을 행정단위로 개편했다.

⑦ 도량형을 통일했다.

⑧ 호구를 등록하게 해 그에 따라 세금(부역)을 거두었다.

⑨ 귀족 세력의 근거지에서 벗어나 함양으로 천도했다.

상앙의 전면적인 개혁은 부국강병에는 유리했지만 귀족 집단의 이익을 침해할 수밖에 없었다. 귀족들은 상앙을 전폭 지지하던 효공이 죽자 반격을 가했고, 상앙은 기원전 338년에 거열형車裂刑을 받고 죽었다. 그러나 그의 변법으로 진나라는 크게 발전해 천하통일을 위한 기초를 쌓았다.

그의 사상은 《상군서商君書》에 나온다. 그 일부는 후대 사람의 작품으로 밝혀졌지만 내용 대부분은 상앙이 내세웠던 것과 일치한다. 전체 29편이었지만 5편을 분실해 24편만 남아 있다.

2. 개혁의 성공은 백성의 믿음에 달려 있다 – 상앙의 신목

상앙이 처음 개혁을 실시하자 백성들은 믿지 않았다. 믿음이 없으니 당연히 지지부진했다. 상앙은 "법이 제대로 시행되지 않는 것은 권력을 가진 자들 때문"이라면서, '위 대들보가 삐뚤어지면 아래 대들보도 휜다'는 말처럼 법제를 만들고 집행하는 통치 계급이 법을 준수하지 않으면서 백성에게 법을 지키라고 할 수는 없다고 했다.《사기》〈진본기〉이 말이 《사기》〈상군열전〉에는 "법이 시행되지 않는 것은 위에서부터 법을 어기기 때문이다."로 약간 바뀌는데 의미는 똑같다.

상앙은 백성의 신뢰를 얻기 위해 성문 앞에 나무 기둥을 세워놓고 그것을 옮기는 사람에게 상금을 주겠다고 알렸다. 사람들이 콧방귀를 뀌자 상금을 크게 올렸다. 그때서야 누군가가 기둥을 옮기자 상앙은 큰 상금을 내렸다. 이렇게 작은 일에서부터 차곡차곡 믿음을 얻어가면서 개혁의 동력으로 삼았다.

이 일화에서 다양한 고사들이 파생되었다.

입목득신立木得信(나무 기둥을 세워 믿음을 얻다), 신목信木(신뢰의 나

▋상앙의 변법 개혁을 나타내는 석조 조형물(섬서성 한성시 사마천광장)

무 기둥), 이목득신以木得信(나무 기둥으로 믿음을 얻다), 이목여금移木與金(나무 기둥을 옮기자 상금을 주다), 사목득신徙木得信(나무 기둥을 옮겨 믿음을 얻다) 등이다. 모두 백성의 신뢰가 중요하다는 뜻이다.

3. 무조건 나라가 부유해야 한다 - 상앙의 경제사상

상앙은 개혁의 핵심 목표로 국부國富를 꼽았다.

부유하면 반드시 다스려지고, 다스리려면 부유해야 한다. 강자는 부유하고 부유한 자는 강하다.

이 말은 경제력이 한 나라의 종합적 국력을 가늠한다는 해석과 일치한다. 국가뿐 아니라 기업·가정·개인 역시 이 논리에서 벗어나지 않는다.《상군서》에 나오는 상앙의 경제사상을 보자.

1. 농업이 부이다 – 재부관

상앙의 재부관은 범주가 좁다. 그는 농업만이 재부의 유일한 원천이라고 여겨 '중본억말'을 경제정책의 기조로 삼았다.(상앙은 중국 역사상 최초로 농업을 가리키는 '본'과 상업을 가리키는 '말'이란 개념을 사용했다.)

농사를 지으면 부지런할 수밖에 없고 부지런하면 부유해진다._(《일언壹言》편)

농업에만 전념하면 나라가 부유해진다._(《농전農戰》편)

농지가 황폐해지면 나라가 가난해진다._(《산지算地》편)

2. 인간은 스스로를 이롭게 하는 동물이다 – 자리관

상앙은 스스로 이롭게 하는 것은 인간의 본성이라고 했다.

사람의 본성은 배고프면 먹고 지치면 쉬고 명예로우면 즐거움을 찾

고 치욕스러우면 명예를 갈구한다. 이것이 인간의 인정이다._《산지》편)

사람에게 이익이란 물이 지하에 있는 것과 같다._《개새開塞》편)

이익에 대한 상앙의 관점은 묵자와는 사뭇 달랐다. 묵자는 서로 이롭게 하라고 했다.

3. 농사지으면서 싸워야 한다 – 농전론

농업과 전투력을 함께 중시하는 중농중전重農重戰 사상은 상앙 이전에도 있었다. 그러나 상앙의 독특한 점은 이 둘을 하나로 결합한 '농전론'을 중심으로 삼고 시행했다는 데 있다.

나라는 농사를 짓고 전투를 병행함으로써 안정을 찾고 군주는 이를

▮ 상앙은 농사를 모든 산업의 근본으로 보았다. 그림은 씨를 뿌리는 모습을 나타낸 벽돌 그림이다.

통해 귀해진다._(《농전》편)

나라가 발전하는 까닭은 농사를 짓고 전투를 하기 때문이다._(《농전》편)

나라가 부유해지면 강해질 수밖에 없다._(《거강》편)

상앙은 농업과 군사가 하나로 합쳐진 강력한 정책을 시행했다. 농전론은 상앙의 핵심 사상이다.

4. 국가가 먼저 부유해야 한다 – 분배관

아래는 국부론과 관련한 상앙의 발언이다.

부유하면 반드시 다스려지고, 다스리려면 부유해야 한다. 강자는 부유하고 부유한 자는 강하다._(《입본立本》편)

상앙이 말하는 부강富强은 국가의 부강이지 백성의 부강이 아니다. 그의 분배관에 '부유한 자를 가난하게 만들어야 한다'는 주장이 눈에 띈다.

나라를 다스림에 있어서는 가난한 자를 부유하게, 부유한 자를 가난하게 만드는 것이 중요하다._(《설민說民》편)

가난한 자는 부유하게, 부유한 자는 가난하게 해야 나라가 강해진다._(《설민》편)

가난한 자에게는 형벌을 더하면 부유해지고, 부유한 자에게는 상을 줄이면 가난해진다._(《거강去疆》편)

다시 말해 가난한 자들은 법으로 위협해 농업 생산에 힘을 쏟게 하면 부유해진다는 것이고, 부유한 자들은 군공을 줄이면 가난해진다는 것이다.

상앙이 이렇게 '민빈론民貧論'을 주장한 것은 백성이 부유해지면 다스리기 힘들어진다고 보았기 때문이다. 민빈론에 따른 분배관은 농전론에 뿌리를 둔 것으로, 상앙의 재정 정책은 이런 분배관의 연장선에 있다.

상앙은 농업의 세금은 가볍게 하고 시장(상업)의 세금은 무겁게 했다.(《외내外內》편) 또 상업에 대해서는 원가의 10배를 징수했을 만큼 억상 정책을 밀어붙였다.

5. 화폐는 농업을 망친다 – 화폐관

경제사상의 기조가 '중본억말'이다 보니 상품에 관한 언급이 적고 인식도 초보적이다. 상앙은 화폐와 상품을 대립하는 관계로 이해해 상품을 중시하고 화폐를 경시했다. 또 식량의 수입은 찬성하고 수출은 반대했다.

금(화폐)이 생기면 조(양식)는 죽고, 조가 죽으면 금이 생긴다. 본디 물건 값이 싸고 이 일을 하는 사람이 많으면 물건을 사는 사람은 적다. 농사가 잘 되지 않으면 간사한 상인이 활개를 치게 되어 군대는 약해지고 나라는 약해져 망할 수밖에 없다. _〈거강〉편〉

금 한 냥이 경내에서 생기면 조 12석이 경내에서 죽는다. 조 12석이 경내에서 나면 금 한 냥이 경내에서 죽는다. 나라가 경내에서 금이 생기는 것을 좋아하면 금과 조 둘 다 죽어 창고는 비게 되고 나라는 약해진다. 나라가 경내에서 조가 나는 것을 좋아하면 금과 조 둘 다 살게 되어 창고가 차고 나라는 강해진다. _〈거강〉편〉

상앙이 상품경제를 절대 반대하는 자연경제주의자는 아니었다. 그러나 대외무역이나 수출입의 중요성을 제대로 이해하지 못한 점은 한계로 지적된다.

4. 철두철미 농업 중심 사상 – 상앙의 경제사상이 갖는 의미

상앙은 중국 최고의 개혁가였다. 그의 경제정책은 시종일관 철두철미하게 농업 위주였다. 거기에는 까닭이 있었다.

첫째, 서방에 치우친 진나라는 지배 계층의 분화가 더뎠다. 상업도 상대적으로 뒤처져 상인 집단의 정치 개입이 적었다. 따라서 안정된 기반인 농업을 중심에 두고 중앙집권을 강화해 나가려면 농민을 제

▌ 상앙의 개혁 정책에서 가장 두드러진 것은 도량형의 통일이었다. 사진은 도량형 통일에 따라 규격화된 상앙됫박이다.

대로 관리하면서 기득권 세력을 견제해야 했다.

둘째, 모든 나라들이 전쟁에 몰두했으므로 군대에 충원할 인적자원과 군량 확보가 중요한 문제로 부각될 때였다. 상앙의 '농전론'이 나오게 된 배경이다.

상앙의 경제사상은 수준이 낮고 계통적이지 못하다. 이는 진나라가 처한 현실 때문이지 상앙의 사상 수준이 낮았기 때문은 아니다. 그가 일구어낸 진나라의 개혁은 중국 역사상 최고의 성과를 낸 개혁으로 인정받을 만큼 철두철미했는데, 사상의 수준이 낮으면 결코 이룰 수 없는 것들이다.

① 어리석은 자는 일이 성사되었는데도 모르고 있고, 지혜로운 자는 일이 싹트기 전에 내다본다._《상군서》〈경법〉편)

(愚者暗於成事우자암어성사, 知者見於未萌지자견어미맹.)

● 상앙의 개혁은 기득권 세력의 강력한 반대에 부딪쳤다. 위 구절은 개혁이 가져다줄 결과를 모르는 반대파들을 비꼬기 위해 인용한 속담이다.

② 나라가 번영하는 데 의지해야 할 바는 농사와 전쟁이다._(〈농전〉편)

(國之所以興者국지소이흥자, 農戰也농전야.)

● 상앙은 백성의 이해관계를 잘 이용해 '농전'에 매진하게 하면 부국강병을 이룰 수 있다고 했다.

③ 나라를 다스리는 정책은 가난한 사람을 부유하게, 부유한 사람을 가난하게 만드는 것이 중요하다. 가난한 사람이 부유해지고, 부유한 사람이 가난해지는 나라가 강한 나라다._(〈설민〉편)

(治國之擧치국지거, 貴令貧者富귀령빈자부, 富者貧부자빈. 貧者富빈자부, 富者貧부자빈, 國彊국강.)

● 백성이 가난하면 나라가 약해진다고 했다. 상앙은 부자의 재산을 상으로 내놓게 하고 부자에게 세금을 많이 물려야 한다고 했다.

④ 그래서 명리名利가 모이는 곳으로 백성들이 온다고 하는 것이

다._《산지算地》편)

(故曰名利之所湊고왈명리지소주, 則民道之즉민도지.)

● 나라를 잘 다스리려면 명예와 이익(명리)을 줄 정책을 시행해야 하고, 그러기 위해선 농사와 전쟁에 매진하게 한다는 주장인데, 명리를 추구하는 인간의 본성을 잘 이용하라는 의미다.

⑤ 부귀에 대한 백성의 욕구는 관 뚜껑을 닫은 뒤에야 멈춘다._《상형賞刑》편)

(民之欲富貴也민지욕부귀야, 共闔棺而後止공합관이후지.)

● 상앙은 사람들이 바라는 것은 수없이 많은데 이익을 얻을 수 있는 길은 단 하나, '농전'이라고 했다. 상앙은 한 가지 방식으로 이익을 얻게 해주자는 자기 사상의 핵심을 집중시키는 데 온힘을 다했다.

8. 맹자

고정자산이 있어야 경제가 안정된다

순자荀子가 유가의 좌파라면 맹자孟子(372~289BC.)는 우파다. 맹자는 유가의 정통을 자처했고 자부심도 대단했으나 복고주의적 성향이 강했다. 그러나 경제관만은 상당히 진취적인 면이 있다.

맹자의 경제관의 핵심은 고정자산 내지 기초산업(기간산업)의 중요성을 강조한 '항산恒産'론이다.

맹자는 교역과 분업의 중요성을 강조했고 서로 다른 직업을 존중했다. 내게 없는 물품을 스스로 만들려 하지 말고 내가 생산한 물품과 교환하라고 했다. 이에 따라 자연히 가치와 가격의 문제를 언급했다.

맹자의 경제관은 후배 유학자들에 의해 외면된다. 상인을 천시하는 유교 사상은 공자와 맹자의 것이 아니라 그들의 후계자로 자처한 기득권의 작품이었다.

中国邮政 CHINA

80分

古代思想家—孟子

2000 - 20　　　　　　　(6 - 2) J

▌ 맹자의 경제관은 후대에 철저히 외면당했다. 사진은 맹자의 기념우표

1. 민이 귀하고 군주는 가볍다 - 맹자의 생애

맹자의 자는 자여子輿, 이름은 가軻다. 추鄒(지금의 산둥성 추현 둥남) 출신이다. 그의 선조는 노나라의 귀족 출신으로 알려져 있다. 공자의 손자인 자사子思 문하에서 공부했다. 두 사람은 '사맹思孟 학파'로 불리며 공문의 적통이다.

맹자는 공자의 인학仁學을 '인정仁政'으로 발전시켰다. 주나라의 토지제도인 정전井田을 이상적인 모델로 삼았고, 무력으로 영토를 빼앗는 것을 비판하고 전쟁에 반대했다. 또 폭군과 탐관오리는 책임을 물어야 한다며, 백성을 보호하는 자가 왕이 되어야 한다고도 했다.

맹자는 '백성이 귀하고, 군주는 가볍다(민귀군경民貴君輕)'는 사상을 제기해 군주와 백성의 관계를 개선할 것을 주장했다. 이는 '성선설性善說'에서 출발해 '인정'을 실행하고 모든 것을 군자의 큰 '인심仁心'에 의존해야 한다는 견해로 이어졌다.

이와 관련해 '바른 지식'(양지良知)과 '바른 능력'(양능良能)은 잘 지키고 조율하면 보존할 수 있지만 버리면 바로 없어지므로 '바로 기르는'(양養) 것이 중요하다고 했다.

만년에 문인 만장萬章, 공손추公孫丑 등과 함께 학설을 세우고 교육 활동을 펼쳤다. 오경에 능했으며, 특히 《시경》과 《상서》에 조예가 깊었다. 《한서》〈예문지〉에는 《맹자》 11편이 있었다고 하나 지금은 7편만 남아 있다.

맹자는 공자의 사상을 계승하고 왕도정치를 주장한 이상론자였다. 아성亞聖으로 추앙받지만 당대의 현실 정치에서는 외면당했다.

제2부 제자백가 주요 사상가들의 경제인식

그러나 위에서 언급한 '민귀군경' 같은 민본사상은 사상의 질을 높였다. 공자와 함께 공맹孔孟으로 불리고, 성악설性惡說을 주장한 순자와 나란히 거론되기도 한다.

2. 맹모삼천의 진실 – 맹자의 상업관

먼저 '맹모삼천孟母三遷'의 고사와 맹자의 상업관을 개괄해본다.

맹모삼천은 세 번 집을 옮겨가며 자식의 교육에 신경을 썼다는 맹자 어머니의 교육관으로 잘 알려진 고사다. 이 고사에서 맹자 어머니가 두 번째 이사 간 곳이 시장이었다.

일설에는 맹자가 시장 바닥에서 놀며 이익에 대해 알게 되었다고 한다. 맹자가 공부하기 전에 이미 상인놀이를 배웠다는 것이다. 또 훗날 맹자가 수십 대의 마차와 수백 명의 시종을 거느리고 열국을 주유했는데, 이에 대해 맹자 일행이 무역을 했다는 견해가 있다. 중국 학계에서는 맹자가 상업을 겸했다고 보기도 한다.

이러한 논거에서 맹자의 경제사상을 짐작해볼 수 있다.

맹자의 사상 전반에는 보수적인 기운이 흐른다. 귀족과 관련이 있는 그의 집안의 영향도 있을 수 있다. 하지만 현실 정치와 타협하면서도 시대적 요구를 수용하는, 상당히 진취적인 사상 체계를 세웠는데 세금과 관세를 줄이고, 백성의 토지에 대한 침탈을 적극 비판했다. 이는 그가 일관되게 주장한 '인정'에서 나온 것이다.

그는 분업과 교환을 강조했다. 맹자의 이 관점은 후대 유학자들보다 진일보한 것으로 이를 '통공역사通功易事'라고 한다. 서로 일을 나누어서 하고, 있고 없는 것을 서로 교환한다는 뜻이다. 이 사상은 농가와의 논쟁에서 잘 드러났다. 맹자는 "만 호나 되는 나라에 그릇을 굽는 사람이 한 사람만 있다면 일이 되겠는가?" 반문한다. 사회에 필요한 물품의 생산량과 수요량이 비례해야 한다는 주장이다.

맹자는 상인에게 편의를 제공하고 그들의 이익을 돌봐주어야 하며 세금을 줄이라고 했다. 세금을 줄이면 운반 비용이 줄고 상품 판매로 이어져 이윤이 증가한다는 논리였다. 그렇다고 무조건 상인을 옹호하지 않았다. 가격 담합으로 폭리를 취해 시장을 농단하고 부정한 돈으로 토지를 차지해 농민을 파산시키는 상인들은 강력히 비판했다.

농가 학파 허행과의 논쟁이 《맹자》에 나온다. 허행이 상품의 질량을 배제하고 일률적인 가격을 주장한데 비해 맹자는 물건(상품)이 고

▌'맹모삼천'의 고사는 맹자와 관련해 잘 모르고 있던 흥미로운 사실을 알려주고 있다.

르지 않은 것은 당연하다고 했다. 이것이 '물지정物之情'이다. 물지정은 상품의 규격, 상품의 질량, 상품의 등급 같은 사물의 속성을 가리킨다. 맹자는 상품의 속성을 고려하지 않고 가격을 강제하면 혼란해진다고 했다.

　신흥 중소지주계급에 속했던 맹자는 시대적 조류를 받아들여 상업의 자유로운 활동을 중시했다. 필자는 맹자의 상업관이 어릴 적 시장에서 놀던 경험과 열국을 주유할 때 대규모 상단을 꾸린 활동에서 형성되지 않았을까 생각한다.

3. 고정자산이 중요하다 – 맹자의 경제사상

　맹자는 자신의 학설을 정리해 책으로 남겼다. 이것이 《맹자》다. 《맹자》에 나오는 그의 경제사상을 보자.

1. 고정자산의 중요성 – 항산론

　맹자 경제사상의 핵심은 '항산'이다. 항산이란 오래도록 변하지 않는 재산이란 뜻으로 개인이 소유하거나 고정적으로 지배하는 재산을 말한다. 맹자는,

　　지금의 백성은 생산을 조절하되 위로는 부모도 섬길 수 없게 하고 아래로는 처자식도 먹일 수 없게 하여 풍년에도 늘 괴롭고 흉년이면 죽음을 면키 어렵다._〈〈양혜왕〉 상편〉

라며 백성이 생활을 유지하려면 항산이 있어야 한다고 주장했다.

항산이 있어야 애착을 가지게 되고 통치를 따르기 때문에 통치자가 비로소 힘을 낼 수 있다. 그렇지 않으면 법령을 어기게 되고 그것이 심해지면 통치 질서가 무너지게 되는데, 통치자가 가혹하게 처벌하면 혹심한 결과를 초래하게 되므로 평소에 나라에서 인정仁政을 기초로 항산 제도를 확정하라고 했다.

> 백성들이 살아가는 길은 일정한 생산이 있어야(항산恒産) 변하지 않는 마음(항심恒心)이 생기는 것이지, 항산이 없으면 항심도 없다._(《등문공》 상편)

'항심'이란 다른 마음을 품지 않고 통치에 복종하는 것이다.

맹자의 항산론은 법을 어기는 유민流民이 대량으로 발생하던 당시의 현실 상황 속에서 탄생했다. 맹자는 이들에게 생산 기반을 마련해 주어 통치에 복종하게 함으로써 '왕천하王天下'의 인정을 이루고자 했다.

2. 복고주의 토지제도 - 정지 방안

항산의 방안으로 '정지井地'를 설계했다. 이는 주나라의 정전제를 모델로 삼은 것이었다.

> ① 경지를 우물 정井 자에 테두리를 씌운 9개로 반듯하게 나눈다. 전체의 면적이 900무이니 각 구역은 100무가 된다. 가운데 한 구역은 공

전公田이고 나머지 여덟 구역은 여덟 집에 나누어주는 사전私田이다. 한 집이 100무의 농지를 갖는 것이다.

② 여덟 농가는 공동으로 공전을 경작할 의무를 진다. 공전을 먼저 경작해야만 각각의 사전을 경작할 수 있다.

③ 각 농가는 영원히 이 땅을 경작하며 살고 무단히 다른 곳으로 나갈 수 없다.

④ 농가는 조를 짜서 서로를 돕고 살핀다. 쉽게 농가들을 통제하고자 한 것이다.

⑤ 정지는 성시城市에서 멀리 떨어져 있는 야野(농촌)에만 적용한다. 성안과 성과 가까운 곳에는 시행하지 않는다.

⑥ 세금은 토지 소유자에 한해서 1/10을 현물로 낸다.

맹자의 정지는 봉건적 농업 생산 방안이었다. 정지에 정착해서 사는 야인野人은 농민이었는데 그들은 이주권도 없는 통제 대상이었다. 그들이 공전을 경작하는 데 들인 노동력은 세금의 일종이었다.

▌ 소의 힘을 이용해 땅을 깊게 가는 '우경牛耕'의 모습을 나타낸 벽돌 그림

3. 1/10세가 기본 - 세금과 부역

《맹자》에 세금과 부역에 관한 언급은 〈진심〉편을 비롯해서 여러 곳에 나온다.

전체적으로 큰 원칙은 생산의 발전을 도모하고 세금을 가볍게 해 백성을 부유하게 하자는 것이다. 구체적으로 도시의 상인을 비롯해 국경의 시장, 산림과 연못의 개발 등에 세금을 물리지 않아야 하며, 상업을 장려하고 자유롭게 간척을 할 수 있게 하자고 했다. 또 농촌에 대해서는 기본적인 세금 외에 다 면제하고 기타 지역도 택지세나 인두세를 감면하자고 했다. 세율은 1/10을 주장하고 1/20 같은 지나치게 낮은 세금은 반대했다.

이러한 주장은 항산론에 기반을 두고 있다. 항산은 농민의 생산을 조절하고 농민을 통제하기 위한 방안이다. 평시에 농업세만 거두고 다른 세금은 거두지 않는다. 징수는 곡식을 기본으로 하며 옷감이나 노동력도 제공할 수 있다. 이 역시 농업세다.

항산론은 그 대상이 '무항산'인 자였으며 항산이 있는 사람은 대상이 아니었다. 맹자는 항산을 마련해준 농민을 농번기 때 부역에 동원해서는 안 된다고 했다. 그들의 적극성을 끌어내기 위해서였다.

4. 분업과 교환은 사회경제의 기본 - 분업·교환·상품 가치에 대한 관점

맹자의 경제사상에서 가장 볼 만한 부분이 분업·교환·상품 가치에 대한 관점이다.

먼저 분업과 교환의 문제다. 맹자는 농업과 수공업의 분업을 논하면서 정신노동과 육체노동의 분업을 언급했다. 농업과 수공업의 분업에 대해 말하길, 두 집단 모두 각자 일을 해서 생산품을 교환하는 '통공역사'의 관계이지 착취 관계가 아니라고 했다. 맹자는 농가 학파인 진상陳相과 논쟁하면서,

> (농부가) 곡식으로 기물을 교환하는 것은 도공(陶工, 옹기장이)을 괴롭히는 일이 아니고, 도공 역시 기물로 곡식을 바꾸니 어찌 농부를 괴롭히는 것이겠는가? _(《등문공》 상편)

라고 했다. 또 농업과 수공업의 생산물 교환은 당연한 것이며, 분업을 부정하는 것은 원시시대로 되돌아가는 것이라고 했다.

> 한 사람이 온갖 공인工人의 일을 맡아 모든 것을 자기가 만든 다음 사용하게 한다면 이는 천하 사람을 몰아서 피곤하게 하는 것이다. _(《등문공》 상편)

맹자는 분업이 현실에 맞는 체제라고 인식했다. 농업과 수공업의 분업은 두 분야의 생산에도 좋다고 했다. 맹자는 농민이 수공업 제품을 자급자족하는 것은 농사에 방해가 된다는 진상의 견해에 동의했지만, 농민과 수공업자가 상품을 교환하지 않으면 각각의 생산물이 남아돌 것이라고 했다.

맹자는 상인세를 면제할 것을 주장했다. 상인이 기쁜 마음으로 활동하는 것이 인정으로 민심을 얻는 중요한 지표라고 생각했기 때문이다. 다만 이익을 농단하는 천장부賤丈夫(행실이 너절하고 더러운 남

자)에게는 적용되지 않았다.

정신노동과 육체노동의 분업 역시 '통공역사'의 관계라고 보았다. 대단히 날카로운 인식이다. 그러나 '노심자勞心者'(정신노동자)는 군주·귀족·관료와 같은 통치자에 국한되었다. 또 다스리는 사람(치인治人)은 다스림을 받는 사람(치우인治于人)으로부터 먹을 것을 받는다고 했다.

두뇌를 쓰는 자는 사람을 다스리고, 힘을 쓰는 자는 다스림을 받는다._《등문공》 상편)

분업·교환·상품가치에 대한 맹자의 인식은 항산론과 관련되어 있다. 항산론은 농업이 일정하게 생산하도록 하는 데 중점을 둔 것이지, 상공업으로 벌어들인 재산의 쓰임을 부정한 것이 아니다.

맹자는 임업·목축업·어업·상공업의 발전을 중시해 이들 업종과 농업과의 분업 및 교환을 긍정했는데, 맹자의 상품가치에 대한 인식이 한 차원 높은 것임을 보게 된다.

5. 하필 이익을 말하는가 – 재부와 이익

맹자는 공자의 귀의천리(貴義賤利, 의리를 귀하게 여기고 이익을 천하게 여김) 사상을 강화했다고 알려져 있다. "하필 이익을 말하십니까? 역시 인의가 있을 뿐입니다."(《양혜왕》 상편)라는 언급만 보게 되면 맹자는 이익 추구를 하찮게 여기는 듯하다. 실제로 이 발언은 유교 사회에 큰 영향을 미쳤다.

제2부 제자백가 주요 사상가들의 경제인식

그런데 이 발언은 맹자가 경제(이익)를 경시해서 한 말이 아니라, 부와 이익을 지나치게 다퉈 통치가 혼돈에 빠질 것을 염려해서 했던 말이다. 맹자는 경제문제를 처리하는 가장 좋은 방법은 야인(농민)의 잉여노동으로 지배층을 보살피게 하는 것이라고 했다. 그러기 위해서는 지배층이 지나치게 이익을 탐닉해서는 안 되며, 마찬가지로 야인도 지배층을 보살피는 일을 소홀히 해서는 안 된다고 했다. 이것이 '하필 이익을 말하십니까?'라는 발언의 본질이다.

아울러 맹자의 '항산론과 정지론'은 통치자와 피통치자가 이익을 놓고 다투지 않게 하려는 방지책이었다.

4. 후대에 묻힌 진보적 경제관 – 맹자의 경제사상이 갖는 의미

맹자의 경제사상에는 긍정적인 면과 부정적인 면이 공존한다. 그의 사상이 후대에 미친 영향이 막대하다 보니 그의 경제관에서 지배계급에 이익이 되는 요소들만 크게 부각되었다.

정전제(정지)는 2천 년 넘게 복고주의자들의 근거가 되었다. 또 '항산은 없지만 항심이 있는 자는 사대부뿐'이라는 맹자의 발언은, 사대부는 일하지 않고 먹고 놀아도 된다는 것으로 왜곡되었다. 이 때문에 분업을 비롯한 맹자의 진취적인 관점은 다 폐기되고 '노심자치인, 노력자치우인' 같은 수구적인 관점만 수용되어 백성을 착취하는 근거로 악용되었고, 이익을 농단하는 상인에 대한 맹자의 비난은 정당한 상업 활동조차 폄훼하는 무기로 왜곡되었다.

기득권에 편입된 유교주의자들은 오로지 "하필 이익을 말하십니까? 역시 인의가 있을 뿐입니다."라는 부분만 단장취의하여 맹자의 소중한 경제사상을 퇴행시키고 말았다.

■ 맹자와 관련된 명언명구

① 백성에게 일정한 생산 수입(항산)이 없으면 일정한 마음(항심)도 없다._《맹자》〈양혜왕〉 상편)

(若民則無恒産약민즉무항산, 因無恒心인무항심.)

● 맹자 경제사상의 핵심은 항산론이다. 항산이 없어도 항심을 가지는 자는 오직 사土뿐이지만 백성은 항산이 없으면 항심도 없다면서, 항심이 없으면 방탕·괴벽·사심·과장 등 하지 않는 짓이 없다고 했다.

② 예로부터 시장은 내게 있는 것으로 없는 것을 바꾸는 곳이다. 담당 관리는 이것이 잘 되도록 다스리기만 하면 된다._《공손추》 하편)

(古之爲市也고지위시야, 以其所有이기소유, 易其所無역기소무. 有司者治之耳유사자치지이.)

● 맹자는 시장의 교환 기능을 잘 인식하고 있었다. 그래서 국가는 시장을 열기만 해야지 간섭해서는 안 된다고 했다.

제2부 제자백가 주요 사상가들의 경제인식

③ 옛날의 관문 검색은 폭리를 막으려 했는데, 지금의 관문 검색은 폭리를 위함이구나._((진심) 하편)

(古之爲關也고지위관야, 將以禦暴장이어폭; 今之爲關也금지위관야, 將以爲暴장이위폭.)

● 관세에 대한 맹자의 인식이다. 맹자는 관세를 가볍게 할 것을 주장했다.

④ 군자는 그중 하나만 수용하고 둘은 느슨하게 한다._((진심) 하편)

(君子用其一군자용기일, 緩其二완기이.)

● 맹자의 조세관은 1/10세로 대변되는 가벼운 세금이었다. 이와 관련해 옷감·곡식·노동력 등 3가지 기본적인 납세 대상을 거론하며, 위정자는 그중 한 가지에 세금을 물리고 나머지 둘은 가볍게 하라고 했다. "그중 둘을 수용하면 굶어죽는 백성이 생기고, 셋을 다 수용하면 아비와 자식이 서로 흩어지게 된다."

⑤ 윗사람과 아랫사람이 서로 이익만 따지고 들면 그 나라는 위태로워집니다._((양혜왕) 상편)

(上下交征利상하교정리, 而國危矣이국위의.)

● 맹자는 이로움을 추구하는 것은 사람의 본성이라고 했다. 하지만 임금과 신하와 백성이 이익만 따지게 되면 제후가 천자를, 관리가 제후를 죽이는 등 위태로워진다며 적당한 선에서 만족할 줄 알아야 한다고 했다. 후대에 사마천은 가장 못난 정치는 이익을 놓고 백성과 다투는 것이라고 했는데, 이는 맹자의 주장과 통한다.

9. 허행

군주도 노동으로 먹고 살아야 한다

농가와 그 대표 인물 허행許行(372?~289BC.)은 군주도 노동해야 한다는 깜짝 놀랄 만한 주장을 했다. 이 때문에 정명正名을 중시한 유가로부터 군신 사이의 의리를 버리고 농사에 따른 이익만 추구해 상하 질서를 문란케 한다는 비판을 들었다. 농가는 정신노동과 육체노동을 구별하지 않았다. 극단적인 평균주의자들이었던 것이다.

▌제자백가 중 독특한 사상과 주장을 펼친 농가의 대표적 인물 허행

농가의 흔적은 《맹자》에 나와 있는데, 맹자와 허행의 제자 진상陳相의 대화가 남아 있다.

1. 상인자본에 저항하다 - 허행의 간략한 생애

허행은 전국시대 초나라 사람이다. 맹자와 동시대의 인물이며, 묵자의 제자 금활리禽滑釐에게 배웠다고 알려졌다. 그 후 제자들과 함께 등滕나라에 가서 칡넝쿨로 옷을 만들고 짚신과 돗자리를 짜며 살았다. 유가였던 진상이 동생 진신陳辛과 함께 허행을 만나 보고는 크게 기뻐하며 그를 따랐다.

허행은 "현명한 사람은 사람들과 함께 농사를 지어 먹으면서 가난해도 잘 다스린다."고 했다. 또 임금이 "창고를 가지고 있다는 것은 백성을 괴롭혀 자신을 봉양하게 하는 것"이라고 했다.

농가는 신농씨神農氏의 가르침을 앞세워 모든 사람이 노동으로 살아가야 한다면서 지주의 착취나 상인의 이윤 추구를 배척했다. 다만 수공업자만큼은 노동에 종사하는 자로 인정했다.

허행은 잉여 생산물은 그것을 생산한 해당 노동자에게 주어야 천하가 공평해진다고 보았다. 이런 허행의 사상은 상인자본이 사회 전반에 침투하는 것에 대한 저항의 성격이 강하다.

《한서》〈예문지〉에 '신농神農' 20편이 나오는데 이를 허행의 저작으로 보기도 한다. 다른 사료들에 흩어져 있는 그의 사상을 취합해 보면 전혀 근거가 없지는 않다. 《여씨춘추》의 〈상농上農〉〈임지任地〉〈심시審時〉〈애류愛類〉와,《회남자淮南子》〈제속훈齊俗訓〉 등에 농가와 허행에 관한 기록이 있다. 《관자》의 중농사상도 농가에 영향을 주었으리라 본다.

2. 상업은 기만행위다 – 허행의 경제사상

허행은 농사 병행론을 주장했다. 군주도 백성과 마찬가지로 농사
를 지어 먹어야 한다는 것이다.

또 사유재산을 인정했지만 착취는 철저히 반대해 묵가보다도 더
엄격했다.

농가는 소농민의 이익을 대변했고, 정신노동과 육체노동을 구분
하지 않았다. 이는 상업에 대한 인식에서도 잘 드러난다. 그들은 상
품 교환을 소극적으로 인정할 뿐이었다. 농업과 수공업의 분업, 교
환은 받아들였지만 생활용품에 한해 직접적인 교환만 수긍했다. 이
러한 인식은 가격의 차이를 인정하지 않는 데까지 나아가 "시장에서
상품의 가격이 다르지 않는다면 나라에 속임이 없어진다."든지, 상품
의 규격(길이·무게·부피)에 따라 가격을 규정하면 "어린아이가 시장
에 가도 속지 않는다."는 발언으로 이어졌다.

이 발언들은 상품의 질량 차이를 고려하지 않고 일률적으로 가격
을 규정해야 한다는 것인데, 현실 속에서는 불가능한 일이었다. 다만
당시 사회상에 비추어 이해해볼 여지는 있을 것 같다. 상품 교환이
활발해지면서 상인의 속임수와 가격 조작 의심이 끊임없이 제기되
었는데 그에 대한 농민의 불만이 심했다. 당연히 농가의 입장에서는
상인자본의 침투가 기만으로 보였을 것이다.

▌농가의 사상은 《맹자》에 부분적으로 전한다. 그림은 맹자와 논쟁을 벌이고 있는 진상의 모습.

① 좋은 임금은 백성과 함께 농사를 지어 먹는다. 스스로 밥을 지어 먹고 백성을 다스린다. _《맹자》〈등문공〉 상편)

(賢者與民幷耕而食현자여민병경이식, 饔飱而治옹손이치.)

● 허행은 군주도 농사를 짓고 밥도 스스로 지어 먹어야 한다고 했다. 이를 '군민병경君民幷耕'이라고 한다.

② 남자가 그해에 농사를 짓지 않으면 천하가 굶주리게 된다. _《여씨춘추》〈애류愛類〉편)

(士有當年而不耕者사유당년이불경자, 則天下或受其飢矣즉천하혹수기기의.)

● 허행은 신농神農의 말을 빌려, 누구나 농사를 지어야만 먹을 수 있고 여자가 베를 짜지 않으면 추위를 면할 수 없다고 했다.

③ 옷감의 길이가 늘 같으면 시장에서 팔리는 가격이 같을 것이고, (…) 양식의 용량이 같으면 파는 값이 서로 같을 것이다. _〈등문공〉 상편)

(布帛長短同포백장단동, 則賈相若즉가상약; (…) 五穀多寡同오곡다과동, 則賈相若즉가상약.)

● 시장에서 같은 물건(상품)의 가격이 달라서는 안 된다는 주장은 허행의 경제사상의 핵심이다. 물론 물건(상품)의 길이, 무게 등 그 양과 질이 일정해야 한다는 전제조건을 달았다. 그렇게 되면 시장에서 장사꾼들이 의심하지 않고, 도성 안에는 거짓이 사라질 것이며, 어린 아이가 시장에서 물건을 사도 속이지 않게 된다고 했다.

10. 순자

백성을 부유하게 하라

순자荀子는 관중 이후 본격적으로 '부민富民'이란 구호를 들고 나온 사상가다. 또 백성의 삶을 넉넉하게 해줘야 한다는 '유민裕民'을 주장했고, 국가의 정책이 백성에게 이로워야 한다는 '이민利民'도 내세웠다. 백성의 복지를 강조한 것이다.

순자는 인간은 욕망하는 존재이기 때문에 본성이 악하다고 했다. 성악설이다. 순자의 논리는 욕망의 근원을 파악해서 통제하되 백성에게 이롭게 해주어야 한다는 것으로 수렴되었다. 그것은 그의 경제 사상에도 반영되었다.

1. 인간은 욕망하는 존재다 - 순자의 생애와 사상

순자는 전국시대 후기, 유학이 갈라지면서 혁신파의 대표적인 인

▎여러 제자백가의 사상을 흡수하여 유가 사상을 집대성한 순자는 유가 좌파로 분류되기
도 한다.

물로 꼽힌다. 이름은 황況이고 자는 경卿이며 조나라 사람이다. 대략 주나라 난왕 2년(BC.313?)에 태어나 진왕 정政 9년(BC.238)에 일생을 마친 것으로 추정한다.

순자는 젊었을 때 제나라의 직하학궁稷下學宮에서 유세했다. 후에 초나라로 갔다가 제나라 양왕 때 다시 직하학궁으로 돌아왔다. 직하학궁은 제나라 수도인 임치臨淄의 직문稷門 밖에 지은 아카데미로, 제나라의 왕들이 후원해 인재들을 모아놓고 저술하거나 학문을 강의하도록 만든 곳이다.

직하학궁에는 유가·도가·법가·음양가 등 여러 학자들이 모여 연구를 했다. 순자는 이곳에서 제일 존경받는 스승이었으며 세 차례나 학궁을 이끄는 지도자가 되었다. 이 지도자를 '좨주祭酒'라 한다.

당시 천하의 형세는 진나라가 가장 강력했다. 하지만 진나라는 다른 나라들에 비해 학자나 학문에 별 관심이 없었다. 순자는 진나라를 방문해 진 소왕과 재상 범수范雎를 만나 상황을 살펴보기도 했다. 만년에는 춘신군春申君의 초청으로 초나라로 가서 난릉령蘭陵令이 되었으나 춘신군이 죽자 벼슬에서 물러났다. 이후 난릉에서 강의를 계속하며 활동을 하다 생을 마쳤다.

순자의 사상적 뿌리는 유학이지만 여러 사상을 두루 흡수했다. 이 때문에 맹자를 따르는 학파를 유가 우파, 순자를 유가 좌파로 부른다. 순자는 실천적 경험을 중시했다. 또 '예'로써 악한 본성을 선으로 바꾸라는 성악설을 주장해 맹자의 성선설과 자주 비교된다.

순자는 평생을 교학과 저술에 종사했다. 저술로는 《순자》가 있다. 현존하는 《순자》의 판본은 총 20권에 32편이며, 경제에 관한 그의 사상은 〈부국富國〉을 비롯해 여러 편에 실려 있다.

2. 이익을 추구하되 탐욕에 빠지지 말라 – 상업 유통과
순자의 경제사상

전국시대에 들어오면 유가는 크게 두 파로 나눠진다. 우파를 대표
하는 인물이 맹자, 좌파는 순자다.

순자의 문하에서 한비자가 배출되었다. 한비자는 법가의 대표적인
인물이다. 이런 계통만 보더라도 순자의 경제사상은 맹자와 차이를
보일 수밖에 없었다.

순자는 유가 사상을 집대성했다. 또 각 학파의 득실을 종합해 예와
법, 왕도와 패도를 논하고 결합해 독특한 사상체계를 구축했다. 계급
적으로는 신흥 지주를 대표한다.

그의 경제사상에는 관중의 그림자가 보인다. 관중처럼 부국강병
으로 전국을 통일할 방안을 제시했다. 하지만 각론으로 들어가면 '부
민·유민·이민' 같은 구호와 함께 "사람을 기르고 싶으면 그 사람이
요구하는 것을 제공"하라고 했다. 인간의 물질적 욕망을 직시한 것이
다. 이를 좀더 설명한다.

첫째, 순자는 물질적 욕망을 인정한 이상 상업의 지위를 부정할 수
없었다. 그러나 우선 농업의 발전에 방점을 찍었다. 농업 생산이 발
전하면 생산물을 유통시키는 상업의 역할은 커지게 된다. 순자는 물
자의 유통을 담당하는 상인의 역할에 주목해, 지역 간의 생산과 교환

을 확대하고 하나의 네트워크로 묶어야 한다고 했다. 이 방안은 예전에 없던 주장이었다.

둘째, 상업에 종사하는 일이 사회적 직업의 하나라고 인정했다. 전문 상인의 역할에 의미를 부여한 것이다. 순자는 "농민은 농민답고 선비는 선비답고 공인은 공인답고 상인은 상인다워야 한다는 것이 첫째"라면서, 누구든 각자 맡은 일에 전문가가 되어야 한다고 주장했다.

셋째, 상인의 성질에 따라 좋은 상인(양고良賈) 나쁜 상인(탐고貪賈)으로 나누었는데 이는 당시 상인에 대한 보편적 관점에 따른 것이었다. 폭리를 취하거나 오로지 이익만을 추구해서는 안 된다는 내용이다. 하지만 실제와는 맞지 않는 면이 있었다. 순자는, 탐고는 극히 적을 뿐이며 대부분은 물자를 성실히 공급하고 자신의 재물로 남을 이롭게 한다고 말했는데, 이는 현실과는 너무 다른 진단이었다.

넷째, 상업의 역할은 수용하면서도 상인의 수를 확대해서는 안 된다고 주장했는데 이것이 '부국'의 조건이라고 했다. 또 수공업과 상업이 발전해야 하지만 그것이 농업 생산의 발전을 방해해서는 안 된다고 했다. 전국 말기에 상인 세력이 급부상했기 때문에 국가권력에 위협이 될까 싶어 이런 주장을 했던 것이다. 한편 관세를 줄이고 무역을 격려해야 한다는 주장은 천하통일이라는 대사업에 상인의 지지를 의식한 것인데, 위에서 언급한 것과 모순되어 보인다. 그러나 당시의 현실적 요구에 부합한 측면이 있다.

3. 욕망은 없앨 수 없으니 이끌어라 – 순자의 경제사상

순자는 평생 가르치고 저술하는 데 주력했다. 《순자》는 제자백가
의 다양한 사상을 두루 흡수한 방대한 저술이다. 특히 철학과 정치
영역에서 남다른 견해를 선보였고 경제에서도 색다른 주장을 펼쳤
다. 순자의 경제사상을 알아보자.

1. 인간은 욕망한다 – 욕망론

'욕망론'은 순자의 경제사상과 정치철학인 성악설의 핵심 요소다.
제자백가는 인간의 욕망에 대해 많은 논쟁을 벌였으나 가장 심도 있
는 분석을 가한 사람은 순자다. 그는,

> 인간은 나면서부터 욕망이 있다._〈〈예론〉편〉

라고 했다. 따라서,

> 배고프면 먹고 싶고 지치면 쉬고 싶고 이익을 좋아하고 손해는 싫어
> 하며, (…) 영예를 바라고 치욕은 싫어하는 따위는 모두 인간의 본성이
> 다._〈〈영욕〉편〉

라고 말했다. 인간의 본성은 생존적 욕망뿐 아니라 물질적 욕망도 함
께 있어서,

눈은 색을 보고자 하고, 귀는 좋은 소리를 듣고 싶으며, 입은 맛난 음식을 먹으려 하고, 코는 향기로운 냄새를 맡고자 하며, 마음은 편안함을 바란다._《왕패王霸》편)

라고 했다. 또,

모아놓은 재산과 저축이 풍부한데도 오랜 세월 만족할 줄 모르는 것 또한 인간의 성정이다._《영욕榮辱》편)

라면서 심지어 존귀한 천자, 부유한 천하조차 인간의 성정에서 비롯된 욕망이라면서 이런 욕망에 사회 속에서 자라난 인간의 정욕·탐욕·권력욕도 포함시켰다.

욕망을 인간의 본성으로 인정한 이상 무욕無欲이나 절욕節欲은 그 의미가 축소되어야 마땅하므로 힘껏 욕망을 만족시키는 것은 당연한 일이 된다.

욕망하여 얻어질 수 있다고 여기면 감정상 욕망을 추구하는 것은 결코 피할 수 없다._《정명正名》편)

그러나 이런 욕망을 방치하면 다툼이 일어난다.

바라면서 얻지 못하면 바로 구하려고 하지 않을 수 없고, 구하는 데 기준과 한도가 없으면 싸우지 않을 수 없다. 싸우면 어지러워지고 어지

思想家教育家
荀子

▌저술에 열중하고 있는 순자의 모습을 나타낸 조형물

러워지면 궁해진다._《예론》편)

 그래서 욕망을 절제하는 절욕, 욕망을 좋은 쪽으로 이끄는 도욕導
欲을 제시한다.
 순자의 뛰어난 점은 욕망 그 자체와 욕망을 만족시키는 것을 분리
시킨 데 있다. 욕망 자체를 자연적인 생리현상으로 받아들이고, 만족
할 수 없는 가능성은 욕망의 조건이 아니라고 한 것이다.

 추구하는 것이 가능한 범위 안에서 얻어진다는 것은 마음으로 그것
을 추구하기 때문이다._《정명》편)

욕망에 대한 만족이 사유의 판단에 따라 결정되는 것이라면 그것은 생리적 욕망이라는 범위와는 일치하지 않는 것이 된다.

이렇듯 욕망을 심층적으로 분석한 순자의 말을 요약하면 이렇다. 인간은 욕망하는 존재다, 이를 막을 수 없다, 그렇다고 풀어놓을 수도 없다, 따라서 의리와 이익을 통일시켜야만 등급 제도를 안정시킬 수 있게 된다.

2. 욕망의 추구 방법이 다르다 – 생산의 보호와 장려

순자에게는 유물론자의 면모가 보인다. 그는 자연과 생산의 관계를 비교적 정확하게 인식했다. 재물의 점유와 분배를 조정해서 생산을 늘릴 수 있다면 풍족한 의식주는 문제가 되지 않으며, 또 사회적 생산은 사용가치를 기초로 해서 분업을 실행하고 협업해야 한다고 했다.

인간이 함께 살면서 욕구는 같지만 그것을 추구하는 방법이 다르고, 욕망은 같은데 그것을 대하는 지혜는 서로 다르다. 이는 본성이다. (…) 여러 공인들이 만든 물건은 본래 한 사람을 부양하기 위한 것이다. 그런데 한 사람이 모든 기능을 지닐 수 없고, 한 사람이 모든 관직을 겸할 수도 없다. 사람들은 서로 떨어져 살지만 서로 돕지 않으면 곤궁해지고, 여러 사람이 무리를 지어 살지만 경계선이 없다면 서로 싸울 것이다._
《부국》편

그에게 분업은 필수적인 것이었다.

농부는 밭을 나누어 농사를 짓고, 상인은 재물을 나누어 장사를 하며, 공인은 일을 분담하여 물건을 만들고, 사대는 직분을 나누어 일을 처리하는 것이다._(《왕패》편)

순자는 분업의 장점을 논했다. 그러면서 농업·공업·상업에 수반되는 노동력은 적당해야 한다고 했다.

땅의 높낮이를 둘러보고 땅이 거칠고 기름진 것을 알아서 오곡을 땅의 성질에 따라 심는 것으로는 군자는 농부만 못하다. 재물을 유통시키고 물건의 좋고 나쁨을 알아 비싼 것과 싼 것을 가리는 데는 군자는 상인만 못하다. 그림쇠와 굽은자를 써서 둥근 것과 모난 것을 가늠하고 먹줄로 모양을 바르게 가늠하여 여러 가지를 만들어 편리하게 쓰게 만드는 일에서는 군자는 공인만 못하다._(《유효儒效》편)

순자는 초기 유가와는 달리 자연력보다는 노동력이 재부의 생산에 미치는 것에 중점을 두었다. 그래서,

나라를 운영하는 사람으로 백성의 힘을 얻는 자가 부유해진다._(《왕패》편)

라고 했는데 이는 유가의 재부 관점을 진일보시켜 토지와 천시天時라는 자연적인 범주를 뛰어넘어 노동이 재부를 창출한다는 관념으로 발전하게 되었다.

한편, 순자는 노동력의 사용은 적절해야 한다고 했다.

그러므로 수고하게 하면서 백성들을 위하는 일에 맞지 않는다면 그 것은 간악한 일이라 할 수 있다. (…) (이는) 성왕이 금하던 일이다._《비십 이자非十二子》편)

특히 생산을 늘리는 방안에 대해 "농부를 많이 늘리자."《군도》편) 면서,

사대부가 많으면 나라가 가난해진다._《부국》편)

라는 주목할 만한 주장을 했다. 아울러 세금 징수는 땅의 비옥함 정 도와 생산량에 따라 정하되 1/10세를 주장했다.

순자는 생산을 보호하는 것을 통치자의 중요한 책임으로 보고, 또 때에 맞추어 곡식을 심은 후 "풀을 뽑아 곡식을 잘 자라게 하고, 비료 를 많이 주어 밭을 기름지게"《부국》편) 해 생산력을 늘리자고 했다. 지 력地力 높이고 농사일에 세심한 주의를 기울여야 한다는 것이다. 이 주장은 다른 제자백가에 비해 상세하고 체계적이다.

때에 맞추어 알맞게 기르면 여러 가축이 잘 자라고, 제때에 죽이고 살리면 풀과 나무가 무성해진다._《왕제王制》편)

풀과 나무에 꽃이 피고 자라날 때에는 도끼를 산과 숲으로 들여보내

지 않아 그 생명을 일찍 빼앗지 않고 그 성장을 중단시키지 않아야 한다. _(〈왕제〉편)

3. 생산자가 많아야 한다 - 중농억상공의 논리

농업은 모든 생산의 보편적인 선결 조건이다. 고대사회에서 농업은 가장 중요한 생존의 기반이었으므로 당시의 사상가들은 농업을 재부 생산의 원천으로 여겼다. 순자도 마찬가지였다.

사대부가 많으면 나라가 가난하다. 공인과 상인이 많아도 나라가 가난하다. (…) 따라서 밭과 들판과 시골 마을들이 재물의 근본이다. _(〈부국〉편)

밭과 들판의 세금을 가볍게 하고, 국경 시장의 세금을 공평히 하며, 상인의 수를 줄이고, 노동력을 동원해야 할 나랏일은 가능한 한 줄이며, 농사짓는 때를 놓치지 않도록 해야 한다. 이렇게 하면 나라가 부유해진다. _(〈부국〉편)

부유하지 않으면 백성들의 성정을 기를 수 없고, (…) 따라서 집집마다 5무의 택지와 100무의 밭을 주어 각자 농업에 힘쓰게 하고, 그들이 일하는 때를 방해하지 않는 것이 그들을 부유하게 해주는 방법이다. _(〈대략大略〉편)

순자는 농업이 재부 창조의 가장 중요한 근원이라며 일정 정도 상공업을 억제하라고 했다.

> 공인과 상인은 줄이고 농부들을 늘릴 것이며, 도둑을 없애고 간사한
> 자를 물리치는 것이 사람들을 잘살게 하는 방법이다._(《왕도》편)

그렇다고 상공업의 기능까지 부정한 것은 아니었다.

> 목수와 공인이 될 수도 있고, 농부나 상인이 될 수도 있다. 이는 형세
> 와 마음가짐과 행동과 배움과 습성이 쌓여 그렇게 되는 것이다. (…) 목
> 수·공인·농부·상인이 되면 언제나 번거롭고 수고스럽다._(《영욕》편)

> 어진 사람이 윗자리에 있으면 농부는 힘써 밭을 갈고, 상인은 잘 살
> 펴 재물을 늘리고, 공인들은 기술과 기계로 물건을 만든다._(《영욕》편)

농사를 중시하고 상공업을 억제하자는 '중농억상공'의 논점은 전
국시대 후기에 널리 수용된 사상이다. 당시 신흥 지주계급이 부상하
고 있었는데 기존의 봉건지주가 주도권을 빼앗기지 않기 위해서는
상공업 활동을 제한할 필요가 있었다. 부상하는 상업 자본에 일정한
타격을 가함으로써 봉건지주 계급에 복종시키려 한 것이다. 따라서
상공업자들은 봉건지주의 이익을 해치지 않는 범위 내에서 활동해
야 했다. 순자의 경제사상에는 이런 시대적인 배경과 제약이 있었다.

4. 불공평으로 공평을 이룬다 – 빈부차를 인정하다

분배 문제에 있어서 순자는 빈부의 차이를 합리적인 것으로 보고 사회적 분업을 주장했다. 그러면서도 욕망이 많으면 물건이 적어진다는 모순관계에서 출발해 '고르지 못한 것으로 고르게 다스린다'(유제비제維齊非齊)는 논리로 재부의 분배를 주장했다. 이 말은 평균주의(동등주의)야말로 가장 불공평하다는 뜻이다.

세력과 지위가 같으면서 바라는 것과 싫어하는 것도 같으면 물건이 충분치 못해서 싸울 수밖에 없다. 싸우면 어지러워지고 어지러워지면 궁해질 수밖에 없기 때문이다._《왕제》편

따라서,

예제로 이를 구별하여 빈부와 귀천의 등급을 나누어 서로 아울러 다스기 편하게 했는데, 이것이 천하 백성들을 기르는 근본이다._《왕제》편

라고 했다. 고르지 못한 것으로 고르게 하고, 불공평으로 공평에 이르게 한다는 논리는 순자의 분배 이론의 큰 특색이다.

5. 무역이 재물을 두루 유통시킨다

상공업을 일정하게 억제하자고는 했지만 무역의 사회적 기능에 대해서 어느 정도 열린 인식을 보여주었다. 순자는 무역의 역할은 재화의 유통에 있다고 보았는데 무역으로 재화를 유통시키면 각 업종

에 종사하는 사람들이 자기가 필요로 하는 물품을 구할 수 있기 때문
이다. 그는 이렇게 말했다.

재물과 곡식을 유통시켜 한곳에 쌓이는 일이 없도록 하며, 서로 가져
오고 가져가게 하여 천하가 한 집안처럼 되게 한다. (…) 그러므로 연못
근처에 사는 사람도 나무가 풍족하고, 산에 사는 사람도 물고기가 풍족
해진다. 농부는 나무를 깎고 다듬지 않고 질그릇도 굽지 않지만 용품은
풍족하다. 공인과 상인은 밭을 갈지 않지만 곡식이 풍족하다._《왕제》편)

편안하게 재화를 유통시킬 것을 주장했지만 오로지 상인의 이익
만을 만족시켜서는 안 된다고 했다. 또 상공업에 일정한 제한을 가하
자면서도 상업의 사회적 기능은 인정했다. 이는 당시 지배계층의 눈
을 의식해야 했던 순자의 모순된 인식이다.

순자는 대외무역을 적극적으로 확대해야 각계각층이 혜택을 누릴
수 있으며 그로부터 얻는 이익이 작지 않다고 했다.

북쪽 바다에 잘 달리는 말과 잘 짖는 개가 있다. 그런데 중국에서는
이를 구해 가축으로 사용하고 있다. (…) 그러므로 하늘 아래, 땅 위에
있는 물건들은 모두 그 아름다움을 다하고 그 용도를 발휘한다. 위로는
그 물건들로 어질고 훌륭한 이들을 꾸미게 해주고, 아래로는 백성들을
먹여 살려 모두 편히 즐겁게 살게 해준다._《왕제》편)

대외무역에 대한 순자의 언급은 빈약하지만 그나마 관중, 상앙에

이어 순자만이 언급했을 뿐이다. 유가 사상가로서 경제를 중시한 순자의 관점은 공자와 맹자를 뛰어넘는 것이었다.

4. 말단을 끊어 근원이 흐르게 하라 – 개원과 절류

'개원開源'과 '절류節流'를 살펴보는 것으로 순자의 경제사상이 갖는 의미를 정리하려 한다. 재원은 늘리고(개원) 지출은 줄인다(절류)는 뜻이다.

순자는 농본사상의 토대 위에서 개원과 절류를 제기했다. 〈부국〉편에 보이는 관련 문장을 인용한다.

> 그러므로 밭과 들판과 시골 마을은 재물의 근본根本이다. 나라의 곡식 창고나 곳간 같은 것은 재물의 말단末端이다. 백성들이 잘 화합하여 하는 일에 질서가 있는 것이 재화의 근원根源이다. 등급에 따라 세금을 거두고 창고에 물건이 쌓여 있는 것은 재화의 말류末流이다. 그러므로 현명한 군주는 삼가 백성들의 화합을 증진시키고 '말단의 일들을 절제節制하는 한편 근원이 되는 것을 개척한다.' 이렇게 하면 온 천하에 여유가 생기고 임금은 부족을 걱정하지 않게 된다. 이렇게 되면 임금과 백성들 모두가 부유해져 서로가 재물을 저장해둘 곳이 없을 정도가 되는데, 이것이 나라의 살림을 제대로 처리하는 바를 아는 것이다. _〈부국〉편_

순자는 개원을 생산의 발전으로 보았는데, 생산의 발전은 하늘이 아닌 사람에 의지해야 한다면서 절약과 검소를 자연과 투쟁하는 데 필요한 방편으로 인식했다.

> 농사를 중시하고 비용을 절약하면 천하가 가난해질 수 없다. (…) 농업이 황폐해지고 사치스럽게 쓰면 천하는 부유해질 수 없다. _《천론》편)

> 나라를 풍족하게 만드는 이치는 절약하여 백성을 넉넉하게 하고 그 남는 것을 잘 저장하는 것이다. _《부국》편)

이상은 절용節用(비용 절감)을 강조한 내용들이다. 절용해야 '말단의 일들이 절제'(절류節流)되고 '말단의 일들이 절제되어야' 백성이 넉넉해진다는 것이다.

순자는 '부민'을 주장했다. 백성을 부유하게 만들지 못하면 교화할 수 없고 통치할 수 없다고 했다. 따라서 통치자는 백성이 아름답고 부유한 물질생활을 누릴 수 있는 방법을 잘 알고 있어야 한다. 상과 벌을 고루 행하고, 유능한 인재를 모시고 못난 자를 내칠 것이며, 사람마다 장점을 다 발휘하도록 여건을 만들어주면 천하는 크게 부유해진다고 했다.

순자의 '개원 절류'는 농업의 생산을 넓히고 상공업을 활용해 생산 비용을 절약하자는 것이다. 이는 훗날 재정정책에까지 그 의미가 확대되어 봉건사회의 재정 문제에 관한 담론으로 금과옥조처럼 받들어졌다.

① 인간은 나면서부터 욕망이 있는데, 바라면서도 얻지 못하면 바로 추구하지 않을 수 없고, 추구함에 나름의 기준과 한계가 없으면 다투지 않을 수 없다._《예론》편

(人生而有欲인생이유욕, 欲而不得욕이부득, 즉불능무구則不能無求, 求而無度量分界구이무도량분계, 則不能不爭즉불능부쟁.)

● 순자의 욕망론은 매우 심층적이다. 욕망 자체를 본성으로 인식했다. 욕망이 충족되지 않으면 즉시 추구하게 되는데, 거기에 나름의 기준과 한계를 정해야 욕망이 충족된다면서, 욕망이 적절하게 충족되지 못하거나 절도가 없으면 싸우게 되고, 싸우면 궁해진다고 분석했다.

② 나라를 풍족하게 만드는 이치는 절약하여 백성을 넉넉하게 하고 그 남는 것을 잘 저장하는 것이다._《부국》편

(足國之道족국지도, 節用裕民절용유민, 而善藏其餘이선장기여.)

● 순자는 '부민'을 기조로 백성을 이롭게 하라는 것[利民]과 백성의 삶을 여유롭게 하라는 것[裕民] 등을 강조했다. 그 실천 방안으로 예의로서 비용을 절약하고, 좋은 정책으로서 백성을 넉넉하게 하라고 했다. 백성이 넉넉해지면 여유가 많아지기 때문이다.

③ 재물과 양식을 유통시켜 한군데 쌓이는 일이 없게 하며, 서로 가져오고 가져가게 하여 온 세상이 한 집안처럼 되게 한다._《왕제》편

(通流財物粟米통유재물속미, 無有滯留무유체류, 使相歸移也사상귀이야, 四海之內若一家사해지내약일가.)

● 식량을 비롯한 생필품의 유통을 강조한 대목이다. 물품이 한곳에 적체되지 않고 원활하게 유통되고 교환되면 나라 전체가 하나의 경제권으로 통합되어 잘 다스려진다는 요지다.

④ 그러므로 왕도를 실천하는 자는 백성을 부유하게 한다._《왕제》편)

(故王子富民고왕자부민.)

● 순자는 올바른 통치, 즉 왕도를 실천하는 자의 필수 조건은 백성을 잘살게 하는 것이라 했다. 반면 패도를 추구하는 자는 선비를 부유하게 할 뿐이며, 겨우 나라를 존속하게 하는 자는 대부를 부유하게 할 뿐이고, 망해가는 나라를 꾸려가는 자는 임금의 창고만 가득차게 한다며, "올바른 정치를 하는 사람은 강자가 되고, 백성의 마음을 얻는 자는 편안해지고, 세금을 가혹하게 거두는 자는 망한다."고 결론지었다. 백성이 잘살아야 나라가 편안해진다는 의미다.

⑤ 그러므로 어진 사람이 위에 있으면 농부는 힘써 밭을 갈고, 상인은 잘 살펴 재물을 늘리고, 공인들은 기술과 기계를 써서 물건을 만든다._《영욕》편)

(故仁人在上고인인재상, 則農以力盡田즉농이력진전, 賈以察盡財고이찰진재, 百工以巧盡械器백공이교진계기.)

● 순자의 분업에 관한 생각을 보여주는 대목이다. 각자의 신분에 맞추어 최선을 다하면 생산력이 늘어 백성은 부유해지고 나라는 평

안해진다. 단, 어질고 유능한 통치자가 좋은 정치와 정책으로 이를
뒷받침해야 한다는 조건을 제시한다.

11. 한비자

마키아벨리의 먼 조상

    진시황은 한비자韓非子(280?~233BC.)의 글을 읽고는 이 사람을 한 번만 볼 수 있다면 여한이 없겠다고 했다. 그래서 한韓나라와 전쟁까지 불사하며 한비자를 불러들였다. 하지만 방치했다. 한비자의 동문 이사李斯가 그 틈에 옥에 갇힌 한비자에게 자살을 강요했고, 말더듬이 한비자는 타국의 감옥에서 생을 마쳤다.

    진시황은 한비자는 꺼렸지만 그의 사상은 받아들여 천하를 통일하는 데 긴요하게 사용했다. 한비자의 사상은 매력적이었지만 한비자라는 사람은 그만큼 두려웠던 것이다.

    상앙을 계승한 한비자의 경제관은 상대적으로 단순하고 보수적이다. 한비자는 '억상'을 주장했다. 그러나 상앙의 '억상'과는 다르다. 이 점을 염두에 두고 한비자의 경제사상을 살펴보자.

1. 말더듬이의 비애 - 한비자의 생애

한비자는 전국 말기 한나라 출신의 공자로 법가 학파를 대표한다.

이사와 함께 순자의 밑에서 동문수학했다. 한비자는 말을 더듬고 꾸미지도 못했지만 재주와 생각이 남다르고 글을 잘 썼다. 이사는 이런 한비자에게 열등의식을 느꼈다고 한다.

공부를 마친 한비자는 조국 한나라로 돌아와 부국강병의 책략을 건의했으나 받아들여지지 않았다. 그는 왕이 신하를 통제하지 못하는 것이 안타까웠다. 망국으로 몰고 갈 자들이 고관대작에 앉아 있었고 이들의 지위가 공신보다 높았다. 이 모습을 본 한비자는 〈고분孤憤〉〈오두五蠹〉〈내외저內外儲〉〈설림說林〉〈세난說難〉 등을 써서 득실의 변화를 정리했다.

그 후 강국의 군주인 진왕 정(훗날 진시황)이 한비자를 보내라고 강요했다. 그 경과는 다음과 같다.

통일 사업에 힘을 쏟고 있던 진왕은 인재를 모으고 있었다. 진왕은 한비자의 저술 〈고분〉과 〈오두〉를 읽고 이사에게 "이 사람을 한번 만나 이야기를 나눌 수 있다면 죽어도 여한이 없겠다!"고 말했다. 기원전 234년, 진왕이 한나라를 공격하자 전쟁을 감당하지 못한 한나라는 한비자를 사신으로 보내야 했다.

한비자는 천하의 이해관계와 형세를 살피고 변법 개혁을 종합해 '법法·술術·세勢'를 결합한 정치이론을 만들었다. 그 이론서가 《한비자韓非子》다.(현존하는 판본은 55편이다.)

《한비자》는 제왕들을 위해 쓴 책이다. 유가의 학설에 반대하고 권

術權術을 집중적으로 대서특필해 군주가 전제독재를 하는 이론과 방법을 제시했다.《한비자》전편에는 인간이 이렇게도 사악한 존재인가 하는 생각이 절로 들게 하는 내용이 많다. 한 구절, 한 구절이 모두 섬찟하다.

〈팔간八姦〉은 신하가 군주를 속이고 나라를 망치는 8가지와 그것을 막는 방법을 언급한다.

〈세난〉은 상대를 설득하기가 얼마나 어려운 것인지, 따라서 어떠한 방법을 구사해야 하는지를 제시한다.

〈간겁시신姦劫弑臣〉은 간신이 군주를 속이고 사익을 취하는 방법을 지적하고 이에 대한 대비책을 제시한다.

〈비내備內〉는 지나친 믿음은 결국 화를 불러온다는 요지로, 신하에

▌ 한비자를 만나기 위해 전쟁까지 불사했던 진시황, 그러나 정작 그는 한비자를 자결하게 만들었다.

게 군주의 권세를 절대로 빌려주지 말라고 경고하는 내용이다.

〈육반六反〉은 사람들의 평가가 사실과는 정반대로 이루어지고 있는 6가지 경우를 분석한 논설이다.

〈팔설八說〉은 인재등용 방법을 논하면서 위선적인 인간의 모습을 간파한 글이다.

2. 상인을 공격하다 - 농본공상말

경제사상이란 면에서 한비자의 인식은 좁다. 예리한 면모는 있지만 한 방향으로 치우쳐 있다. 특히 오두五蠹로 대변되는 상인에 대한 천시가 그렇다.

'오두'란 5종류의 좀벌레(해충)다. 한 나라에는 지주와 그 지주를 먹여 살리는 농민 외에 5부류가 있다고 했는데 인의를 말하는 학자(유儒), 유세를 일삼는 언담자言談者, 검을 차고 다니는 유협游俠, 병역이 겁이 나 뇌물을 일삼는 환어자患御者, 그리고 공상지민工商之民이다. 이들은 농업과 전쟁에 전혀 도움이 되지 않는 부류들이다.

한비자는 농본공상말農本工商末을 주창했다. 농업은 근본이고 공업과 상업은 말단이라는 뜻이다. 또 상업과 상인을 억제하는 '억말抑末'을 외쳤다. 그는 상인을 원수처럼 여겼다. 상인의 이윤 착취와 사기 행위에 맹공을 퍼붓고, 상인의 수와 지위를 제한하고 그들의 매관매직을 근절해야 한다고 성토했다. 상공업인의 수가 적고 사회적 지위가 낮아야만 간상奸商과 관상官商을 없앨 수 있다고 했는데, 이런 관점은 '백성을 먼저 부유하게 만든 다음 나라를 부강하게 만들어야 하고' '백성이 부유해지면 나라는 절로 부강해진다'는 스승 순자의 주장과 반대된다.

이렇듯 상공업과 상인을 격렬하게 공격했지만 상업의 사회적 기능까지 모조리 부정하지는 않았다. 타국에서 온 상인의 역할과, 재정 수입을 늘리는 데 수공업과 상업의 역할이 필요하다는 점은 인정했다.

한비자는 '자리론自利論'을 주장했다. 인간의 계산 심리를 인정한 것이다. 군주와 신하의 이익은 서로 다르기 때문에 그들 상호관계란 일종의 매매관계와 같다고 본 것인데, 이는 상품과 화폐의 발전이 인간관계에까지 깊숙이 미쳤음을 보여준다. 한비자의 '자리론'에는 상품경제의 인식이 스며들어 있다.

상공업에 대한 한비자의 관점은 편향되었다. 생산의 발전에 따른 시차를 무시한 채 백 년 전 법가의 선배인 상앙의 경험을 그대로 답습했다.

3. 전제 통치의 틀을 만들다 – 한비자의 경제사상

한비자는 전제 통치의 개막을 알린 사람이다.

한비자의 경제사상은 경전론耕戰論, 중본억말론重本抑末論, 인중재과론人衆財寡論 같은 주장에 잘 나타나 있다.

1. 부국강병의 근본 - 경전론

'경전론'은 상앙의 농전론처럼 농사와 전쟁을 병행하자는 것이다. 한비자는 상앙의 기본 주장을 흡수해 부강을 실행하기 위한 근거를 만들었다.

나라가 강대해지려면 두 가지 기본 조건이 충족되어야 한다. 하나는 경제적 뒷받침으로 구체적으로 말하면 충분한 양식이다. 두 번째는 용감한 군대다. 병사들이 자발적으로 싸움터에 나갈 실력을 갖추어야 한다. 이를 위해서 국가정책은 백성의 힘을 농사와 전투(경전耕戰)에 집중시키는 데 역점을 두어야 한다. 국가는 엄격한 법을 제정해 경전을 추진하고, 경전에 불필요한 모든 학설을 배제하며, 군주는 모든 권력을 움켜쥐고 사람의 사고와 행동을 일치시켜야 한다.

한비자는 '자리론'과 '중본억말론'으로 부국강병을 논했다.

인간은 사회적 관계를 통해 '이익을 좋아하고 손해를 싫어하며, 이익을 좋아하고 죄를 두려워'(〈난이難二〉편)하는데 이런 현상은 인간의 본질이다. 또 멀거나 가깝거나, 늙거나 젊거나, 군주이거나 신하이거나를 막론하고 모두 이해관계가 상반되며, 서로를 이용하고 서로의 이익을 빼앗으려는 관계가 형성되는데 이것이 협자위지심挾自爲之心이다.(〈경經〉편)

사람의 행위는 결국 모두 자신의 이익을 위해서 이루어진다는 뜻이다. 사람이 타인을 위해 수고를 마다않는 까닭은 타인을 사랑해서가 아니라 그것을 수단으로 삼아 자신에게 이익이 돌아오도록 하기 위해서인데, 이를 사람과 '거래'하는 것이라고 했다.

한비자는 인간이 이기적인 존재라는 인식에서 출발해 인간의 상호 충돌을 자신의 사상적 근거로 삼았다. 이런 사상을 바탕으로 군주에게 권력을 집중시키고, 부국강병을 완수하기 위해 '경전론'을 집중적으로 실현하고자 했다.

2. 농업이 입국의 근본 – 중본억말론

상앙에서 시작된 '중본억말론'은 한비자 때에 틀을 잡았다. 상앙은 경제 영역에서 '본本'과 '말末'이란 개념을 처음 썼지만 '말'의 의미를 명확하게 설명하지 않았다. 반면에 한비자는 '말'을 상공업으로 정의했다.

상인과 공인 그리고 일정한 직업도 없이 여기저기를 떠도는 자들의 수를 줄이고 그들의 신분을 천하게 하여, 백성들이 상공업을 줄이고 농업에 힘쓰게 해야 한다._((오두)편)

한비자는 상공인이 많으면 나라가 가난해진다는 순자의 사상을 흡수했다. 또 재부를 곡식과 동등하게 취급해 곡식의 생산을 생산노동의 기준으로 삼았을 만큼 '본'을 중시한 데 비해, '말'인 상공업자를 '오두'에 포함시키고 그들을 축소해야 한다고 강력히 주장했다.

경전론과 중본억말론에 입각한 정책을 실시해야 농민이 안심하고 생산에 종사할 수 있어야 한다고 믿었던 것이다.

3. 인구가 늘면 안 된다 – 인중재과론

순자나 상앙과는 달리 한비자는 인구가 많으면 재물이 부족해진다고 했다. 〈오두〉편에 이 주장이 실려 있다. 인구과잉은 물품의 증가 속도가 인구의 증가 속도를 따라가지 못하기 때문이며 그 결과 쟁탈을 초래한다고 했다.

지금 한 사람이 다섯 명의 자식을 가져도 많다고 여기지 않아 그 자식이 또 다섯 명씩 자식을 낳으면 할아버지는 생전에 스물다섯의 자손을 본다. 이처럼 인구가 늘어나고 재물은 부족하게 되면 힘들여 일을 해도 풍족하게 살 수 없게 되어 사람들이 서로 다투게 된다._〈오두〉편)

한비자는 생활 물품의 증가 속도는 구체적으로 논하지 않고 인구 증가 속도가 빠를 경우 물품이 부족해져 위기가 발생한다는 점만 지적했다. 인구의 증가가 인구과잉을 야기한다는 견해는 당시 사회의 발전에서 인구와 경제의 관계를 관찰한 결과로 보인다.

4. 물질 조건이 인간을 결정한다 – 한비자의 경제사상이 갖는 의미

한비자는 과감한 변혁을 주장했다. 그의 경전론과 중본억말론은 진나라의 부국강병 요구에 부합한 사상이었다. 또 절대인구 과잉론도 그 당시에는 현실의 요구를 받아들인 것이었다.

물론 한계도 있다. 이해의 충돌을 지나치게 부풀려 물질 조건이 인간의 도덕적 품질을 결정한다고 한 점, 폭력을 숭상한 점, 상공업을

韓非子

▌한비자는 법가 사상을 집대성했다는 평가를 받고 있다. 저술에 몰두하고 있는 한비자
의 모습을 그린 그림이다.

억제한 점, 백성을 약하고 어리석게 만들어야 한다고 말한 점 등은
폐단으로 지적된다.

■ 한비자와 관련된 명언명구

① 수입이 많아지는 것은 모두 사람의 힘이다._《난이》편)

(入多입다, 皆人爲也개인위야.)

• 식량의 생산량이 늘거나 다른 사업에서 수입이 증가하는 것은
모두 노동 때문이라는 것이 한비자의 기본 인식이다. 한비자는 늘어
난 식량과 물품을 낭비하지 말고, 쓸데없는 도락을 일삼지 않으면
수입은 더 늘어난다고 말한다. 한비자는 자발적 노동력을 크게 중시
했다.

②사치스럽거나 게으른 자는 빈궁해지고, 열심히 일하고 절약한
자는 부유해진다._《현학》편)

(侈而惰者貧치이타자빈, 而力而儉者富이역이검자부.)

• 기근, 재난, 질병 등은 불가항력적인 가난의 원인이다. 그러나
그것이 아니라면 사치와 게으름 때문이다. 통치자가 이를 해결하기
위해 무조건 부자에게 세금을 거두어 게으름 때문에 가난한 사람에
게 나누어주는 것은 올바른 정책이 아니라고 했다.

③나라가 가난해지면 민간의 풍속이 사악해지고 방탕해지며, 입고

먹는 것을 생산하는 산업이 끊어진다. 입고 먹는 것을 생산하는 산업이 끊어지면 백성은 어쩔 수 없이 꾸미고 속이게 된다._《해로》편)

(國貧而民俗淫侈국빈이민속음치, 民俗淫侈則衣食之業絶민속음치즉의식지업절, 衣食之業絶則民不得無飾巧詐의식지업절즉민부득무식교사.)

● 한비자는 기본 산업이 황폐해지는 원인으로 빈번한 소송을 꼽았다. 소송이 잦으면 경작해야 할 논밭이 황폐해지고, 논밭이 황폐해지면 창고가 비게 되고, 창고가 비면 나라가 가난해질 수밖에 없다. 이런 일이 생기지 않도록 철저하게 법으로 나라를 다스려야 한다는 논리다.

④ 무릇 법령이 바뀌면 이해관계가 변하고, 이해관계가 변하면 백성이 힘을 쓰는 업종이 바뀐다. 이를 변업變業이라 한다._《해로》편)

(凡法令更則利害易범법령갱즉이해역, 利害易則民務變이해역즉민무변, 務變之謂變業무변지위변업.)

● 법치는 중요하지만 법을 자주 바꾸면 백성이 괴로움을 겪는다. "작은 생선을 요리하는데 너무 흔들어대면 제 맛을 잃는다."는 말로 이를 비유했다. 분업을 하되 업종이 바뀌지 않게 관리해야 한다는 것이다.

⑤ 상인과 공인 그리고 직업 없이 떠도는 사람의 수를 줄이고 신분을 천하게 만들어야 한다._《오두》편)

(使其商工遊食之民少而名卑사기상공유식지민소이명비.)

● 한비자는 상공업자의 수를 줄여 농업인의 수를 늘려야 한다고

했다. 이 같은 한비자의 중농억상/농본공상말 사상은 후대에 큰 영향을 미쳤다.

12. 여불위

천하 대국의 권력을 차지한 장사꾼

상인 여불위呂不韋가 진나라의 권력을 장악한 이상 기존의 경제정책은 어떤 형태로든 바뀔 수밖에 없었다. 여불위는 식객들을 동원해 《여씨춘추》를 편찬했다. 이는 진나라의 모든 부분에서 새로운 방향을 제시하고자 한 통치 방략서였다.

여불위의 경제사상은 자유방임으로 요약된다. 그가 정권을 장악한 때는 상앙 사후 100년 뒤였다. 그 100년 사이에 상공업이 크게 발전하고 세력을 키웠다. 정권을 잡은 여불위는 전통적인 '중본억말'과 '경전'이라는 정책에 변화를 주어야 했다. 통일전쟁에 박차를 가하고 있던 때라 큰 변화는 무리였지만 상업만큼은 국가의 통제와 규제를 줄이는 방향으로 돌렸다.

여불위의 경제사상과 경제정책은 진시황에게 영향을 준 것으로 보인다. 진시황이 상공업자들을 우대한 사실이 《사기》〈화식열전〉에 남아 있기 때문이다. 또 천하를 통일한 후 진시황이 실시한 각종 정

▌거상 여불위는 정치 투기에서도 크게 성공한 사람이었다.

책에도 여불위의 그림자가 남아 있다.

1. 정치도박에서 대박을 내다 – 여불위의 생애

여불위(292~235BC.)는 전국시대 말의 거상이자 정치가이다. 위나라 복양濮陽(오늘날 하남성 복양의 서남쪽) 사람으로 나중에 한나라에서 장사를 해 양책陽翟(오늘날 하남성 우현禹懸)의 대부호가 되었다.

그가 조나라의 도읍 한단邯鄲에서 장사를 할 때 조나라에 인질로 잡혀온 진나라 공자 자초子楚를 만나게 되었다. 여불위는 자초에게 투자하면 큰 이익을 낼 수 있을 것으로 보고 그를 왕위 계승자로 만들기 위한 계획을 세웠다. 이때부터 여불위의 파란만장한 정치 역정이 시작되었다.

진나라의 권력자 안국군安國君은 화양부인華陽夫人을 총애했지만 둘 사이에 자식이 없었다. 여불위는 화양부인과 그녀의 친인척을 설득한 끝에 자초를 화양부인의 양아들로 삼게 하고 태자로 세우게 했다. 안국군이 왕위에 오른 지 석 달 만에 세상을 떠나고 자초(장양왕)가 즉위했다. 기원전 252년이었다.

장양왕은 여불위를 상국에 임명하고 문신후文信候에 봉했다. 장양왕은 재위 3년 만에 죽고 아들 정(훗날의 진시황)이 어린 나이로 왕위를 계승했다. 여불위는 계속 상국의 자리에 있으면서 중보仲父(큰아버지)라 불렸다. 식읍으로 남전藍田 12현과 하남의 낙양 10만 호를 소유했으며 연燕나라가 바친 하간河間 땅 10개의 성을 자신의 봉지로 만들었다. 그러나 진왕 정이 성년이 되어 정치 일선에 나서고, 태후와 노애嫪毐가 일으킨 반란에 연루된 책임을 지고 파면되었다. 촉 땅으로 유배 가던 도중 진왕의 편지를 받고 자결했다.

여불위는 장양왕 원년부터 진시황 10년까지 13년간 상국의 자리를 지켰다. 진시황 재위 초기에는 모든 정책과 명령이 그의 손을 거쳤다.

여불위는 정치와 군사 분야에서 큰 성과를 냈다. 적극적으로 통일을 추진하고 중앙집권제 확립을 위한 이론적 근거 마련에 힘써《여씨춘추》를 편찬함으로써 제자백가의 모든 학설을 종합해냈다. 모두 26편에 20여 만 자로 이루어졌는데 그대로 현존하고 있다.

《여씨춘추》는 명확한 목적과 일치된 견해를 가지고 계획에 따라 편찬된 책이다. 〈십이기十二紀〉〈팔람八覽〉〈육론六論〉의 3부분으로 이루어졌다. 그중에서도 〈십이기〉가 뼈대를 이룬다.

《한서》〈예문지〉에는《여씨춘추》가 잡가로 분류되어 있다. 그러나《여씨춘추》의 주된 사상이 무엇인지에 대해서는 주장이 갈린다. 혹자는 음양가로, 혹자는 도가 또는 신도가로 보기도 한다. 어느 설을 따르든 제자백가의 학설을 종합해 통일에 대비한 책인 것만은 분명하다. 진나라와 한나라에 학술적 토대를 제공했으며, 음양오행설에 기초한 상수역학象數易學이나《회남자》《포박자抱朴子》같은 도가 계통의 저서에도 큰 영향을 미쳤다.

2. 자유방임의 전도사를 자처하다 – 여불위의 경제사상

법가 사상은 진나라를 떠받치는 축이었다. 천하통일에 절대적인 역할을 한 상앙의 개혁(이를 상앙변법商鞅變法이라 한다)은 철두철미하게 법가 사상을 실천한 것이었다. 법가는 상업의 역할을 배제하지 않았지만, 농업을 중시하고 농사와 전쟁을 병행하는 농전農戰 또는 경전耕戰을 앞세웠다.

그러나 상인 출신 여불위가 정권을 쥐면서 진나라의 정책은 변화를 맞이했다. 진시황은 13세인 기원전 247년에 왕으로 즉위했고, 여불위는 진시황이 25세인 기원전 235년에 사망했으며, 진시황은 39세인 기원전 221년에 천하를 통일했다. 이로 보아 여불위가 경제 기조에 변화를 줄 수 있었던 시기는 15년 남짓이었지만 그 영향은 만만치 않았다. 장양왕이 3년 만에 죽고 진시황이 어린 나이로 즉위한 탓에 정책 대부분을 여불위가 주도했기 때문이다.

여불위는 '상앙변법' 이후 100여 년 뒤에 정권을 잡은 사람이다. 그는 전국시대에 대거 출현한 상인의 이익을 대변했다. 물론 선대의 사상가들 처럼 중농을 제창했지만(〈상농上農〉편) 억상 기조는 버렸다. 그는 하나의 직업으로 상인을 공식 인정하고 농민이 상업이나 여타의 일에 종사하지 못하게 했다.

국내에서는 자유무역을 허용하고 관세를 면제했으며, 계절에 맞추어 사람들을 상업에 종사하게 하는 정책을 내걸었는데 특히 무역은 국가가 간여하지 않는 자유방임을 취했다. 이는 상앙의 정책과는 정반대였다.

여불위는 후장厚葬에 반대했다. 현재 낙양에 남아 있는 그의 무덤은 한 시대를 풍미했던 자의 무덤치고는 평범하다.(물론 여불위가 노애의 반란에 연루되어 자결했기 때문일 수도 있다.)

여불위의 경제사상이 진나라의 정책에 얼마나 영향을 미쳤는지는 분명하게 확인되지 않는다. 그러나 여불위가 상앙 이래의 '억상' 정책을 바꾸고 싶었던 것만큼은 틀림없을 것 같다. 진 혜왕이 상앙을 죽인 것에 대해 논할 때 상앙의 행위에 의심스러운 점이 있다고 언급한 점, 조나라에 항복한 진나라 장수 정안평鄭安平을 상앙과 함께 거론한 점 등에서 그렇게 추측해본다.

여불위는 억상 정책과 간섭주의를 바꾸려는 취지에서 《여씨춘추》를 편찬했던 것 같다. 그러나 그의 죽음과 함께 그의 의도는 역사의

▌여불위는 거상이자 거부였지만 장례는 그의 평소 주장대로 '박장'으로 치러졌다. 사진은 낙양에 남아 있는 여불위의 무덤이다.

뒤안길로 퇴장했고 그의 경제사상에 대한 평가는 후대의 몫이 되었다.《여씨춘추》는 분량이 워낙 방대하고 사상 또한 제자백가를 모두 아우르고 있어 여불위의 경제사상을 심도 있게 분석하는 데는 필자의 역량에 한계가 있다. 다음을 기약하는 것으로 아쉬움을 대신한다.)

■ 여불위와 관련된 명언명구

① 기이한 물건을 미리 차지해두어라._《사기》〈여불위열전〉

(奇貨可居기화가거.)

● 여불위가 자초를 보고 투자를 결심하면서 남긴 말이다. 미래에 큰 수익을 가져다줄 상품(사람)을 볼 줄 아는 투자가의 안목을 알아볼 수 있다.

② 한 글자에 천금_《사기》〈여불위열전〉

(一字千金일자천금.)

● 여불위는 진나라의 상국이 된 후 자신의 문객들을 동원해《여씨춘추》를 편찬했다. 책이 완성되자 여불위는 이 책을 성문 밖에 전시하면서 누구든 잘못된 곳이나 고쳐야 할 곳을 찾아내면 한 글자에 천금을 상으로 주겠다고 큰소리쳤다.《여씨춘추》에 대한 여불위의 자부심이 한껏 묻어나는 고사다.

③ (임금들은) 이보다 더욱 사치하여 그 장례식은 마음속으로 죽

은 사람을 위하여 배려하는 것이 아니라 산 사람들이 서로 자랑하기 위한 것이 되었다._《여씨춘추》〈절상節喪〉편)

(愈侈其葬유치기장, 則心非爲乎死者慮也즉심비위호사자려야, 生者以相矜尙也생자이상긍상야.)

● 여불위는 장례에 관한한 절상節喪, 즉 검소한 박장薄葬을 주장했다. 이 대목에 바로 이어 "사치하고 화려한 장례를 영예로운 일로 여기는 반면 검소한 장례는 욕된 일로 여김으로써 죽은 사람을 편하게 해주지 않고 오히려 쓸데없이 산 사람이 헐뜯고 칭찬하는 것을 일삼는다."면서 후장을 비판했다.

④ 옛 성왕들이 백성들을 이끄는 방도는 먼저 농사에 힘쓰는 것이었다._《상농上農》편)

(古先聖王之所以導其民者고선성왕지소이도기민자, 先務於農선무어농.)

● 여불위 경제정책의 기조는 상앙 때와 마찬가지로 중농이었다. 다만 상앙과는 달리 상공업을 억압하지 않았다. 그는 농업에 대해 "백성들이 농업에 종사하면 순박해지고, 순박하면 부리기 쉽고, 부리기 쉬우면 변경이 안정되고 군주의 지위가 높아진다."면서, 농업이 나라의 안정에 가장 알맞은 산업이라는 점은 인정했다.

⑤ 관문과 시장을 잘 다스려 상인과 행상이 찾아오게 하고 재화가 들어오게 함으로써 백성들의 생업을 편하게 해준다._《중추기仲秋紀》편)

(易關市역관시, 來商旅내상려, 入貨賄입화회, 以便民事이편민사.)

● 상업에 대한 여불위의 입장을 가장 잘 대변하는 대목이다. 이

말에 이어서 여불위는 "사방에서 사람들이 몰려들고 먼 곳의 사람들까지 모두 찾아오므로 재화가 바닥나지 않는다. 따라서 임금이 지출에 부족함이 없게 되므로 모든 나라의 사업이 성공적으로 이루어진다."고 했다. 교역이 활발하게 이루어지면 재정이 풍족해지고, 그러면 모든 사업을 적극 추진하는 정책을 펼칠 수 있다는 것이다.

13. 사마천

〈화식열전〉에 담긴 사마천의 경제사상

사마천司馬遷은 역사가로서는 보기 드물게 경제문제에 천착한 인물이다. 산업 각 분야의 고른 발전, 화폐 유통으로 인한 효과, 농업을 기반으로 하되 상업을 함께 중시하는 농상병중農商竝重, 농우공상農虞工商이 함께 흥해야 한다는 사업병흥四業竝興, 상인의 역할에 대한 긍정, 빈부에 대한 개인적 차이와 사회적 문제 인식, 국가 경제정책의 불간섭원칙 등등, 폭넓은 관심을 보여주었다.

경제에 대한 사마천의 이해 수준은 경제사상가라 불러도 손색이 없다. 〈화식열전〉에 서술된 상인 30여 명의 치부 방법은 물론 계연·백규 같은 인물들의 사상에 대한 기술은 그 결정판이라 할 수 있다.

지금까지 제자백가의 범주에 '사가'는 포함되지 않았다. 그러나 필자는 사마천과 《사기》의 출현, 다시 말해 사가의 출현으로 제자백가는 막을 내렸다고 본다. 그 이유는 사마천이 제자백가의 대표적인 인물들의 전기를 열전 편에 마련했고, 아버지의 〈논육가요지〉를 자

▌역사서에 최초로 전문적 경제이론과 상인들의 전기를 남긴 사마천

신의 저서에 수록했기 때문이다. 요컨대 제자백가의 전기, 사상, 역사를 정리해 후대에 남겨주었기에 이런 주장을 하는 것이다.

사마천의 경제사상은 〈화식열전〉 〈평준서平準書〉 〈하거서河渠書〉에 집중되어 있다.

1. 모든 산업이 함께 일어나야 한다 - 사업병흥

중국은 오랫동안 농업을 중시하고 나머지 업종(특히 상업)을 천시했다. 중본경말重本輕末(또는 중본억말重本抑末)이다. 이 사상은 전국시대 초기 위나라의 이괴李悝가 처음 제창한 이래 진 효공 때 상앙이 국책으로 정했다. 순자는 이론적으로 밝혔고 한비자는 한 걸음 더 나아갔다.

이 사상은 한漢나라 때에도 영향을 미쳤다. 가의, 조조晁錯 등이 한문제에게 올린 글에서 '백성들을 농사로 돌려보내자'라든지 '농사짓지 않으면 살 수 없다'고 했는데, 중본경말 사상은 이런 경로를 거쳐 봉건사회의 전통사상이 되었다.

사마천은 이에 반기를 들고 농우공상, 즉 농업·임업·어업·공업·상업이 함께 흥해야 한다는 '사업병흥'을 주장했다. 그러나 이 견해는 오랫동안 무시되거나 비판당해왔다. 그러다 아편전쟁에서 서구 열강에 패배한 이후 중국 사회의 낙후된 원인을 반성하면서 량치차오[梁啓超] 같은 학자들이 사마천의 〈화식열전〉에 주목하고 사마천이 제기한 사업병흥에 관심을 갖기 시작했다.

현대에 들어 사마천의 사업병흥을 본격 연구한 시기는 1980년대 이후였다. 주요 내용은 몇 가지로 모아진다. 그에 앞서 이와 관련한 〈화식열전〉의 대목을 보자.

농민은 먹을 것을 생산하고, 우인虞人은 산림·호수·바다에서 나는 산물을 개발하고, 장인은 물건을 만들며, 상인은 그것들을 유통시킨다.

농부가 생산을 하지 않으면 먹을 것이 모자라고, 장인이 물건을 만들어내지 않으면 용품이 모자라게 되며, 상인이 장사를 하지 않으면 세 가지 귀한 것의 유통이 끊어지게 되고, 우인이 생산을 하지 않으면 재물이 모자라게 되고, 재물이 모자라면 산림이나 하천은 개발되지 못한다.

이 네 가지(농우공상)는 백성이 입고 먹는 것의 근원이다. 근원이 크면 풍요로워지고, 근원이 작으면 모자라게 되는 바, 위로는 나라가 부유해지고 아래로는 집집이 부유해진다.

이상은 농민·우인·공인·상인이 종사하는 4가지 업종의 중요성, 그것들이 백성의 생계에서 차지하는 관계와 의미를 지적한 것이다.(우인은 산림·연못·바다에서 나는 생산물을 관리하는 관직이다. 사마천이 말하는 우인은 이 일에 종사하는 사람들에 대한 총칭이다. 산림 개발, 광산 개발, 토지 개발, 수자원 개발을 모두 합친 업종이라 할 수 있다.)

먼저, 사마천은 사업병흥을 자연의 규율로 인식했다. 그는 경제와 사회풍속의 변화와 발전이라는 점에서 출발해 농·우·공·상의 분업이 출현한 것은 인간의 의지로 바꿀 수 없는 것으로 보았다. 사마천은 전통적인 경제관념을 비판하고 그 대안으로 사업병중을 제기한 것인데 이 가운데 하나라도 없어서는 안 된다고 강조했다.

둘째, 농업을 중시는 하되 상업을 억제해서는 안 된다고 했다. 그뿐 아니라 거기에서 더 나아가 농업과 수공업을 떼어놓을 수 없는 통일체로 인식했다. 사마천은 사업四業의 각자 역할을 언급하면서도 어떤 것이 더 중요한지는 강조하지 않았다. '장사(상업)로 치부해 농사로 그것을 지키라'고 했지만, '지킨다는 것'이 꼭 중농을 의미하는 것은 아니었다. 이는 그가 사업 모두를 '백성들이 입고 먹는 것의 근원'으로 인식했다는 점에서도 잘 드러난다.

사마천은 부민이 치국의 기초라고 보았다. 어떻게 백성을 부유하게 할 수 있는가? 사마천은 '본부本富·말부末富·간부奸富'라는 3개의 개념을 제시했다. 본부는 농업으로 치부하는 것을, 말부는 상업으로 치부하는 것을, 간부는 나쁜 방법으로 치부하는 것을 말한다. 본부가 최상이고 말부가 그다음, 간부가 최하라고 했다. 그러나 이는 치부의 방식을 말한 것일 뿐 중농이나 억상은 아니다.

셋째, 농업과 상업이 함께 이익을 누려야 한다는 관점이다. 사마천은 농업과 상업의 관계에 대해서도 '농업과 상업이 함께 이익을 누려야 한다'면서, "상인이 힘들면 재물이 나오지 않고, 농민이 힘들면 농지가 개간되지 않는다."고 말했다. 이는 중농경말重農輕末 사상이 지배하던 당시에 파격적인 제안이었다. 사마천의 이 사상은 그의 경제사상 중에서 가장 귀중한 것으로 평가받고 있다. 이 관점은 중국

고대의 경제사상사에서 일대 비약이었고, 상공업 경제에 합법적인
지위를 부여하는 계기가 되었다.

2. 상업과 상인의 역할이 중요하다 – 중상사상

서양에서 중상주의라 하면 15세기에서 18세기까지 국내 산업의
보호와 해외 식민지 건설을 핵심 내용으로 하는 경제정책을 가리킨
다. 중상주의의 논지는 세계경제의 총량이 불변이라는 가정 아래 자
본의 공급량에 의해 국가가 번영할 수 있다는 것인데, 대단히 공격적
이고 단순한 이론이었다. 그에 따라서 서양의 중상주의는 큰 수익을
거둘 수 있는 상업, 그중에서도 무역을 중시하게 되었고, 각국이 경
쟁적으로 식민지 확보에 나서 자원을 약탈하기에 이르렀다.

'중상'이란 개념만 놓고 보면 이를 체계적인 이론으로 처음 세운
인물은 관중일 것이다. 사마천 경제사상의 뿌리는 바로 관중으로 거
슬러 올라간다. 수천 년 동안 중국의 기본 국책이 중농억상이라는 점
을 놓고 볼 때 관중이나 사마천의 '중상' 인식은 그 자체로 의미가 크
다. 상업의 중요성을 환기시키고 강조했기 때문이다.

사마천은 〈화식열전〉과 〈평준서〉에서 상업이 백성의 생활과 나라
의 경제에 미치는 영향을 서술했다.

첫째, 상품경제의 필연성을 분명히 했다. 상품 교환에 대한 그의
인식은 상업을 독립된 부분으로 인정해야 한다는, 즉 사회 분업의 필
요성이라는 측면에 근거를 두고 있다. 아울러 전국에 분포되어 있는

상업 도시의 발전 정도를 기준으로 상품경제의 넓이와 깊이를 설명하려고 했다.

둘째, 억상 정책으로는 상품경제의 발전을 막을 수 없다고 인식했다. 한 무제 때 실행된 전면적인 억상 정책은 일시적으로 상품경제의 발전을 제어하는 듯 보였지만 시대적인 추세를 막을 수 없었다. 사마천은 이 현상을 직접 목격하고 비판했다.

셋째, 경제 발전에서 상인의 적극적인 역할을 긍정했다.

넷째, 자유방임을 주장했다. 사마천이 억상을 반대하는 내용은 다음과 같다. 정부는 어용상인, 즉 관상을 기용해 사상(개별 상인)을 배제해서는 안 되며, 관상의 영리 활동을 보호하기 위해 사상의 영리 활동을 방해해서는 안 된다는 것이었다.(사마천의 자유방임과 애덤 스미스[1723~1790]가 주장한 자유방임은 정부의 간섭과 통제를 반대한다는 틀에서는 비슷하다. 시차가 1800년 이상 날 뿐이다.)

사마천의 경제사상은 어떤 배경에서 만들어졌을까?

우선, 전국시대에서 진·한 시기까지 2백 년 가까운 기간에 형성된 상품경제의 활기를 들 수 있다. 상품경제의 활기는 생산의 발전과 백성의 생활 개선에 크게 기여했다. 그 과정에서 통치 계급의 각종 정책으로 야기된 서로 다른 결과들에 관심이 쏠릴 수밖에 없었는데, 이것이 사마천이 상품경제에 대한 인식을 형성하는 데 객관적인 조건이 되었다.

둘째, 사마천이 실지 답사를 여러 차례 다녀왔다는 점이다. 대략 10여 차례의 답사로 각지의 산물·민속·교통·도시의 특징들을 직접

▌한나라 때 도시의 상인들을 묘사한 벽돌 그림

보고 듣고 기록했는데, 이는 경제문제를 탐색하는 데 실제적이고 충
분한 토양이 되었다.

셋째, 궁형을 당한 후 사마천의 삶은 중대한 변화를 겪게 되는데,
그런 속에서 기존 정책의 굴레를 뛰어넘어 상품경제가 부각되는 현
상을 깊게 관찰하게 되었다.

사마천의 중상 사상은 외국 및 이민족과의 무역을 중시한 것으로
도 나타난다. 대외무역은 횡적인 경제 관계다. 사마천은 국경 지역의
관시關市와 무역상의 활동에 주목했고 대외 무역상에 대한 소중한
기록을 남겼다. 〈화식열전〉에 등장하는 오지烏氏의 상인 나倮, 〈흉노
열전〉과 〈한장유열전韓長孺列傳〉에 보이는 섭옹일聶翁壹, 〈평준서〉에
소개한 팽오彭吳 등이 그들이다. 이밖에 관청에서 주도하는 무역과
외국의 수입품의 중요성에 대해서도 빼놓지 않고 언급했다.

3. 경영과 관리가 필요하다 – 상공업 관리

상공업 관리와 관련해 사마천은 두 방향으로 논지를 폈다. 첫째, 봉건국가가 이를 어떻게 관리할 것인가, 즉 국가가 거시적으로 상공업에 어떤 정책을 취할 것인가의 문제. 둘째, 상공업자들이 어떻게 사업을 제대로 관리할 것인가, 다시 말해서 미시적이고 구체적인 관리에 관한 문제.

첫 번째 방향과 관련해 사마천은 〈화식열전〉에서 이렇게 말했다.

최선은 흘러가는 대로 내버려두는 것이고, 그다음은 이익으로 이끄는 것이고, 그다음은 가르쳐 깨우치는 것이고, 그다음은 가지런히 바로잡는 것이고, 최하는 백성들과 다투는 것이다.

전문가들은 이 발언을 사마천 경제사상의 백미라고 평한다. 위 발언의 첫 부분 '선자인지(흘러가는 대로 내버려두는 것)'의 두 글자를 따서 '선인善因' 사상이라고 부른다.(이에 대해서는 뒤에서 더 알아본다.)

사마천이 자연방임이 최선이라고 한 것은 사회경제활동을 인간의 의지로 바꾸거나 되돌릴 수 없는 객관적 과정으로 인식했기 때문이다. 이를 당시의 정책과 연관지어보면, 한 무제 때 국가가 강력하게 개입한 경제 통치에 대한 비판이었다. 참고로 한 무제는 소금과 철의 판매를 국가에서 독점하는 경제정책을 시행했다.

사마천의 두 번째 방향, 즉 그의 미시적인 경영 관리 내용을 분석해 9가지 원칙으로 개관한 학자가 있어서 소개한다.

① 일정한 수량의 화폐 자본이 있어야 한다.

② 생산 경영에서 상품은 그 질을 확보하는 데 주의해야 한다.

③ 자금은 끊임없이 회전되어야 한다.

④ 근검절약의 자세로 일에 임해야 한다.

⑤ 인재를 적절하게 기용할 줄 알아야 한다.

⑥ 백성들이 보편적으로 필요로 하는 상품으로 경영해야 한다.

⑦ 이윤을 너무 남겨서는 안 된다.

⑧ 경영에 관한 지식이 풍부해야 한다.

⑨ 시기를 제대로 장악할 줄 알아야 한다.

이상은 얼핏 보면 상업의 경영에만 편중되어 있는 것 같아 보인다. 고대의 상품 생산자들은 대부분 물건을 직접 만들어서 파는 상업을 겸했고 그런 사람들 중에 규모가 큰 부상대고富商大賈들은 자신의 공장을 갖고 있는 경우가 많았으므로 생산 관련 업무와 유통 관련 업무를 엄격하게 구분하기 어려웠다.

사마천은 상공업 경영에서 상품의 시時(시기)와 용用(쓰임), 상품의 유여有餘(남음)와 부족不足(모자람), 화물의 저장, 물가의 등락에 따른 규율, 근검절약과 부지런함 등등을 제대로 이해해야 한다는 점을 짚었다. 이 정도의 자질을 갖추어야 경영을 할 수 있다고 보았던 것이다. 사마천은 경영에 대해 말하길, 마치 "이윤伊尹과 강태공이 큰 국가 전략을 그리듯 치밀하게 마음을 써야 하고, 손무가 군대를 부리듯 변화막측해야 하며, 상앙이 변법 개혁을 밀고나가듯 거침이 없어야 한다."고 했다.

아래는 사마천이 언급한 상업과 고리대금업의 경영 원칙이다.

① 시기를 잘 파악해 쌀 때 사들이고 비쌀 때 내다 팔거나 높은 이자로 자금을 대출해 그 이윤을 취한다.

② 교환수단인 화폐를 충분히 이용해 재부를 늘린다.

③ 근검절약으로 자본을 축적해 경영 규모를 키운다.

④ 비용이 덜 드는 노동력을 이용하고, 신분이 천한 노복의 적극성을 끌어내 이윤을 높인다.

⑤ 상황에 따라 박리다매를 취한다.

⑥ 의리와 이익은 양립할 수 있다는 경영 원칙을 갖도록 한다.

⑦ 완제품은 그 질이 가장 중요하다.

⑧ 취할 때와 줄 때를 잘 아는 것, 이것이 경영의 가장 귀중한 원칙이다.

사마천의 경영 관리에서 눈길을 끄는 것은 '시기時機'에 대한 인식이다. 시기時機는 시기時期와는 다른 개념이다. 때와 기미(틈, 낌새)를 함께 가리킨다. 사마천은 상공업 경영에서 지켜야 할 원칙으로 '지시知時·임시任時·추시趨時'를 들었다. '지시'는 시장 상황을 잘 파악해 상품이 필요한 시기를 아는 것, 즉 시장예측을 말한다. '임시'는 시기를 이용할 때가 있다는 의미(때에 따라 필요한 것이 있을 수도 있다는 뜻)다. '추시'는 시기가 오면 흘려보내지 말라는 것인데, "(백규가) 때를 잡으면 사나운 짐승이나 새처럼 달려들었다."고 한 백규의 행위가 이를 뜻한다.

▌ 서한 시대 공업 부분에서 가장 큰 비중을 차지했던 야철업에서 철을 녹여내는 그림

4. 전문 경영인이 필요하다 - 상공업 인재관

이 문제는 경영 자질론 또는 인재론이라 할 수 있다. 사마천은 경
영자의 자질이 매우 중요하다고 했다. 전문 경영자의 자질이 확장되
면 나라를 다스리는 데 그대로 적용될 수 있다고 보았는데, 이런 인
식은 백규에 대한 서술 부분에 잘 나타나 있다.

따라서 임기응변할 지혜[智]가 없거나, 결단을 내릴 용기[勇]가 없
거나, 주고받을 자애로움[仁]이 없거나, 지켜낼 강단[彊]이 없으면 나의

기술을 배우려 해도 결코 알려주지 않는다.

　백규는 자신의 '치생治生'을 국가 경영에 비유하며 위에서 말한 4
가지 자질[智·勇·仁·彊]을 갖추어야만 치생을 이해할 수 있다고 했다.
치생은 좁게는 장사와 경영을, 넓게는 경제 전반이 그 대상이다. 백
규는 경제로 나라를 다스린다는 사상을 최초로 주장한 인물이었다.
이 '경제치국經濟治國' 사상은 당시는 물론 후대에도 획기적으로 자
리매김한 사상이다. 사마천은 백규의 경제치국 사상을 높이 평가해
"대개 천하에서 장사(치생)를 말하면 백규를 시조로 받든다. 백규가
이렇게 말하는 것은 다 경험에서 나온 것이고 경험상의 장점이지 그
냥 해본 소리가 아니다."라고 했다.

　백규의 입을 빌려 상공업 인재의 자질을 강조한 사마천의 인재관
은 1980년대 이전까지는 주목받지 못했다. 그러나 개혁개방과 함께
논설이 봇물 터지듯 터져 나와 사마천의 경제사상을 한결 풍부하게
해주었다.

　사마천의 인재관은 크게 3가지에 초점이 맞춰진다.

　첫째, 거시적으로 볼 때 상공업의 인재는 정치가와 군사가의 기백
을 갖추어야 한다. 앞에서 언급한 대로 사마천은 "이윤과 강태공이
큰 국가 전략을 그리듯 치밀하게 마음을 써야 하고, 손무가 군대를
부리듯 변화막측해야 하며, 상앙이 변법 개혁을 밀고 나가듯 거침이
없어야 한다."면서 '시세의 변화를 낙관하라'고 했다. 시장의 수요를
예측하고 시장의 추세를 파악해 '남이 버리면 나는 취하고 남이 취
하면 나는 버리고', '값이 오르면 오물을 버리듯 내다버리고 값이 내

리면 귀한 보석을 사들이듯 사들이는' 등 자유자재로 나아가고 물러서는 기백을 갖추라고 했다. 또 정확하게 취사하는 원칙을 견지하되 어려울 때는 바로 멈출 줄 아는 '지·용·인·강'을 한 몸에 지니라고 요구했다. 이런 점에서 사마천의 상공업 인재관은 그 자체로 대단히 진보적이었다. 천한 존재로 여겨온 상인이란 존재를 이윤이나 강태공 같은 재상의 반열에 올려놓았기 때문이다. 이는 중농억상이라는 전통 관념에 충격을 가했을 뿐 아니라 주로 정치와 군사에 치우쳐 상공업 분야의 인재를 소홀히 했던 역사 기록의 공백을 깔끔하게 메워 주었다.

둘째, 미시적 관점에서 이 분야의 인재라면 효과적인 경영법으로 자신의 사업에서 더 많은 수익을 내야 한다고 지적했다. 이는 바로 앞의 '상공업 관리'에서 다루었다.

셋째, 인재를 고르는 방법과 인재를 기용하는 방법에 대한 논의다. 춘추전국 이후 부상대고가 많이 출현했다. 이들은 많은 고용인들을 거느렸다. 왕왕 고용인에 의해 수익의 많고 적음이 결정되기도 했는데, 그러다 보니 인재를 골라서 쓰는 것이 중요한 문제로 떠올랐다. 사마천은 고용한 사람을 충분히 믿고 그들의 능력을 최대한 발휘하기 위해서는 고용인과 동고동락하며 그들의 적극성을 끌어내라고 했다. 그 예로써 영리한 노비를 고용해 성공한 제나라의 상인 조한刁閑을 언급했다.

> (조한은) 그들을 더욱 신임했고, 결국은 그들의 힘을 빌려 수천만 금의 부를 쌓았다. 이 때문에 '고관대작과 부딪칠지언정 조한의 노비

들은 만나지 말라'는 말까지 나왔다. 호탕한 노비들을 잘 부려 그들의 힘을 다하게 함으로써 자신도 부자가 되었다는 말이다.

　'고관대작과 부딪칠지언정 조한의 노비들은 만나지 말라'는 이 대목은 역대로 적지 않은 논란이 있었다. 많은 사람들이 벼슬을 하기보다 조한과 일을 하라고 해석했다. 해석이야 어찌됐든 당시 조한의 사업이 여러 사람의 주목을 받은 것만은 틀림없다.

　'성일誠壹', 즉 오로지 한 길과 정성을 강조한 사마천의 사상도 주목해야 한다. 사마천은 세상 사람들이 우직하고 비천하다고 여기는 사업으로 부를 일군 진양秦揚과 전숙田叔 등 9명의 상인들을 이렇게 소개했다.

　　무릇 검소하게 아끼면서 힘을 다하는 것이 재물을 모으는 바른길이다. 그러나 부자는 반드시 남다른 방법으로 승리한다. 농사는 우직한 업종이지만 진양은 이것으로 한 주에서 으뜸가는 부자가 되었다. 도굴은 나쁜 일이지만 전숙은 이것으로 사업을 일으켰다. 도박은 나쁜 직업이지만 환발桓發은 그것으로 부자가 되었다. 행상은 남자로서는 천한 일이지만 옹낙성雍樂成은 그것으로 부유해졌다. 연지臙脂를 파는 일은 남사스럽지만 옹백雍伯은 그것으로 천금을 벌었다. 술장사 역시 보잘것없는 직업이지만 장씨張氏는 그것으로 천만금을 벌었다. 칼 가는 일도 별 볼일 없는 기술이지만 질씨郅氏는 그것으로 돈을 벌어 (제후들처럼) 세발솥을 늘어놓고 식사했다. 순대 파는 일은 단순하고 하찮은 일이지만 탁씨濁氏는 말 탄 수행원들 줄줄이 거느렸다. 말을 치료하는 수

치생학의 원조로 꼽히는 경제 전문인 백규의 상

의사는 천한 기술이지만 장리張里는 편종 연주를 곁들이며 식사를 했다. 이 모두가 '한마음으로 정성'을 다한 결과이다.

사마천은 상공업자라면 반드시 법을 준수하고 정치와 백성에 방해가 되지 않아야 한다고 했다. 사마천이 착취계급에 속하는 대상인들을 추앙했다고 비판하는 사람도 있지만, 그런 비판에도 불구하고 사마천의 경제관념은 그 시대의 한계를 훌쩍 뛰어넘었다.

5. 화폐의 역사를 논하다 – 화폐관

사마천은 〈태사공자서〉에서 〈평준서〉를 쓰게 된 이유에 대해 말했다.

화폐는 농업과 상업의 교역을 위해 발행한다. 그런데 그 폐단이 극에 이르면 교묘한 수단으로 투기하고 재산을 늘리기 위해 남의 것을 빼앗는다. 투기와 이익 때문에 싸우다보면 농사는 팽개치고 돈 버는 쪽으로만 달려간다. 이에 제8 〈평준서〉를 지어 그 상황의 변화를 관찰했다.

화폐는 물품 교역과 유통에 필요한 수단이다. 인류는 신석기시대에 이미 조개 따위를 교환수단으로 사용했다. 사마천은 사회경제가 발전하면 화폐 제도도 같이 발전한다고 인식해 한나라 때의 화폐 발전상을 〈평준서〉에 인상 깊게 기록했다.

농업, 공업, 상업의 교역로가 열리면 거북, 조개, 칼, 포 등과 같은 화폐가 바로 나타난다. 이러한 상황의 유래는 이미 오래되었다. 고신씨高辛氏 이전의 일은 너무나 오래되어 기술하기가 어렵다.

화폐 주조 문제와 관련해서 사마천은 제후나 민간이 사사로이 화폐를 주조하는, 이른바 악화惡貨를 제작해 유통시키는 것에 반대했다. 악화는 시장을 어지럽힐 뿐 아니라 빈부격차와 같은 불량한 사회 문제를 일으키고, 심지어 반란까지 야기할 요소가 다분하기 때문이다. 악화로 인한 피해는 사회 전체에 엄청날 거라는 점을 인식했기 때문에 사인私人(제후든 민간인이든)의 화폐 주조를 반대했던 것 같다. 그렇다고 반드시 중앙정부가 일률적으로 주조해야 한다는 주장도

▍서한 때 주조되어 500년 이상 통용된 동전 오수전五銖錢

아닌 것 같다. 이와는 별개로 사마천이 단순히 화폐의 수량이 물가의 등락을 결정한다는 결정론에 빠져 있는 것 아니냐는 지적도 있다.

사마천은 화폐가 그 자체로 특수한 상품이라는 점을 이해하지 못한 것 같다. 그러나 이 같은 초보적인 인식만으로도 당시의 상황에 비추어 큰 발걸음을 뗀 것만은 확실하다. 사마천이 기여한 커다란 공헌은 화폐 개념 그 자체보다는 〈평준서〉에 체계적으로 화폐 발전사를 기록해 후대의 학자들에게 귀중한 자료를 남겨주었다는 데 있다.

6. 빈부의 발생에는 나름의 이치가 있다 - 빈부관

빈부의 문제는 인류사회의 오랜 숙제다. 사유재산의 등장과 함께 나타난 빈부의 차이는 필연적으로 사회의 불평등을 낳았다. 이를 해결하기 위해 예로부터 수없는 시행착오를 반복해왔고 그것은 지금도 여전하다.

사마천은 이 빈부 현상에 주목했다. 그의 결론은, 빈부 차이는 기본적으로 정상적이고 자연스러운 현상이라는 것이었다. 이에 대한 언급은 "빈부의 이치는 빼앗거나 줄 수 있는 것이 아니다."는 말로 대변된다. 가난한 사람을 억지로 구제할 필요가 없고, 부유한 자의 것을 강제로 빼앗아서도 안 된다는 주장이다.

사마천은 입고 먹고 살고 보내고 맞이하고 죽고 장례를 치르는 데 필요한 모든 것들은 농업·공업·상업·임업·어업 등 각종 경제활동을 통해 함께 제공받는 것이며, 사람들은 이런 활동을 통해 서로 의존한다고 했다. 동시에 사람들이 이익을 추구하고 그 욕망을 만족시키려는 것은 이치(본성)에 맞고 자연스럽다고 했다. 다만 사람마다 차이가 있어서 빈부차가 나는 것인데 이것 역시 자연스러운 현상으로 받아들였다.

'빈부의 이치는 빼앗거나 줄 수 있는 것이 아니'라는 인식은 실질상 다음에 소개할 '개위리皆爲利' 사상을 뒷받침해준다. 이 사상은 중농경상에 반대하고 농상병중農商幷重을 수용하는 근거로 사용되었다.

요약하면 사마천은 국가의 간섭 없는 경제활동은 빈부의 차이를 낳긴 하지만, 그것이 심각한 사회문제 혹은 국가의 안위까지 위협한다고는 보지 않았던 것이다.

7. 모두가 이익을 꾀하기 위해서다 – 개위리

'개위리'란 사람의 행위는 모두 이익을 꾀하려는 목적 때문에 행해진다는 뜻이다. 이 말을 직역하면 '모든 것은 이익을 위해서'쯤 된다. 사마천은 인간의 본성은 자신의 욕망을 만족시키려고 하며 이는 예외가 없다고 했다.

신농씨 이전에 대해서는 나는 모른다. 《시경》이나 《서경》에 기술된 우, 하 이래라면 눈과 귀는 가능한 아름다운 소리와 좋은 모습을 듣고 보려 하며, 입은 고기와 같이 맛난 것을 먹고 싶어 하고, 몸은 편하고 즐거운 것을 찾으며, 마음은 권세와 능력이 가져다준 영광을 뽐내려 한

다. 이런 습속이 백성들에게 젖어든 지 오래라 집집마다 이런저런 말로
알려주려 해도 끝내 교화할 수는 없다.

개위리와 관련해서 이렇게 언급했다.

천하가 희희낙락하는 것도 모두 이익을 위해 몰려들고, 천하가 소란
스러운 것도 모두 이익을 위해 떠나기 때문이다.

8. 최상의 정치란? – 선인

사마천은 국가의 간섭에 대해 일침을 가했다.

최선은 흘러가는 대로 내버려두는 것이고, 그다음은 이익으로 이끄
는 것이고, 그다음은 가르쳐 깨우치는 것이고, 그다음은 가지런히 바로
잡는 것이고, 최하는 백성들과 다투는 것이다.

흘러가는 대로 내버려두는 것, 이를 '선자인지善者因之', 줄여서
'선인善因'이라고 한다. 이런 주장은 한 무제 때 강력한 간섭주의 경
제 통치에 대한 비판으로, 백성이 노역과 세금에 시달리지 않고 자유
롭게 경제활동을 하던 한나라 초기의 방임 정책으로 돌아가라는 것
이었다.

이 선인 사상은 실현하기가 불가능하다고 보는 학자도 있다. 국가

가 존재하는 한 관리하지 않거나 간섭하지 않을 수 없다는 이유에서
다. 사마천도 이를 잘 알고 있었다. 따라서 사마천이 말하는 선인이
란, 무조건적인 자유방임 정책을 취하라는 것이 아니고 되도록이면
한 개인의 경제활동을 통제하지 말라는 뜻으로 이해하는 편이 옳다.
이는 그의 빈부관이나 개위리 사상과도 궤를 같이한다.

9. 이익에서 의리가 나온다 – 의리관

정신적 범주인 '의義'와 물질적 범주인 '이利'의 관계는 대척점의
자리에 서서 오랫동안 논쟁의 대상이었다.

공자는 "의롭지 못한 부귀는 내게 뜬구름과 같다."(《논어》〈술이〉), "군
자는 의리에 밝고 소인은 이익에 밝다."(〈이인〉편)고 했다. 맹자도 "정당
하지 않으면 밥 한 그릇도 남에게서 받지 않는다."(《맹자》〈등문공〉 하편)고
했다. 두 사람과는 달리 순자는 의와 이를 함께 중시했다. 다만 "의가
이를 이기면 치세가 되지만, 이가 의를 이기면 난세가 된다."(《순자》〈대
략〉)고 해 여전히 '의'에 방점을 두었다.

그러나 이들보다 시대적으로 앞선 관중의 관점은 전혀 달랐다. 그
는 "창고가 차야 예절을 알고, 입고 먹는 것이 넉넉해야 영예와 치욕
을 한다."(《관자》〈목민〉편)고 했다.

또 법가는 이익을 좋아하는 것은 인간의 본성이라고 주장했다. 예
컨대 상앙은 《상군서》에서 사람은 누구나 "살아서는 이익을 따지고
죽어서는 명성을 염려한다."(〈산지散地〉)고 했다. 한비자도 "이익이 있는

곳에 사람이 몰린다."《한비자》〈외저설〉좌상편), "이익을 좋아하고 손해를 싫어하는 것은 모든 사람이 그렇다."《난이〉편)고 했다.

묵자는 이익을 중시하는 중리주의자重利主義者였다. 그는 "천하의 이익을 일으켜 천하의 손해를 제거하라."《묵자》〈겸애〉중편)고 했는데, 후기 묵가의 의리관은 더욱 철저해져 "의가 곧 이"《경상經上〉편)라고까지 정의했다.

사마천은 선진 시대의 의리관을 비판적으로 수용한 후 자신의 관점을 제시했다. 그의 의리관을 살펴보자.

첫째, 도덕관념은 물질적 이익에 의해 제약을 받는다고 보았다. 사마천은《관자》에서 보여준 사상을 더 진전시켜 "예는 (재부가) 있으면, 생기고 없으면 황폐해진다." "사람이 부유해지면 인의가 따라온다."며, 도덕관념과 물질적 재부 중에서 후자가 더 크게 작용한다고 했다. 물질적 부는 도덕관념이 생겨나는 토양이며 도덕은 물질적 이익에 의해 제약을 받는다. 따라서 재부가 있어야 도덕이 생겨나며 재부가 많을수록 도덕 수준도 높아진다. 이 경우에 의리와 이익은 상호 모순되지 않게 되어 오히려 이익을 누리는 사람이 덕을 행하고 부유해질수록 더 덕을 즐겨 행한다고 했다. 사마천은 의리를 부정하지는 않았지만 물질의 작용을 더 우선시했다. 그래서 인의도덕만 외치는 통치자들이 사실은 이익만 꾀하는 소인이라고 꼬집었다. 이전의 사상가들은 의리와 이익을 대립시켜 놓고 논했지만 사마천은 이익의 관점에서 먼저 시작했다.

둘째, 이익을 추구하는 것은 인간의 정당한 욕구라고 보았다. 스

제2부 제자백가 주요 사상가들의 경제인식

스로 이롭고자 하는 '자리自利' 의식은 인간의 경제활동을 앞서서 이끌어간다. 그러므로 이익 추구는 물질 생산의 출발이자 목적이 된다. 사마천은 인간의 자발적인 영리 활동은 천부적인 것이며, 물질적 이익을 추구하는 것은 인생의 유일한 목적이라고 했다. 왕이든 제후든 백성이든 그 모두가 이익을 좇고 이익은 개인의 활동을 이끌어내는데, 부유하면 인의가 따라오고 권세와 지위가 생겨나기 때문이다. 그러나 법을 농단하고 간사하게 축적한 부는 배척했다. 그래서 예의로써 이익을 제어할 것과 이익이 혼란의 시작이라는 점도 잊지 않고 강조했다. 욕구가 이익 추구의 원동력이고 무엇으로 바꿀 수 없는 점을 수긍했지만 정당하지 못한 축재에는 선을 그은 것이다. 또 어떤 직업, 어떤 방법을 통해서든 정치와 백성에 방해가 되지 않는 부라면 모두가 정당하다고 여겼다. 사마천은 이익을 우선시하되 의리도 등한시하지 않았기 때문에 양쪽을 다같이 추구하는 다양한 경로와 그런 일에 성공한 사람들에 대한 기록을 남겼던 것이다.

셋째, 의리와 이익 두 측면에서 국가 부강의 길을 탐색했다. 사마천은 나라가 부강해지려면 백성이 부유해져야 한다고 했는데 이것이 '부민부국富民富國' 사상이다. 또 백성이 부유해진 후에는 예의도덕을 통한 교화에 힘쓸 것을 언급하면서, 이익 추구가 인간의 본성인 것은 맞지만 반드시 인의로써 강구하고 법으로써 안내해야 한다고 했다. 다만 예의라는 굴레로 부를 속박해서는 안 된다고 했다.

넷째, 사마천 의리관의 연원에 대해서다. 사마천의 의리관은 《관자》의 논지를 계승했다. 여기서 더 나아가 "예는 (재부가) 있으면 생기고 없으면 황폐해진다.""사람이 부유해지면 인의가 따라온다."고 했다. 사마천은 법가의 혹독한 법 적용에는 동의하지 않았지만 '자리관'만은 받아들였다. 또 관자·공자·맹자·순자 같은 선배 사상가들의 의리를 줄곧 언급해놓았으나 스스로는 관자(관중)의 것을 주로 계승했다.

다섯째, 사마천 의리관에 나타난 사회적 의의와 한계에 대해서다. 물질의 주도적인 작용을 우선시한 그의 사상은 당시 '인의仁義'라는 장막에 덮여 있던 유가 사회에 충격을 주었다. 이익을 추구하는 인간의 본능을 수긍함으로써 경제와 물질에 대한 인식을 고취시켰다는 점에서 이는 긍정적인 평가를 받을 만하다. 하지만 이익을 꾀하는 인간의 한 가지 속성을 보편적인 인성으로 간주한 점, 의에 대한 강조가 충분치 않고 이익에서 의리로 이행하는 방도에 관한 인식이 부족한 점, 재부만 있으면 의리가 저절로 행해진다는 점은 한계로 지적된다.

10. 최초의 전문 경제학설 – 화식학

'화식貨殖'이란 말은《논어》〈선진〉편에,

> 사賜(자공)는 관청의 청탁이 없는데도 재물을 불렸는데, 예측이 잘 들어맞는다.

라는 대목에서 나왔다. 이런저런 방법으로 재물을 불리는 것을 '화식'이라고 표현한 것인데, 그렇게 보면 화식학은 재물을 얻는 방법에 대한 이론으로, 백성이 재물을 얻는 방법을 터득하면 풍족해지고 나라가 그 방법을 터득하면 부강해진다는 내용이다.

춘추 이전에 경제사상가들이 식食(식량)과 화貨(재물)의 문제를 제기한 이후 춘추전국시대를 거쳐, 또 그 이후에도 어떻게 해야 식량과 재물을 늘리고 그 원천을 확대해 백성과 나라를 부유하게 만들 수 있을지 끊임없이 논의를 해왔다. 관중은,

> 백성이 힘을 쓰지 않으면 재물을 모을 수 없다. 천하의 생산은 힘을 쓰는 데서 생겨난다._《관자》〈팔관〉편

> 백성이 농업에 종사하면 밭을 개간하고, 밭을 개간하면 곡식이 많아지고, 곡식이 많아지면 나라가 부유해진다._《치국》편

라고 결론 내렸다. 또 순자는,

> 땅을 헤아려 나라를 세우고, 이익을 따져 백성을 기르며, 힘을 헤아려 일을 맡겨서 백성들이 일을 잘 해내게 하면 그 일은 틀림없이 이익을 낸다._《순자》〈부국〉편

라고 했다.

부국, 부민을 기조로 한 사상은 서한 시대에 오면 상공업이 발전하면서 '부의 추구'라는 문제로 범위가 넓혀졌다. 사마천은 이 문제를

〈화식열전〉에 집중적으로 기술했다. 〈화식열전〉에는 재물을 만들어 내는 방법, 이익을 꾀하는 다양한 사례들이 귀천을 불문하고 남녀를 가리지 않고 소개되어 있다.

사마천의 화식학설의 주요 내용을 간단하게 정리해본다.

① 상업 무역 : 상품 교환은 사회적 분업이 발전한 결과이자 사회경제 발전에 따른 요구다.

② 상품생산 : 상품생산은 상품경제의 중요한 내용이다.

③ 상품시장과 상업 도시 : 서한 시기에는 전국에 10대 경제구가 형성되어 있었다. 경제구는 상인이 활동하는 곳이고, 도시는 상인과 상품이 모이고 흩어지는 곳이다.

④ 이윤율 : 서한 시대 주요 직업의 이윤율은 대체로 20%였다. 그러나 고리대금업자, 투기상, 귀중품을 쌓아둔 자는 10배의 폭리를 취하기도 했다.

⑤ 가격과 가치 : 물건 값이 내리는 것은 오를 징조이고, 오르는 것은 내릴 징조다. 사마천은 상품 공급과 수요의 관계가 값의 등락에 영향을 미친다고 보았다.

⑥ 경쟁 : 건전한 경쟁을 통한 축재는 정당한 것이라고 보았다.

⑦ 화폐 이론 : 이 부분은 앞에서 살펴보았다.

⑧ 선인善囚 : 이 부분도 앞에서 검토했다.

11. 가정경제학의 출현 - 치생학

'치생治生'이란 생계를 꾀하고 가업을 경영한다는 것으로 개인 범주에 속하는 행위다. 즉 정당한 수단으로 가업을 증식해 재부를 획득하는 것을 말한다. 서구에서는 가정학 또는 가정경제학이라고 한다.

고대에는 부국 방법에 대한 연구가 보편적이었고 치생학 연구는 드물었다. 그럼에도 이 계통의 인물로 자공·범려·백규라는 걸출한 인물들이 나왔다. 이들은 자신의 경험을 종합해 치부의 이론 체계를 만들었는데 이 가운데에서 가장 큰 성취를 이룬 인물은 백규다. 사마천은 그를 가리켜 치생학의 원조라고 평가했다.

천하에 치생의 원조 하면 백규를 말한다._(《화식열전》)

서한 중기에 치생학은 새로운 단계로 접어들었다. 상인의 치생학에서 상인지주의 치생학으로 이행한 것이다. 이를 상징하는 말이 "말업(상업)으로 재산을 모아 본업(농업)으로 그것을 지킨다."는 표현이다. 이와 관련된 사마천의 언급을 보자.

기교가 있는 자는 남기고 서툰 자는 모자라게 된다.

부에는 정해진 직업이 있는 것이 아니고 재물에는 정해진 주인이 있는 것도 아니다. 능력이 있으면 사방에서 모여들고 능력이 없으면 흩어지는 것이다.

그래서 재산이 없으면 힘을 쓰고, 조금 있으면 꾀를 쓰고, 많으면 때를 다투는 것이 (재산을 모으는) 일반적인 방법이다.

따라서 농사로 부유해지는 '본부'가 최상이고, 장사로 부유해지는 '말부'가 그다음이며, 간사한 방법으로 치부하는 '간부'가 최하책이다.

사마천은 '힘'(개인의 노력)을 쓰는 것이 치생의 바른 길이라고 인식했기 때문에 이를 얕잡아보지 않았다. 다만 이것만으로는 치부하기가 어렵고, 일정한 재력이 있어야 지혜와 시기를 다툴 수 있는 조건이 만들어져 치부가 가능해진다고 했다. 그렇다고 무조건 이 방법만을 떠받들지는 않았다. 그저 재부를 모을 수 있는 방법일 뿐이라고만 언급했다.

사마천은 부를 상·중·하 3등급으로 나누고 농업으로 치부하는 '본부'를 최상으로 쳤다. 상업으로 치부하는 '말부'를 그다음에 올려놓아 지혜와 시기時機로 축재하는 것을 긍정했다. '간부'는 맨 아래에 놓았다.

사마천은 〈화식열전〉을 통해 치생학의 성과를 종합하고 더 높은 수준으로 끌어올림으로써 치생학은 부국학富國學과 일체가 되어 사마천 경제사상의 특색을 이루게 된다. 이 점을 살펴보자.

첫째, 선대의 치생학의 성과를 종합해냈다. 사마천은 춘추 이래 10여 명의 부상대고의 경력과 그들의 경영 경험을 기술해놓았는데, 특히 상인의 모범으로서 도주공 범려와 치생의 원조 백규 부분이 두드러진다.

둘째, 부국과 부민의 일치를 논증해냈다. 농업·공업·개발업·상업에 종사함으로써 '먹고 입는 원천'을 키우고, 개인의 재부를 늘리고, 사회와 국가의 재부마저 늘린다는 논리다. 여기에서 가정이 부유해지면 나라도 부유해진다는 인식이 생겨났다.

셋째, 치부의 기술에 관한 연구다. 치부할 수 있는 직업을 어떻게 선택하고, 선택했으면 그것을 어떻게 경영하고, 치부한 후 어떻게 재산을 지킬 것인지 등이 여기에 포함된다. 앞에서 말했듯이 사마천 치생학의 핵심은 말업(상업)으로 본업(농업)을 지키는 데 있다. "말업으로 재물을 모아 본업으로 그것을 지킨다."는 말의 뜻을 풀어보면, 상업으로 축적한 부로 토지를 사고, 그 토지에서 나는 생산물로 부를 유지한다는 논리로 지주계급 치생학의 기본 사상이 되었다. 이는 당시 지주계급으로 옮겨가던 상인들의 요구를 받아들인 것이었다.

치부와 관련해 사마천은 몇 가지 원칙을 제시했다.

첫째, 오로지 한 길로 치부한다.

둘째, 치부에 정해진 직업은 없다.

셋째, 부자는 반드시 특별한 방법으로 성공한다.

넷째, 탐욕스러운 상인은 1/3을 이자로 취하고 곧은 상인은 1/5을 이자로 취한다.

다섯째, 인재를 잘 선택하고 사람을 잘 대접한다.

12. 무관의 제왕 - 소봉

'소봉素封'은 땅이 없다는 뜻이다. 따라서 '소봉가' 하면 유산 없이 큰 부를 소유한 사람이나 집안을 말한다. 굳이 표현하면 '무관의 제왕' 정도가 될 것이다.

한나라 때에 상공업이 비약적으로 발달함으로써 상당한 부자들이 나타났는데 이에 대해 사마천이 논평한 대목이 있다.

이렇게 본다면 부에 특별한 업이 있는 것도 아닌, 즉 재물에 주인이 정해진 것도 아니다. 능력 있는 자에게는 몰리지만 무능한 자에게서는 금세 무너져 버린다. 천금이 나가는 집은 한 나라의 군주와 맞먹고, 천만금을 가진 자는 왕과 맞먹는 즐거움을 누린다. 이런 자들이 '소봉가'가 아니고 무엇인가?

《사기》에는 이런 부자들의 출현에 대해 자연스러운 현상이라고 하면서 경쟁의 룰을 지킨 자와 그렇지 않은 자로 구분해서 기록했다. 〈화식열전〉과 〈평준서〉에 나오는 경제와 관련된 구절 몇 가지를 소개한다.

농업이 부진하면 먹을 것이 모자라고, 공업이 부진하면 상품 사용이 모자라며, 상업이 침체하면 먹을거리·재료·제품의 유통이 끊어지고, 농작물 담당자의 활동이 활발하지 못하면 기본 자재가 적어진다. 기본 자재가 적어지면 산과 못이 개발되지 않는다.

양식 창고가 차야 예절을 알고, 먹고 입는 것이 넉넉해야 자랑스러움과 부끄러움을 안다. 예절은 경제적 여유에서 생기고, 그 여유가 없으면 예절은 버림받는 법이다.

그러므로 군자도 부유해야 기꺼이 덕을 행하고, 소인도 부유해야 있는 힘을 다한다. 연못이 깊어야 물고기가 나고, 산이 깊어야 짐승이 왕래하며, 사람은 부유해야 인의가 따른다.

사마천의 경제관에서 가장 눈에 띄는 것은 경제가 인간 생활의 방식과 질을 결정한다는 인식이다. 특별한 직업을 가진 자가 부를 독점하는 것도 아니며, 재물에 주인이 따로 있는 것이 아니라는 견해는 매우 흥미롭다. 또 부와 재물은 유능한 사람이 활용하면 몰려들지만 무능한 자에게 가면 금세 무너진다는 대목은 요즘의 자유경쟁 시장 원리를 그대로 옮겨놓은 것 같다. 그러나 국가의 경제정책 방향에 대해서는 "백성을 풍족하게 않고는 그들의 감정을 조절할 수 없고, 백성을 교화하지 않고는 그들의 본성을 바꿀 수 없다."는 순자의 견해를 받아들인다.

13. 저주받은 명편 – 〈평준서〉와 〈화식열전〉

《사기》는 2100여 년 전에 나온 책이다. 총 130편에 526,500자로 이루어졌으며, 사마천 이전부터 사마천 당대까지 3천 년의 통사를 다루었다.

사마천은 그 가운데 경제와 관련해 2편을 안배했다. 전문적인 경제론을 담고 있는 〈평준서〉, 경제사상과 경제인의 기록인 〈화식열전〉이 그 2편이다. 여기에는 당시의 경제 상황은 물론 경제와 정치의 함수관계, 역대 부자들의 치부법 등이 실려 있다.

그러나 평가는 가혹했다. 2천 년 가까이 비난이 쏟아졌다. 사실 사마천 당시나 《사기》가 나온 무렵에는 이런 비난은 없었다. 오히려 '사마자司馬子'로 칭송하며 사마천의 경제관을 옹호했다. 적어도 서한 시대까지는 그랬다.

사마천의 경제관에 처음 문제를 제기한 사람은 《한서》를 편찬한 반표班彪·반고班固 부자였다. 《한서》는 《사기》에 이은 두 번째 정사正史다. 반씨 부자는 《사기》를 논평하면서,

> 시시비비가 성인의 말씀과 어긋나고, 큰 도를 논하면서 황로 사상을 앞세우고 6경을 뒤로 밀쳤으며, 유협을 말하여 처사를 물러나게 함으로써 간웅들이 세상에 나오게 했고, 화식을 기술하여 권세와 이익을 숭상하고 가난과 비천함을 부끄러워했다.

라고 비판했다. 돈과 이익을 밝힘으로써 사람들이 가난하고 천하게 사는 것을 부끄럽게 여기게끔 만들었다는 것이다.

반씨 부자의 비판은 유가 정통주의에 매몰된 학자들에게 금과옥조처럼 받들어졌다.

금金나라 때의 학자 왕약허王若虛는 〈화식열전〉에 나오는 "선비입

네 하는 자들이 동굴에 숨어 살면서 세상에 명성을 드러내려 하는 것은 무엇을 위함인가? 결국은 부귀를 위한 것이다."라는 대목과, "세상을 등지고 깊은 산에 사는 것도 아니면서 벼슬을 거부하는 이상한 사람들의 행동이나, 오래도록 빈천한 처지로 살면서도 말로만 인의를 부르짖는 것 역시 부끄러운 일이다."라는 대목을 트집 잡아, 인의를 무시하고 빈천을 부끄럽게 여긴 사마천의 죄악은 죽여도 시원찮다고 극언했다.

또 송宋나라 때의 인물 진관秦觀은 사마천이 부와 이익을 강조한 것은, 그가 사형을 면할 수 있는 돈이 없어 궁형을 자청할 수밖에 없었던 자신의 처지에 대한 불만의 표시라고 혹평했다. 사마천이 개인의 울분을 〈화식열전〉을 통해 발설했다는 것이다.

〈화식열전〉에 대한 비난은 끊이지 않다가 19세기에 중국이 열강의 침략을 받자 경제력의 중요성을 절감하면서 주목을 받고 연구가 이루어졌다.

〈화식열전〉과 〈평준서〉 이후 중국 왕조들의 관찬 사서에서 경제관 및 경제사상은 사라지고 인구나 재정 상황을 기술한 '식화지食貨志' 정도가 이어져왔을 뿐이다. 적어도 이런 점에서 중국 사서의 수준과 사가의 의식 수준은 《사기》를 기점으로 후퇴했다고 보아도 무리가 아니다.

오늘날 〈화식열전〉과 〈평준서〉의 위상은 과거에 비해 한층 높아졌다. 2천 동안 온갖 감내를 무릅쓰고 저주를 버텨온 대가라고 해야 할까? 《사기》의 가치, 사마천의 역사의식은 '저주받은 명편'으로 인해 더욱 빛나고 있다.

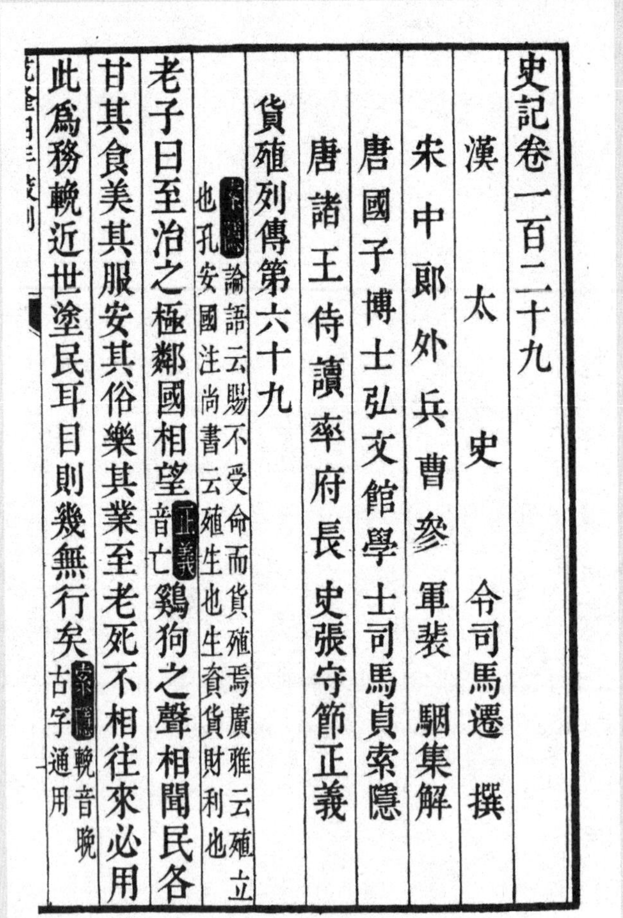

史記卷一百二十九

漢　太　史　令司馬遷　撰

宋中郎外兵曹參軍裴　駰集解

唐國子博士弘文館學士司馬貞索隱

唐諸王侍讀率府長史張守節正義

貨殖列傳第六十九

集解論語云賜不受命而貨殖焉廣雅云殖立也孔安國注尚書云殖生也生貨財利也

老子曰至治之極鄰國相望 音亡 鷄狗之聲相聞民各

甘其食美其服安其俗樂其業至老死不相往來必用

此為務輓近世塗民耳目則幾無行矣 古字輓音晚通用

부에 대한 추구는 인간의 본성이라 배우지 않아도 모두들 추구할 수 있다. (…) 농사를 짓는 사람이든, 물건을 만드는 사람이든, 물건을 사고파는 사람이든, 이들이 재물을 모으고 불리는 것 역시 본래 재산을 더욱 늘리려는 것이다. 자신이 아는 것과 능력을 한껏 짜내서 무슨 사업을 이루려는 것은 결국 전력을 다해 재물을 얻기 위한 것이다.

14. 사마천 경제사상의 가치

사마천은 자신만의 관점과 주장을 펴 체계를 갖춘 경제학설을 만들어냈다.

사마천 경제사상의 특징은 그가 소박한 유물사관의 관점에서 사회 및 경제활동을 관찰했다는 데 있다. 또 농업 생산의 지위를 긍정하고 상품경제의 발전을 함께 강조했다는 점도 돋보인다. 물론 지주계급의 요구를 반영하고는 있지만 당시에 상품경제를 이해한 경제사상가가 드물었다는 점에서 귀중하다고 할 수 있다.

그의 경제사상은 시대를 관통하고 또 시대의 한계를 돌파한 획기적인 것이었다. 그는 한 나라의 경제를 움직이는 정치와 정책의 관계, 경제에서 영향을 받는 개인적인 삶의 질과 윤리도덕의 문제, 또 경제가 풍습에 미치는 영향까지 파헤쳤다. 특히 역사서에 경제문제를 언급해둠으로써 후대의 편찬과 서술에 큰 영향을 미쳤다는 점을 빼놓을 수 없다.

〈평준서〉와 〈화식열전〉은 고대의 어떤 전적에서도 찾아볼 수 없는, 경제와 관련된 전문적인 논의다. 역사서에 경제사를 편입한 것 자체가 예사롭지 않거니와, 이 논의가 과연 2100년 전의 사상일까 할 만큼 실질적이다.

〈평준서〉와 〈화식열전〉은 내용상 선명한 대조를 이룬다.

〈화식열전〉은 번영을 이룬 한나라 초기(문제와 경제의 치세기)의 경제 발전상을 기록한 글로 상인의 역할을 긍정하고 치부를 격려한 파격적인 문장이다. 한편 〈평준서〉는 사마천 당대인 한 무제 때 하향곡선을 그리고 있던 경제 상황을 비판적으로 검토한 경제이론서다. 비판서답게 한 무제의 경제정책을 풍자하고 서한의 경제가 변화해온 모습을 생동감 넘치게 써놓았다.

《사기》에 이 2편, 즉 〈평준서〉와 〈화식열전〉이 존재한다는 것은 거의 기적이다. 결과론이긴 하지만 이 2편이 없었더라면 《사기》의 가치는 훨씬 떨어져 전체적으로 핵심이 빠져 있다는 인상을 주었을 것이다. 역대로 가장 논란이 많았고 보수 정통주의자들에게 경멸에 가까운 비난을 받았던 것도 이 2편(특히 〈화식열전〉)의 내용이 그만큼 도발적이었기 때문이다.

이 글들은 내용이나 형식, 모든 면에서 사마천의 창조물이다. 《사기》 이후에 나온 24사의 정사들이 모두 경제와 관련된 전문적인 문장을 마련할 수밖에 없었던 것도 이 2편의 영향력 때문이었다. 그러나 그 관찬서들은 이론 체계나 사상 수준에서 《사기》를 뛰어넘지 못했다. 정사들에 편찬되어 있는 '식화지'는 토지제도, 인구, 징세 문제에만 중점을 두었을 뿐 생산 발전을 위한 경제사상까지는 종합해내지 못했다.

① 값이 비싸지면 쓰레기처럼 내다팔고, 값이 싸지면 옥구슬을 사들이듯이 사들여라._《화식열전》, 이하 같음)

(貴出如糞土귀출여분토, 賤取如珠玉천취여주옥.)

● 춘추시대 경제사상가 계연의 경제론과 상인관에서 빛나는 대목은, 그가 상인의 이윤 추구를 긍정했을 뿐만 아니라 나아가 상인이 시장에서의 물가 안정에 일정하게 책임을 져야 한다고 주장한 것이다.

② 물가가 내리는 것은 오를 징조이고, 오르는 것은 내릴 징조이다.
(物賤之徵貴물천지징귀, 貴之徵賤귀지징천.)

● 사마천의 경제관은 자유 시장경제에 가깝다. 국가의 개입을 기본적으로 반대하며, 각 분야에 종사하는 사람들이 알아서 물건을 생산하면 상인이 이를 유통시킨다며 이렇게 말했다. "농민이 먹을 것을 생산하고, 어부나 사냥꾼이 물고기와 육류를 생산하고, 기술자가 생활에 필요한 물품을 만들면 상인은 이것들을 유통시킨다. 이렇게 각자 알아서 하는 일을 정책이나 교화 또는 징발이나 약속한다고 되는 것인가? 사람은 각자 자기 능력에 맞추어 있는 힘을 다해 원하는 것을 얻는 것이다."

③ 부가 10배면 그 사람보다 낮아진다.
(富相什則卑下之부상십즉비하지.)

● 한나라 무제 때 정부가 경제에 적극 개입하면서 빈부의 격차가

심해졌고, 그 결과 예전과 다른 현상들이 나타났다. 그러한 현상들 중 하나를 사마천은 이렇게 묘사했다. "무릇 보통 사람들은 다른 사람이 자기보다 10배 부자면 그를 헐뜯고, 100배가 되면 그를 두려워하며, 천 배가 되면 그의 일을 해주고, 만 배가 되면 그의 부림을 당한다."

④ 부자는 반드시 남다른 방법으로 성공한다.
(富者必用奇勝부자필용기승.)

● 사마천은 〈화식열전〉에 부자의 길, 즉 치부의 방법을 논했다. 근검절약과 부지런히 일하는 것이 부자가 되는 바른길이란 전제하에, "부자는 반드시 남다른 방법으로 성공한다."고 했다. 그러면서 다양한 업종에서 성공을 거둔 상인들을 하나하나 거론했다. 이들이 부와 명예, 높은 신분을 누릴 수 있었던 것은 "모두가 한결같이 성실한 마음으로 최선을 다했기 때문"이라고 결론 내렸다.

⑤ 빈부의 이치는 빼앗거나 줄 수 있는 것이 아니다.
(貧富之道빈부지도, 莫之奪與막지탈여.)

● 빈부의 문제는 인류사회의 오랜 숙제다. 사유재산의 등장과 함께 빈부의 차이도 나타나 사회적 불평등을 낳았다. 이를 해결하기 위해 국가는 지금까지도 시행착오를 반복하고 있다. 사마천은 2100년 전에 이런 현상에 주목했다. 그는 사회의 빈부 차이는 정상적인 현상이라고 보았고 기본적으로 그 자체가 자연스럽다고 인식했다. 그러기에 감히 가난한 사람을 억지로 구제할 필요 없고, 게으름으로

때문에 생겨난 가난한 자를 구제하기 위해 부유한 자의 것을 빼앗아
서는 안 된다고 했던 것이다.

제3부

제자백가의
사상적
특징

1. 제자백가의 백가쟁명

'백가쟁명'은 중국 학술사의 특정한 단계에서 등장한 현상을 표현한 말이다. 이를 흔히 '제자백가'라고 하는데 다양한 사상가, 철학가들이 자신의 주장을 외치는 시대적 국면을 일컫는다. 비슷한 말로 '백화제방'이 있다. 수많은 꽃들이 일제히 봉오리를 터뜨린다는 뜻이다.

역대로 사람들은 이 용어를 응용해 사상의 활기를 비유해왔다. 제자백가의 백가쟁명 국면은 춘추시대에 출현해 전국시대에 성황을 맞았는데, 이 시기에 중국 학술계 및 사상계도 전례 없는 호황을 이루었다.

제자백가의 기원은 대체로 기원전 11세기경 주나라 건국 무렵으로 올라간다. 강태공은 주 문왕과 무왕의 치세 기간 동안 남다른 책략으로 은나라를 무너뜨리고 주나라를 세우는 데 큰 역할을 했다. 그는 자신의 책략과 치국 방략을《육도六韜》라는 책으로 남겼다고 전하

는데, 이 책은 제자백가의 일가인 병가 저술의 시조로 꼽힌다. 강태공을 중심으로 한 이 무렵을 '제자백가의 태동기'라 부를 수 있겠다.

이후 춘추시대 초기의 관중과 중기의 정자산은 법가의 시조로 평가받는다. 관중은《관자》라는 저술을 남겼고, 정자산은 중국 역사상 처음으로 법을 공표했다. 이런 유산들을 바탕으로 춘추 중

▌ 제자백가의 시조이자 법가의 시조로 꼽히는 강태공은 그 때문에 '백가종사百家宗師'란 별칭이 따르고 있다.

후기에 오면 유가·묵가·병가·도가가 거의 동시 또는 약간의 시차를 두고 등장해 가지를 뻗어 내리기 시작했다. '성장기'라 할 만하다.(화식가/상가도 이 무렵에 출현했다.)

제자백가의 '전성기'는 전국시대였다. 위에서 말한 4가와 함께 법가·명가·농가·종횡가·음양가·의가·소설가 등이 모습을 드러냈다. 특히 제나라 수도 임치에 설립된 직하학궁은 제자백가가 한데 모여 대대적인 학술 토론을 벌였던 아카데미로, 제자백가의 황금시대를 상징하는 장소였다.

제자백가는 전국을 통일한 진시황 때 시들기 시작했다. 법가 사상으로 천하를 통일한 진시황이 '분서갱유'라는 상징적인 사건을 통해 사상을 통제하기 시작한 이후 제자백가는 역사의 무대에서 서서히 퇴장하기 시작했다. 정치가 통일되면서 사상이 종결로 치달은 셈이다.

▌전국시대 제자백가의 황금기를 상징적으로 보여주는 곳이 직하학궁이었다. 사진은 제나라 수도 임치 근교에 세워졌던 직하학궁 유지

초한쟁패를 거쳐 다시 천하의 주도권을 쥔 한나라는 초기에 도가의 일파인 '황로학'으로 정국을 안정시켰다. 그러나 야심에 찬 황제 무제는 '파출백가'를 단행함으로써 유가를 제외한 나머지 제자백가의 사망에 확실하게 마침표를 찍었다. 이제 유가는 아무도 넘볼 수없는 독존의 자리에 올라 국가의 지배이데올로기, 즉 유교로 변질되었다. 무제 당시의 역사가 사마천은 이와 같은 제자백가의 성쇠와 특징을 기술한 아버지 사마담의 〈논육가요지〉와 제자백가 사상가들의 전기를 《사기》에 실었다. 사마천은 본격적인 '사가'의 출현을 알림으로써 제자백가의 대미를 장식하기도 했다. 제자백가의 큰 흐름에서 보자면 사마천과 《사기》는 우담화優曇華(우담발라)와 같은 것이었다.

제자백가에서 '가家'란 하나의 학설 또는 학술상의 특정한 파를 가리킨다. 그래서 '백가쟁명'이라고 하면, 학술적인 의미에서, 각 학파의 학자들이 저마다의 견해를 제기하고 다른 파의 학자들이 여기에 반박하고 변론하는 것을 뜻한다.

기록에 따르면 서한 초기까지 저작의 형식으로 자신들의 관점을 진술한 학파는 189가였다고 한다. 한나라 대의 사가 반고가 이를 유가·도가·명가·법가·묵가·음양가·종횡가·잡가·농가·소설가 등 10가로 분류했다. 이중에서 잡가가·농가·소설가는 철학 문제에 관한 논의가 거의 없었다.

이들 10가 외에 《주역周易》에 관한 연구는 이미 독특한 철학으로 형성되어 있었는데, 굳이 부르자면 '역가易家'로 칭할 수 있겠다. 또 군사와 병법에 관한 연구도 학설로 형성되었으므로 '병가'로 분류할 수 있고, 의가·화식가(상가)·사가도 한자리를 차지할 수 있다고 보아 함께 포함시켰다.

2. 유가

유가는 공자의 사상에서 발전을 거듭해 큰 체계와 인맥을 이루었다.

이들은 인·의·예·지·신이라는 다섯 가지의 행위규범을 내세우고 사회 각 방면에 두루 적용할 것을 주장했다. 통치 영역에서는 백성을 자기 몸처럼 아껴야 하고, 전쟁에서는 먼저 예를 차린 후 군대를 동원해야 하고, 인간관계에서는 늙은이를 공경하고 젊은이를 아껴야 하고, 처세에서는 몸과 마음을 수양해야 한다는 것, 등을 주장했다.

유가에서는 주나라의 주공 단旦이 제정했다는 《주례》를 숭상한다. 사람마다 자기의 본분을 지키고 서로에게 관심을 가짐으로써 대동 大同 세계를 이루라고 한다. 이것이 '인仁'이라는 것인데 유가의 핵심 이다. 유가의 내용을 관점별로 정리하면 아래와 같다.

① 윤리관 : '인'은 윤리도덕의 총강령이다. 인은 곧 '애인愛人'이다. 군주는 백성의 정서를 몸으로 느끼고 백성의 힘을 아껴야 한다. 그러므

로 가혹한 정치를 해서는 안 된다. 인덕仁德을 실천하려면 충忠과 서恕가 필요하다. '충'은 자신의 본분을 다하는 것이고, '서'는 타인을 대할 때 자신의 처지를 미루어 생각해보라는 것이다. 또 예악禮樂으로 인간의 행위를 단속하고 인성을 도야할 것을 주장한다.

② 정치관 : '예'와 '의'로 나라를 다스리면서 서주西周 시대의 덕치를 회복하라고 말한다. 모든 계층의 사람들이 본분을 다하게 되면 군군신신부부자자君君臣臣父父子子라는 조화로운 국면이 이루어진다고 주장하는데, 이것이 바로 정명正名 사상이다.

③ 교육관 : 공자는 '가르침에는 부류가 없다'고 했다. 가르침에는 귀하고 천함, 잘나고 못남을 가려서는 안 된다는 뜻이다. 공자는 '재질에 맞게 가르침을 베푸는' 것을 이상적인 교육법으로 여겼다. 또 '옛것을 익혀 새로운 것을 아는' 것과 '하나를 미루어 여러 가지를 생각하는' 학습법을 제창했다.

④ 우주관 : 귀신에 관해서는 존재는 인정하되 거론하지 않는 태도를 취해 '귀신을 공경은 하되 멀리하라'고 했다. 하지만 조상에 대한 제사는 대단히 중시했다.

공자 이후 맹자는 성선설로 '인'을 논하면서 "인간과 금수의 차이는 극히 미미하다."면서도 둘 사이에는 미미하지만 분명한 차이점이 있는데 그것이 착한 본성이라고 했다. 그래서 착한 본성을 유지하려면 측은해 할 줄 아는 마음, 자신의 옳지 못한 것을 부끄러워하고 남의 옳지 못한 것을 미워할 줄 아는 마음, 겸손하게 사양할 줄 아는 마음, 옳고 그른 것을 가릴 줄 아는 마음이라는 '사단四端'을 갖추어 이를 드러내야만 인·의·예·지의 4가지 덕행(사덕四德)을 이룰 수 있다고 했다.(여기에 신信을 더하면 '오상五常'이 된다.)

맹자와 달리 순자는 인간이 금수와 다를 바 없다고 보았다. 그는 "주리면 배부름을 찾고 추우면 따뜻함을 찾는"것이 인간이라며, 이런 본성에 따라 행동하면 분쟁이 일어날 것이 뻔하므로 교육으로써 인간 본성 중에서 나쁜 것을 없애고 착한 쪽으로 개변해야 한다고 주장한다. 사회적으로는 예치禮治로써 질서를 유지하고 각 계층이 분수와 본분을 지켜야만 안정을 이룰 수 있다고 했다.

유가에서 내세우는 '오상' 등은 역대 통치자와 학술계로부터 존중을 받아 중국 전통사상의 핵심이자 도덕의 주류로 자리 잡고 2천 년 이상 지대한 영향력을 행사해왔다.

유가의 주요 인물로는 공자를 필두로 맹자, 순자, 동중서董仲舒, 정호程顥, 정이程頤, 주희朱熹, 왕수인王守仁 등이 있다.

3. 도가

도가는 노자 사상을 기초로 해서 발전한 학파다.

그들은 노자가 내세운 도道를 숭상해 모든 행위는 도에 따라야 한다고 주장한다. 또 자연에 순종할 것을 요구한다. 이에 따라 처세도 시세에 순종하고 사물의 이치에 따르라고 한다. 이를 설명하기 위해 노련한 백정이 소를 잡는 모습을 예로 드는데, 고수의 칼날이 소 몸속의 빈곳을 잘 찾아가야만 자연스럽게 소를 해부할 수 있다는 것이다.(이를 포정해우庖丁解牛라 한다.)

도가의 철학은 유가의 사회철학과는 많이 다르다. 그래서 둘은 늘 대립되는 관계로 설정되어왔다. 도가는 천도운행天道運行의 원리라는 면에서 자연과 중성中性 위주의 도道 철학을 펼쳐 보인다. 천도운행에는 자연스러운 원리가 내재해 있고, 이런 원리를 도 철학으로 해석한다.

도가는 활달하고 자유자재의 공간을 특징으로 하는 세계를 이끌어냈다. 그리하여 정해진 한계가 없고 집착도 없는 세계의 운행질서라는 인식이 세워짐으로써 유가의 사회철학과는 확연하게 다른 길을 보여주었다.

도가에서 말하는 사회란 그저 한쪽에 존재하는 객체에 지나지 않으며, 그 사회 안에서 생존하고 있는 인간은 어떤 의식으로도 속박을 받지 않는 독립적인 자유성을 가져야 한다.

도가의 황로파(도가 우파)는 이런 인식을 바탕으로 사회정치 활동에 적극 참여했다. 천성에 따르고, 대세에 순응해 행동하고, 형벌을 너그럽게 함으로써 정치를 간편하게 하고, 백성을 편히 쉬게 하면서 인구와 생산을 늘리는 일련의 정치·경제·군사적 주장을 내세웠다. 한나라 초기, 난리와 전쟁에 지친 백성들을 달래기 위한 정치사상으로 황로학이 주류를 이루게 된 것은 이런 철학 때문이었다.

도가 좌파인 노장파老莊派는 현실을 속박과 제약이 충만한 곳으로 인식한다. 따라서 크든 작든 모든 활동은 일정한 외적 조건에 의지하고 있다고 본다. 즉 모든 것에는 '믿는 것 또는 의지하는 것이 있다'는 인식인데 이것이 '유소시有所恃'다. 따라서 그런 속박에서 벗어나려면 의지하는 바가 전혀 없는, 완전한 '무소시無所恃'라는 정신적 자유에 도달해야 하는데 그 실천 방안으로 제물齊物(평등하고 고른 관점에서 사물을 관찰함), 소요逍遙(한가롭게 거닒) 같은 태도를 제시한다. 이밖에 "배움이나 말이 많아질수록 도는 나날이 줄어든다."거나 "이것이 저것이고 저것이 이것이다."(이것에도 옳고 그름이 있고, 저것에도 옳고 그름이 있다) 같은 인식론을 제시하며 지식에서 해방되어야 한다고 주장한다. 또 겸허함(겸謙), 연약함(약弱), 부드러움(유柔), 마음을 청

정하게 가다듬음(심재心齋), 무아無我의 경지(좌망坐忘), 환골탈태(화
접化蝶)의 생활 방식으로 세계를 대면함으로써 심리적 경계를 풀어
내라고 한다. 노장파는 인간과 하늘의 합일, 인간과 하늘의 상응, 일
삼되 싸우지 않기, 이익을 추구하되 남에게 해를 주지 않기 등을 내
세운다.

　도가의 극단적인 자유파라 할 수 있는 양주파楊朱派는 또 다르다.
자기 몸의 털 한 올 건드리지 않고 남에게 사소한 피해도 주지 않으
면 천하는 크게 다스려진다는 극단의 이기적인 태도를 주장한다.

　이밖에 '역가'는 노자의 우주 학설과 공자의 인륜 학설로부터 도
움을 받아《주역》으로부터 논지를 끌어낸 학파다. 이 학파는 자연에
대한 관찰과 음양의 변화에 대한 해설로 세상 만물의 운동과 발전을
설명한다. 이 계통의 인물로는《역전易傳》을 지은, 이름이 알려지지
않은 몇 사람이 있다.

　도가의 대표적인 관점을 간략히 소개한다.

　① 정치관 : 노장파는 기본적으로 작은 나라, 적은 인구, 유토피아,
지극한 덕의 세계를 추구한다. 또 억지로 일삼지 않고 청정하게 스스로
를 바르게 하라고 주장한다. 그중에서 황로파는 대일통大一統을 추구
했는데, 그 방법으로 풍속에 따르고 의례를 간소화할 것, 형벌을 너그
럽게 하고 정치를 간편하게 할 것, 도에 의지해 법을 만들고 그 법에 따
라 나라를 다스릴 것 등을 내세웠다. 노장파나 황로파는 모두 '억지로
일삼지 않고 다스린다'는 사상을 주장했다.

　② 인생관 : 황로파는 만물의 자연 원리에 따라 내 몸과 나라를 하나

처럼 다스리라고 한다. 반면 노장파는 만물에는 모두 대립되는 면이 있고 사물이 극에 이르면 반드시 반대로 움직인다면서 만족을 알고 욕심을 덜 부리며, 부드러움과 연약함으로 서로 다투지 않고 '자연에 순응해야 하라고 주장한다. 그러기 위해서는 예교의 족쇄를 포기해야 재앙을 면할 수 있다고 했다.

도가의 대표적인 인물로는 노자를 필두로 장자와 열자列子(열어구列御寇), 문자文子 등이 있다. 문자는 노자의 제자다. 공자와 묵자에게 배우기도 했는데 공자의 제자 자하

┃ 도가의 주요 경전인 《노자》(일명 《도덕경》)는 고고학 발굴로 여러 판본이 나오고 있다. 사진은 호남성 장사시 마왕퇴, 한나라 귀족 무덤에서 나온 비단에 쓰인 《노자》중 일부

子夏와 동시대 사람이다. 그의 저작《문자文子》12편은 한나라 이후의 위작으로 알려져 왔으나 1981년 하북성 정주시定州市에 소재한 한나라 때의 무덤에서 죽간 일부가 출토되어 선진 시대의 저작임이 밝혀졌다.

4. 묵가

묵가는 묵적(묵자)의 학설을 신봉하는 학파다.

한때 유가와 쌍벽을 이루며 '두드러진 학파(현학顯學)'라는 명성을 얻었다. 그러나 이후 조직이 갈라지고 통치자들의 배척을 받아 위축 되었다가 진·한 교체기에 자취를 감추었다.

그럼에도 묵가의 사상은 시간이 흐를수록 그 가치를 드러내고 있 다. 묵가는 인간들 사이의 보편적 사랑을 주장한다. 또 제후들 간의 전쟁에 반대하고 도덕을 지키려는 유능하고 현명한 인재를 존중한 다. 노동과 근검절약 그리고 명실상부를 제창했다. 묵가의 주장 중에 서 '상현'과 '상동'은 기본적인 정치 강령이다.

① 윤리관 : '두루 사랑하라'는 서양의 박애 정신에 가까운 겸애를 주창했다. 사랑은 가깝고 먼 것, 위와 아래, 귀하고 천한 것 등, 등급을 가려서는 안 된다며 천하가 혼란스러운 것은 사람들이 서로 사랑하지

않기 때문이라고 했다.

② 정치관 : 유능한 인재를 존중하고 기용하라는 상현과 계급 관념을 없애고 평등을 이루라는 상동이 실천되면 천하가 크게 다스려질 수 있다고 했다. 이에 따라 남을 공격하지 말라는 비공을 주장하며 모든 침략 전쟁에 반대했다.

③ 경제관 : 묵가의 경제관은 한마디로 근검절약이다. 특히 번거로운 장례를 간소화하자는 주장은 유가와 뚜렷한 대비를 이룬다. 또 음악과 쾌락에 반대하는 비락非樂도 주장했다.

④ 우주관 : 묵가는 운명이나 숙명을 거부하는 비명非命을 주장한다. 운명이 인간의 부귀와 귀천을 주재할 수 없다면서 이것들은 후천적인 노력을 통해 바꿀 수 있다고 했다. 그러나 복을 추구하고 화를 피하려면 '하늘을 받들고' '귀신을 섬겨야' 한다는 모순적인 주장도 했다.

묵가 학파의 주요 인물들은 모두 중하층 출신으로 전쟁과 난리 등으로 고통 받는 하층민의 생활을 몸으로 겪은 사람들이다. 따라서 근검절약 같은 생활습관을 중시하고 노동을 존중했다. 이 때문에 유가로부터 음험하고 교활한 기술자라는 모욕적인 평가를 들었다. 유가와 비교했을 때 생활을 대하는 현격한 차이, 대립되는 입장, 인애보다 더 따르기 어려운 겸애 사상 등은 통치자의 지지를 얻지 못해 배척되었다.

묵가는 조직으로 움직였다. 우두머리 거자鉅子를 중심으로 엄격한 규율에 따라 활동했고 명령에 절대 복종했다. 이런 점에서 종교적 성격이 강했다.

묵가의 구성원들은 협객을 자처했는데, 이는 중국 유협遊俠 정신의 중요한 자산이 되었다. 정치적으로는 진·한 시기에 종적을 감추지만 그 정신은 유협에게로 옮겨져 맥을 이어나갔다. 중국의 기층 집단에서 묵가의 영향력은 유가나 도가에 버금갔다.

대표적인 인물로는 묵자를 필두로 금활리,《여씨춘추》에 등장하는 맹승孟勝 등이 있다.

5. 법가

법가는 선진 시대의 제자백가 중 법률을 중시한 학파다.

그들은 철저히 법으로 나라를 다스릴 것을 주장하고, 체계적이고 상세한 이론과 방법을 제시했다. 사상의 주된 분야는 우주, 인간의 본성, 사회의 유동성과 변화, 법률의 적용 방법 등 다양한데, 이런 문제들을 논하면서 법치의 논리적 근거를 마련해 나갔다. 인간의 본성은 이기적이므로 도덕으로 설득해서 착하게 만드는 것은 어려우니 형법으로 단속해야 사회의 질서가 잡히고 백성이 편안하게 살 수 있다고 주장했다.

법가의 주장은 진나라가 통일을 이루는 바탕이 되었고, 진의 뒤를 이은 한 왕조 역시 진나라의 법률 체계를 계승함으로써 법가는 중국 고대의 정치와 법제의 주체가 되었다.

법가는 유가의 예를 반대하고 귀족의 세습적인 특권에도 반대해 노동과 재능에 따라 관직을 주리고 주장했다.

한편 법가는 토지의 사유를 인정했다.

법가가 주장하는 법률의 기능은 '분수를 정하고, 싸움을 그치게 하며', 물건의 소유권을 명확하게 보장하는 것이었다. 이 원리에 입각해 전쟁에 나가 공을 세우라고 격려한다. 공을 세우는 최종 목적은 전쟁에서 승리함으로써 부국강병을 실현하는 것이었다. 불법을 저지르는 무리에게는 법이 가차없이 집행되었으므로 공포의 대상이 되었다.

법가는 보수적인 복고사상에 반대하고 철저한 개혁을 주장했다. 역사는 발전하는 것이므로 모든 법률과 제도도 이 법칙에 따라 같이 발전해야 한다고 보았다. 따라서 옛날로 돌아갈 수도 없고 옛것을 마냥 지킬 수 없기 때문에 '과거를 본받아서도 안 되고 지금에 안주해서도 안 된다'고 했다. 법가 사상을 집대성한 한비자는 "시대가 움직이는데 다스림이 바뀌지 않으면 혼란에 빠진다."며 수구적인 태도를 취하는 유가를 향해 '나무 그루터기를 지키면서 토끼를 기다린다'는 고사로 조롱했다.

상앙, 신도愼到, 신불해는 각각 법·세·술을 중시했다. 한비자는 이 셋을 긴밀하게 결합시켜 법가의 사상을 완성했다.

'법'이란 건전한 법제도를 말한다.

'세'란 군주의 권세를 말한다. 곧 군사와 정치권력의 장악이다.

'술'이란 군주가 신하들을 부리고, 정권을 장악하고, 법령을 추진하는 수단을 말한다. 술은 아랫사람이 윗사람을 범하지 못하게 방지함으로써 군주의 지위를 보호해주는 역할도 한다.

법가의 정신적 원조로는 관중을 든다. 이후의 인물로는 상앙, 한비자, 신불해, 신도, 이사 등이 있다.

6. 병가

병가는 군사와 용병의 책략을 연구하는 학설 또는 학파를 말한다.

병가 학설의 구체적인 구현 방법은 병법에 있고, 주도하는 사상은 철학에 있다. 병가의 등장으로 철학이라는 사유 영역이 군사 영역으로 옮겨와 구체적으로 운용되기에 이르렀다. 병가의 집대성자는 손무孫武(손자孫子)이고, 그 결실이《손자병법孫子兵法》이다.

역대 통치자들은 줄곧 병가를 중시했으므로 그에 따라 병법서도 발전을 거듭해왔다. 그 시초는 서주 시대에 싹텄고(강태공의《육도》), 춘추시대에 성숙해졌으며, 전국시대에 절정에 달했다. 이는 춘추전국시대에 기록에 남은 전쟁만 450회를 넘기 때문에 병가가 미친 영향력을 짐작할 수 있을 것이다.

거시적으로 전쟁을 어떻게 파악하느냐의 문제는 병법과 병가의 관건이었다. 전쟁은 한 나라, 한 민족의 생사존망이 달린 일이다. 따라서 정치의 연장선일 수밖에 없었고 국가를 통치하고 전략을 수립하는 길잡이 역할을 해왔다.

주요 인물로는 춘추 말의 손무, 전국 시기의 오기吳起, 손빈孫臏 등
이 있다. 먼저, 손무에 대해 알아보자. 그는 군사(군대)를 나라의 큰
기둥이라고 인식해,

상대를 알고 나를 알면 백 번 싸워도 위태롭지 않을 수 있다.

라고 말했다. 이러한 인식하에 상대와 나의 기본적인 상황(수의 다소,
전력의 강약, 형세의 허실, 공수 및 진퇴)을 분석해 전쟁에서 객관적인 규
율을 인식하고 그 규율을 장악하는 것이 승리의 요인이라고 했다. 그
러나 전쟁의 상황은 물처럼 정해진 형태 없이 수시로 변하기 때문에
그 변화에 맞게 대처하는 쪽이 승리를 거머쥐게 되는데 이를 '신神'
이라고 했다. 그의 저서 《손자병법》은 지금도 병가의 바이블로 추앙
받고 있다.

손무와 비슷한 시기의 인물 사마양저司馬穰苴는 《사마병법司馬兵
法》을 남겼다. 그의 병법은 폭이 넓고 치밀하며 특히 무기 활용에 관
한 논설이 돋보인다. 그는 군기의 정돈을 강조한 군법 전문가, 직접
군대를 이끌며 전투에 참여한 장수, 전문적인 군사 이론가 및 책략가
였다. 또 정의로운 전쟁을 강조한 전쟁의 원칙, 전쟁의 주체로서 병
사들에 대한 확고한 믿음, 전술의 장악, 과학적인 병기 응용에 이르
기까지 군사와 관련한 모든 분야에서 탁월한 업적을 남겼다. 사마양
저는 전쟁이란 정상적인 수단이 통하지 않을 때 부득이하게 쓰는 방
법임을 지적하고, 전쟁을 피하기 위해서는 전쟁에 더 철저히 대비해

야 한다고 특별히 강조했다.

천하가 평안하더라도 전쟁의 위험을 잊으면 위기가 닥친다.

나라가 아무리 커도 전쟁을 좋아하면 망하게 되어 있다.

손빈은 손무의 후손으로 알려져 있다. 대체로 상앙, 맹자 등과 비슷한 시기에 활동한 인물로 추정한다. 그의 병법서 《손빈병법孫臏兵法》은 적은 수로 많은 수를, 약한 전력으로 강한 전력을 이기는 전법을 제시하면서 서로 다른 형세에 근거해 유리한 공격 방안을 창안해내라고 강조한다.

■ 병가를 대표하는 손무와 손빈

오기의 《오기병법吳起兵法》《오자吳子》은 후대에 손질이 많이 간 저작물로 보인다. 이 책은 병사의 교육과 정신 무장을 강조한 점이 특징이다. 이는 의식이 있는 군대, 즉 장수의 전략전술을 충분히 숙지하고 있는 군대가 승리한다는 확고한 믿음에 따른 것이다. 오기의 사상은 다른 사람들 것에 비해 한 차원은 높다는 평가를 듣는데, 군사와 정치의 관계를 치밀하고 엄중하게 인식했기 때문이다. 그는 국가의 안위와 성쇠는 정치의 질에 달려 있다고 단언했다.

7. 음양가

음양가는 음양陰陽이란 개념으로 사물의 존재와 발전과 변화를 해석하는 학파다.《주역》을 해석하는 역가와는 별로 관련이 없다. 역가와 비교해볼 때 음양가는 음양 외에 오행설五行說을 끌어들여 금·목·수·화·토로 천지만물의 구성과 변화를 해석한다.

음양가는 가장 오래된 정치 교과서《상서》의 오행관五行觀을 오덕시종五德始終 또는 오덕전이五德轉移 개념으로 바꾼 것이 특징이다.

오덕五德은 오행의 속성이다. 우주만물과 오행은 서로 대응하며 각자마다 덕을 갖추고 있는데 천도의 운행, 인간 세상의 변천, 왕조의 교체 등이 '오덕전이'의 결과다. 음양가가 이런 논리를 내세운 것은 사회 변혁에 대한 논증을 펼쳐 보이려는 데 있었다.

음양가는 정치관이나 정치윤리적인 면에서 유가의 인의 및 군신 상하의 위계질서에 찬성하며, 천문·역법·기상·지리학 측면에서 나름대로 과학적 지식과 가치를 지닌 내용도 있다.

▋ 음양가를 대표하는 사상가 추연은 각국의 권력자로부터 환대를 받을 정도로 당시 큰
유명세를 탔다.

음양가는 한나라 초기 때까지 존재했다가 무제의 파출백가 이후 내용의 일부는 유가로 편입되고 다른 일부는 원시도교에 흡수되어 독립된 학파의 지위를 잃고 말았다.

이 학파의 대표적인 인물로는 추연鄒衍이 있다. 그는 전국시대 말에 여러 나라를 돌며 자신의 학설을 설파했다. 직하학궁에서 강론해 제나라 조야의 관심을 끌었고, 위 혜왕은 교외에까지 나와 그를 영접했으며, 조나라의 실력자 평원군平原君은 그를 귀빈의 예로 맞았다. 특히 연 소왕은 그를 맞이하기 위해 '직접 빗자루로 바닥을 쓸며 길을 안내'(여기서 옹혜선구擁彗先驅라는 고사성어가 나왔다.)하고 갈석궁碣石宮을 지어 모시고는 제자로 자처했다. 저서로 《추자鄒子》와 《추자종시鄒子終始》이 있었다고 하나 일찌감치 실전했고, 《여씨춘추》와 《사기》 일부에 그의 사상의 단편이 전한다.

8. 종횡가

종횡가는 엄밀히 말하면 하나의 학설/학파가 아니라 정치 유세를 목적으로 하는 모사謀士 집단이다. 언변술을 기본으로 삼아 천하 정세를 분석해 각국 통치자에게 유세하는 것을 목표로 한 일파다.

이들은 약소국 여럿이 연합해 강국에 대항하는 합종合縱을 주장하거나, 강국이 약소국을 끌어들여 다른 약소국을 공격하게 해 약소국 사이의 연합을 깨는 연횡連橫을 유세했다. 종횡가의 구상들은 정치적 모략이 드러나긴 하지만 나름대로 철학적 이치를 담고 있다.

정치 외교적으로 종縱은 '합종'을, 횡橫은 '연횡'을 말한다. 합종은 전국시대 때 제·초·연·한·조·위 6국이 연합해 진에 대항한 외교술이고, 연횡은 이들 6국이 각각 진과 동맹을 맺는 외교술이다.

합종과 연횡이란 말은 남북 방향을 '종', 동서 방향을 '횡'이라 부른 데에서 나왔다. 6국의 연합이 남북 방향이라 합종이라 했고, 6국이 개별적으로 진과 동맹한 것이 동서 방향이어서 연횡이라 했다. 그

▌종횡가의 비조 귀곡자는 신비한 인물로 많은 기행을 남겼다

러다 보니 종횡가 하면 흔히 합종이나 연횡을 외교 책략으로 삼는 사람들을 가리키게 되었다.

합종으로 천하를 누빈 소진蘇秦과 연횡으로 합종을 깬 장의張儀가 가장 이름난 종횡가다. 이들이 없었더라면 합종과 연횡은 없었을 것이고 종횡학이니 종횡가란 말도 없었을 것이다. 훗날 한나라 때 주보언主父偃도 종횡가로 꼽힌다.

소진의 《소자蘇子》와 장의의 《장자張子》 같은 저술들은 한나라 이전에 모두 소실되었다. 다만 《귀곡자鬼谷子》가 종횡가의 유일한 저술로 지금까지 전해오고, 《전국책》에 이들의 활동과 언행이 일부 기록되어 있는 정도다.

귀곡자는 종횡가의 비조로 꼽는 수수께끼 인물이다. 본명은 왕후王詡, 호는 현미자玄微子다. 왕선王禪으로도 불린다. 춘추전국시대 위衛나라의 조가朝歌 사람이며, 일설에는 전국시대 위魏나라 업鄴 사람이라고도 한다. 도가와 병가에도 정통했다. 또 양성養性(본성을 기르고 수양함)과 사람의 심리에 정통했고, 강유剛柔(강함과 유함)의 세勢와 종횡가의 패합술捭闔術(심리를 꿰뚫는 기술)에 능했다. 양성陽城 청계清溪의 귀곡鬼谷에서 은거하며 후진을 양성했다 해서 귀곡선생으로도 불렸다. 제자로는 위에서 언급한 소진과 장의가 있고, 병가의 인물인 손빈과 방연龐涓도 그의 제자라는 설이 있다.

9. 명가

명가는 변론에서 기교를 중시했던 학파다. 명칭과 개념, 명칭과 실물 사이의 미묘한 관계를 탐구한다 해서 명변학파名辯學派로도 불린다. 이 학파의 어록 중에는 '흰 말은 말이 아니다'(백마비마白馬非馬) 같은 황당한 논리도 적지 않다. 하지만 이런 황당한 논점 속에 어떤 진리성眞理性을 내포하고 있고 사유의 논리성도 반영하고 있어 사고 훈련에는 아주 유익하다.

명가는 명名(이름 또는 명분)과 실實(실질 또는 실제) 사이의 관계를 변증하는 논리학의 일종이다. 명가가 다른 학파와 다른 점은 '이름과 실질을 바로 잡는다'는 방법에 있다. 그들은 논리학의 원리로써 사물을 분석했는데, 논변의 내용 대부분이 정치적 실무와는 무관한 사변적인 것이었다. 이 때문에 명가의 이론은 줄곧 궤변詭辯이란 오명이 덧씌워졌다.

명가가 몰락한 원인은 지배 계층의 지지를 받지 못했기 때문이다.

또 후배가 선배의 주장을 뛰어넘는 이론을 제기하지 못한 것도 한 요인이다. 대표적 인물로는 《장자》에 자주 등장하는 혜시惠施와 공손룡公孫龍이 있다.

공손룡(325?~250BC.)은 위魏나라 또는 조나라 사람으로 알려져 있다. 그의 변론은 구체적이고 경험칙에 입각한 사물에 대한 변론보다는 언어 자체의 전개를 특징으로 한다. 그는 같고 다름에 대한 변론을 잘 구사해 최고봉에 올라섰다는 평을 들었다. 앞에서 언급한 백마비마론과 견백론堅白論을 비롯해 지물론指物論, 명실론名實論 등이 그의 발언으로 알려져 있다. 《사기》〈중니제자열전〉에 나오는 공자의 제자 공손룡과는 동명이인이다.

혜시는 송宋나라 출신으로 공손룡보다 50년 먼저인 기원전 370년(또는 BC.380)경에 태어나 기원전 310년경에 죽은 인물로 추정한다. 장자와는 친구 사이였다. 위나라에서 상국을 지냈으나 그 뒤 제, 초와 연합하는 문제로 장의와 다투다 실각했다. 혜시는 사고가 민첩하고 박학다식하며 웅변과 추리에 능했다고 알려졌다.

최근에 명가에 포함시켜야 하는 인물로 등석鄧析(545~501BC.)이 떠오르고 있다. 등석을 명가에 포함시킨다면 명가의 시조 자리는 그에게 돌아갈 것이다. 등석은 춘추 후기 정나라 출신으로 개인 교육을 가장 먼저 제창한 인물이다. 그가 제정한 새 형법인 죽형竹刑은 정나라 백성들에게 큰 영향을 끼쳤다. 그는 이 죽형으로 상인과 백성에게 소송을 가르치고 법률 자문역을 자청했다. 이렇게 혁신적인 법 개념으로 신흥 상인의 이익을 대변하다가 권력자의 눈 밖에 나 피살당했다. 《등석자鄧析子》란 책을 썼다고 하는데 진위 여부는 논쟁중이다.

이 책에서 등석은 '군주와 백성이 다를 바 없다'고 공개적으로 주장했다. 여기에서 더 나아가 신흥 상인과 지주의 이익을 대변할 또 다른 군주를 세워야 한다면서, '백성을 보고 정치를 하고 정책을 내는' 명군明君을 거론하기도 했다.

명가는 특이한 학파다. 그리고 사상계의 비주류다. 그러나 논리학이 상대적으로 덜 발달한 중국 사상계에 그 희귀성 때문에 사람들 입에 오르내리고 있다.

10. 잡가

잡가는 전승되어온 학파는 아니다. 이런 학파도, 이런 사상가임을 자처하는 사람도, 이런 이름조차도 없었다. 이 명칭은 《한서》〈예문지〉에 《여씨춘추》를 잡가로 편입시키면서 비로소 이름을 가진 학파가 되었다.

춘추전국시대 때 제자백가는 제각각 나름의 대책과 치국에 대한 방략을 내세웠다. 각 학파마다 다른 학파의 학설을 흡수해 상대를 공격하는 논거로 삼거나 자기의 결함을 보완했다. 잡가는 바로 제자백가의 이런 장단점들을 활용해 다양한 논의들을 두루 취한 끝에 실질적인 치국 방침을 마련할 수 있었다. 대표적인 인물은 《여씨춘추》의 편찬을 주도한 여불위다.

상인 출신 여불위는 진나라의 공자인 자초를 대상으로 정치적 투기에 성공해 재상 자리에까지 올랐고 3천 식객을 거느리는 권력자가 되어 학자들로 하여금 《여씨춘추》를 편찬하게 했다.(이 책이 완성되자

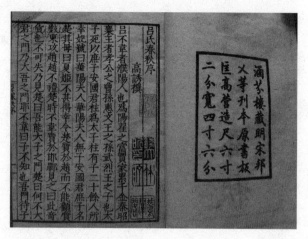

▌《여씨춘추》판본의 여불위 소개 부분

목간을 수도 함양의 저잣거리에 내걸고는 누구든 한 글자라도 고치거나 잘못된 곳을 지적해주면 글자당 천금을 주겠다고 했다. 여기서 '일자천금一字千金'이란 고사성어가 나왔다.)

11. 농가

농가는 상고시대 때 농사를 담당했던 직稷에서 유래했다.(더 멀리 전설시대의 신농씨까지 올려 잡기도 한다.) 온갖 곡식의 파종과 누에치기를 권장했다. 입고 먹는 것의 기본이 이런 일에서 비롯되었기 때문이다.

농가는 군주도 백성과 함께 직접 경작할 것을 주장했다. 상당한 자유평등 관념이다. 그러나 바로 이런 관념 때문에 정명正名을 중시하는 유가의 반대에 부딪쳤다. 군신 사이의 의리를 버리고 농사에 따른 이익만 추구해 상하의 질서를 문란케 한다는 이유였다.

농가의 책은 주로 기술서인 탓에 진시황의 분서갱유에서 화를 면했다. 그들의 주장을 담은 책들은 계급 평등의 구호로서는 가치가 있겠지만, 신분질서를 중시하는 지배층과 유가의 입장에서는 용납할 수 없는 것이어서 대부분 소실되고 말았다.

농가의 대표적 인물은 허행이다. 그는 노나라 출신으로 농업 전문

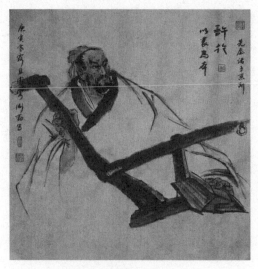

■ 농기구를 들고 있는 허행의 모습을 그린 그림

가였다. 그의 사적을 탐구할 만한 자료는 거의 없지만《맹자》〈등문
공滕文公〉편에 일부가 실려 있다. 일찍이 초나라를 거쳐 등滕나라를
방문했을 때 진상이라는 사람이 유가를 떠나 허행의 학술을 따랐다
고 한다.

12. 소설가

소설가의 기원은 패관稗官으로 거슬러 올라간다. 패관은 민간에 떠도는 이야기를 모아 기록하는 일을 맡아 하던 벼슬로, 통치자들은 민간의 풍속과 정사政事를 살피기 위해 이야기를 모으게 했다. 그 이야기들은 대부분 저잣거리와 길거리에서 들은 내용들이다.

소설가는 평민층의 풍속을 대표하지만 정치사회적으로 영향력을 갖지 못해 관심에서 점차 멀어졌다. 그러나 훗날 문학의 한 형태로 계승되어 적지 않은 기여를 했는데, 이런 점에서 이들을 문학가文學家라고 부를 수 있다. 이 경우에 초나라의 송옥宋玉과 굴원屈原과 같은 시인도 소설가 안에 포함시킬 수 있을 것이다.

굴원(가운데)과 송옥(오른쪽)

13. 의가

의가는 의술에 종사한 인물들을 가리키는 말로 방기가方技家라고
도 했다. 의학과 방중술房中術이 서로 관련이 있었기 때문이다.

중국의 의학 이론은 기원전 5세기 후반에서 기원후 3세기 중엽까
지 약 700년에 걸쳐 형성되었다. 기원전 5세기 후반은 큰 소용돌이
가 치던 시기였다. 사회제도가 바뀌어감에 따라 경제의 규모, 의식의
형태, 과학과 문화에서 새로운 추세들이 나타났다. 의학도 그중 하나
였다.

의가를 대표하는 인물은 편작扁鵲이다. 편작의 생애는 그의 신비
한 의술만큼이나 베일에 싸여 있다. 출생지만 해도 산동山東 장청長
淸, 하남河南 탕음湯陰, 하북河北 임구任丘 등이 등장한다. 성은 진秦,
이름은 완緩, 자는 월인越人, 호는 노의盧醫다. 명의 장상군長桑君의
제자로 평생 의술을 펼쳤던 편작은 무술巫術(무당이 쓰는 술법)을 반대
하고, 전통 의술과 민간의학을 취합해 자기만의 독특한 진단법을 만

들어냈다. 얼굴빛과 목소리만으로 병을 진단할 만큼 신통하다고 알려져 민간에서는 신의神醫로 받들어졌다. 저서로《난경難經》《내경內經》《외경外經》《주후방肘後方》등이 알려졌는데 대부분 위작으로 추정된다.

편작은 불치병에 관해 언급한 바 있다. 말하자면 '불치병론'이라 할 수 있다.

성인이 병의 징후를 예견하여 명의로 하여금 일찌감치 치료하게 할 수 있다면 어떤 병도 고칠 수 있고 몸도 구할 수 있다. 사람들은 병이 많음을 걱정하고, 의원은 치료법이 적음을 걱정하는 것이다. 그래서 여섯 가지 불치병이 있다고들 한다.

첫째는 교만하여 도리를 무시하는 불치병이다. 둘째는 몸(건강)은 생각 않고 재물만 중요하게 여기는 불치병이다. 셋째는 먹고 입는 것을 적절하게 조절하지 못하는 불치병이다. 넷째는 음양이 오장과 함께 뒤섞여 기를 안정시키지 못하는 불치병이다. 다섯째는 몸이 극도로 쇠약해져 약도 받아들이지 못하는 불치병이다. 여섯째는 무당의 말을 믿고 의원을 믿지 않는 불치병이다. 이런 것들 중 하나라도 있으면 병은 좀처럼 낫기 어렵다.

14. 화식가

화식가는 〈화식열전〉에서 따온 말이다. 글자 그대로 재물(재산)을 늘린 사람들이다. 화식가는 제자백가로 분류된 적은 없다. 하지만 필자는 〈화식열전〉에 실린 이들의 치부론을 제자백가의 일가로 분류하기에 충분하다고 보아 이렇게 구분해보았다. 이들은 상업에 종사한 사람이 많았으므로 '상가'라 불러도 무방할 것이다.

특히 계연, 백규 등은 이론을 갖추고 상도덕을 강조하고 있어 중요한 위치를 차지할 만하다. 또 진시황 때 황제로부터 귀빈 대접을 받은 여성 사업가 과부 청淸도 빼놓을 수 없다. 또 다른 인물 범려는 사업가로 변신해 상신商神/상성商聖으로 추앙받는 인물이다. 그리고 자공은 자신의 부를 활용해 공자와 함께 천하를 누볐고 외교 무대에서도 수완을 발휘했다. 자공은 유상의 원조로 칭송받는다.

〈화식열전〉에 수록된 경제 전문가와 상인들을 표로 만들어보았다. 참고하기 바란다.

이름	시대(국적, 활동지)	사업분야	경영관(치부비결)	비고
계연(計然)	춘추, 월(越)	경제이론	상품가격과 수급 간의 건전한 관계와 규칙 제기.	범려의 스승으로 전함.
범려(范蠡)	〃	정치, 기업	정치와 경제 모두에서 성공. 부의 사회환원 실천.	상신(商神)으로 추앙.
자공(子貢)	〃, 위(衛)	외교, 기업	대규모 상단을 이끌과 유력자와 대등하게 거래. 홍보의 중요성 인식.	공자를 후원한 제자.
백규(白圭)	전국, 주(周)	경제이론, 사업	종합적인 경제이론과 상도, 상덕의 실천 강조.	최고의 경제이론가.
의돈(猗頓)	〃, 노(魯?)	사업	소금과 제철로 치부. 왕과 대등한 부를 누림.	
곽종(郭縱)	〃, 조(趙)			
나(倮)	〃, (진秦)-오지(烏氏)	축산업	목축업을 통해 변방 이민족과 교역하여 치부함.	진시황의 특별 대우.
청(淸)	진(秦), 파(巴)	광산업	단사광을 개발하여 이익을 독점한 여성 사업가.	진시황의 각별한 존중.
탁씨(卓氏)	한(漢), 촉(蜀)	제철업	지역의 특성과 값싼 노동력에 주목하여 성공함.	노비 1천을 거느림.
정정(程鄭)	〃, 촉	제철업	포로 출신으로 이민족과 교역하여 성공함.	탁씨와 같은 지역 동종업.
공씨(孔氏)	〃, 남양(南陽)	제철업	접대의 귀재로 대규모 수레와 마차로 크게 거래.	'유한공자'라는 별명.
병씨(邴氏)	〃, 조(曹)	물류와 고리대금업	대장장이에서 행상을 거쳐 고리대금업으로 치부함.	자린고비
조한(刁閑)	〃, 제(齊)	정보유통업	똑똑한 노예들을 각지로 보내 사업을 하게 함.	인재중시
사사(師史)	〃, 주(周)	유통, 프랜차이즈, 다단계	대규모의 수레로 이동식 기업을 차려 치부함.	사업에 자부심을 가짐.

성씨		업종	내용	비고
임씨(任氏)	″, 선곡(宣曲)	농업과 목축	기초산업에 충실하게 매진하여 크게 성공함.	원산지 산물을 중시.
교요(橋姚)	″, ?	가축과 곡식	변경 개척 때 여러 종의 동물과 곡식의 씨앗을 얻음.	특수 상황에서의 치부.
무염씨(無鹽氏)	″, ?	자금대출	오초7국의 난 때 정부에 자금을 대출하여 크게 환수.	관중(關中) 전체의 부와 맞먹음.
전색(田嗇)	″, 관중(關中)	?	관중의 부유한 상인과 대상인으로 전씨 집안.	상인 집안.
전란(田蘭)	″, 관중			
위가(韋家)	″, ?			
율씨(栗氏)	″, ?		수만금을 소유한 거부들.	각 지역의 갑부들.
두씨(竇氏)	″, 안릉(安陵)-두(杜)			
진양(秦揚)	″, ?	농사	주에서 제일 가는 부호.	단일업종.
전숙(田叔)	″	도굴업	사업의 발판으로 삼음.	
환발(桓發)	″	도박	도박으로 부자가 됨.	
옹낙성(雍樂成)	″	행상	천한 일로 무시되는 행상으로 부자가 됨.	
옹백(雍伯)	″	화장품업	연지를 팔아 천금을 벌다.	
장씨(張氏)	″	주류업	술장사로 천만금을 벌다.	
질씨(郅氏)	″	칼 가는 일	패도(佩刀)의 유행을 잘 살펴 치부.	제후에 버금가는 생활.
탁씨(濁氏)	″	순대, 곱창	천한 장사로 크게 치부.	수행원을 거느리는 생활.
장리(張里)	″	수의사	말을 고치는 의술로 치부.	제후에 버금가는 생활.

▌ 화식가를 대표하는 인물인 범려는 '상성'으로 추앙받는다. 사진은 범려의 사당인 하남성
남양南陽의 '상성묘' 입구이다.

15. 사가

사가 역시 기존의 제자백가에 포함되지 않는다. 하지만 필자는 제
자백가의 흐름, 사상, 인물의 전기를 기록한 사마천을 사가로 분류해
보았다. 제자백가를 역사서에 기록하고 종합해낸 사마천이야말로 제
자백가의 대미를 장식했다고 보았기 때문이다. 사마천 이전에도 사
가들은 있었다. 그러나 진정한 의미의 역사서가 《사기》에서 시작된
다는 점에서 사마천을 사가의 대표적인 인물로 포함시켰다.

사마천은 역사서를 저술하게 된 동기와 목적에 대해 이렇게 술회
했다.

하늘과 인간의 관계를 탐구하고, 과거와 현재의 변화를 관통하여 일
가의 말씀을 이루고 싶었다.

그가 말한 일가가 바로 사가가 아닐까?

▌ 본격적인 '사가'의 출발을 알린 사마천은 《사기》를 통해 제자백가의 인물과 사상을 총정리하여 한나라 초기까지 약 500년 제자백가의 역사를 마무리 지었다. 사진은 사마천의 고향인 섬서성 한성시 그의 무덤과 사당 앞에 조성된 사마천광장의 모습이다.

부록1. 제자백가 연표

연도 (기원전)	관련 인물 (백가)	주요 행적, 사건	비고
12세기	유가	상商은《역易》을《귀장歸藏》이라 칭함.	《귀장역(歸藏易)》(실전)
11세기	강태공 병가	강태공, 문왕을 도와 주를 건국함.	《육도》
1046	주 무왕 유가	주 무왕, 은을 멸하고 주를 건국함.	《목서(牧誓)》 《일주서(逸周書)》
	주공 유가	주공,《예(禮)》 편찬을 주도함.	
1017	강태공 병가/상가	이 무렵 강태공이 죽은 것으로 추정.	《육도》
841		국인(國人)의 봉기로 주 여왕이 쫓겨남. 공화정 실시.	중국사 기년이 확실해지는 해
782	주 선왕 유가	《시》의 〈소아(小雅)〉편 '무양(無羊)' 편찬시기.(추정)	《시경》
771	주 유왕	융족이 침입해 유왕이 피살됨. 서주 망함.	유왕과 포사(褒姒)
770	주 평왕	도읍 천도(낙읍), 동주 시작.	춘추시대 시작
685	관중 법가	제 환공, 관중을 경에 임명. 관중, 개혁 착수.	
645	관중 법가	관중, 죽음.	《관자》(86편), 《국어》(제어)

571	노자 도가	노자(본명 이이), 태어남.(추정)	《노자》《도덕경》), 마왕퇴 백서 《노자》
551	공자 유가	공자, 태어남.	
536	정자산 법가	자산, 세발솥에 법을 새겨 반포.(《형서》)	최초의 성문법, 숙향과의 논쟁
522	정자산 법가	자산, 죽음.	
512	손무 병가	손무, 〈병법〉 13편을 오왕 합려에게 보이고 장수가 됨.	《손자병법》 13편
501	등석 명가/법가	등석, 자산의 〈형서〉에 따라 처형됨.	《등석자》 2편(실전)
500	안영 법가/유가?	안영, 죽음.(은작산 한묘 〈안자〉 잔편)	《안자춘추》(내외 8편)
	편작 의가	편작, BC.5세기 전후로 활동.(추정)	《난경》 81장, 《황제팔십일난경》
498	공자(54세) 유가	공자, 노나라 상(相)을 버리고 떠남.	천하 주유 시작
490	안연 유가	안연, 죽음.(32세)	복성(復聖) 추대
484	공자(68세) 유가	공자, 교육과 고대 문헌 정리에 나섬.	주유 14년
483	자사 유가	자사, 태어남.(공자의 손자) 증자의 제자로 알려짐.	세계의 본원을 '성 (誠)'으로 봄
481	공자(71세) 유가	공자, 〈춘추〉 정리 완성.(묵자, 열국의 〈춘추〉 를 직접 보았다고 함.)	편년체 사서의 선구, 춘추필법
479	공자(73세) 유가	공자, 죽음. 노 애공, 추도문을 지음.(시초)	《시》《서》 정리, 《역》 연구, 《논어》

478	자공 유가	자공, 공자의 고택을 사당으로 개축. 제사를 받듦.	공묘의 시초
473	범려 상가	범려, '도주공'으로 개명. 산동성에서 사업으로 치부함.	계연지술(計然之 術), 세계 최초의 경제순환론
468	묵자 묵가	묵적, 태어남.	국적 논란(송/노)
445	자하 유가	위(魏) 문후, 자하를 스승으로 모심.	사생유명, 부귀재천
436	증자 유가	증삼, 죽음.(70세)	오일일삼성오신
432	묵자 묵가	묵적, 초 혜왕에게 책을 올림.(초가 공수반 (公輸般)의 공성기를 이용해 송을 공격하려는 것을 저지하기 위함.)	공수반(노반[魯班]) 은 토목건축의 신
403	단간목 이괴 유가/법가	위 문후, 유가와 법가 인물들을 고루 기용 함.	
402	유가 자사	자사, 죽음.(82세)	《중용》, 술성(述聖) 추대
400	유가	《악기(樂記)》가 이 무렵 이루어짐.	《예기》에 편입 (한나라 때)
395	이괴 법가	이괴, 죽음.(61세)	최초의 법전인 《법경》6편(실전)
390	묵자 묵가	묵적, 이 무렵 죽음.(79세) 겸애, 비공, 상현, 절용 등을 주장함.	사망연도 이견(403, 381, 376)《묵자》71 편(현존 53편)
	양주 도가	묵가와 대립한 양주의 활동시기. 묵가 이후, 맹자 이전 무렵으로 추정.	

381	오기 병가	오기, 죽음.(위→노→위→초)	《오기병법》《오자》 48편(실전), 현존본 은 후대에 가탁
374	관윤(關尹) 도가	관윤을 노자나 윤희(尹喜)로 보기도 함.	훗날 도교에서 '무 상진인'으로 존중
372	맹자 유가	맹자, 태어남.	주희, 《맹자》를 4경 에 편입
	허행 농가	허행, 모든 사람은 농사지어 먹어야 한다고 주장함.	금활리에게 배움
356	상앙 법가	진 효공, 상앙을 기용해 변법개혁에 착수. 부국강병의 시작.	한비자에게 영향
341	손빈 병가	손빈, 마릉전투에서 방연의 군대를 대파. 방연은 자살. 손빈은 병법서 저술.	《손빈병법》《제손자》 89편 도4권(실전), 은작산 한묘 잔편 발 견
338	상앙 법가	상앙, 죽음.(53세)	《공손앙》(실전), 《상 군서》, 상앙뒷박 출 토
337	신불해 법가	신불해, 죽음.(49세) 법치로 군주의 술(術)을 강조.	《신자(申子)》2편/6 편('대체'1편은 현존)
330	시교(尸佼) 법가	시교, 죽음.(61세) 상앙이 죽자 초나라로 망명했었음.	《시자(尸子)》《수집본 현존》
320	사마양저 병가	손빈, 전기(田忌) 등을 기용한 제 위왕이 사 마양저의 병법을 정리하게 함.	《사마양저병법》또 는 《사마법》150편 (현존 5편)
318	공손연 종횡가	공손연, 한·조·위·초·연 5개국을 합종 해 진을 공격함. 초 회왕, 종약장(從約長: 합종동맹 우두머리) 에 추대됨.	《전국책》참고

315	신도 도가/법가	신도, 죽음.(81세) 직하학궁에서 강론하며 상법(尚法)과 중세(重勢)를 주장함.	《신자(慎子)》42편 (현존 7편)
310	혜시 명가	혜시, 죽음.(61세) 그의 합동이(合同異)는 공손룡의 이견백(離堅白)과 함께 명가의 논리학을 대표함.	개념의 상대성
309	장의 종횡가	장의, 죽음.	《장자(張子)》10편 (실전)
301	제 선왕 직하학궁	직하학궁을 설립해 제자백가를 지원한 제나라의 선왕, 죽음.	도가학파를 크게 지원함
	전병(田騈) 도가	제나라 사람. 모든 사물에 쓸모가 있으니 편애해서는 안 된다고 주장함.	《전자(田子)》25편 (실전)
	접여(接予) 도가	제나라 사람. 도가 계통.	《접자(接子)》2편
	환연(環淵) 황로학/도가	초나라 사람. 황로학에 조예가 깊었음.	《연자(淵子)》13편 (실전)
300	송형(宋鈃) 도가계통	송나라의 사상가 송형, 죽음.(83세) '관(寬)'과 '서(恕)'를 주장함.	《송자(宋子)》18편 (실전)
289	맹자 유가	맹자, 죽음.(84세) 자사 문하에서 공부함. '민귀군경' 같은 민본사상을 주장함.	《맹자》(현존 7편)
286	장자 도가	장자, 죽음.(84세)	《장자》52편(현존 33편, 도교의《남화경[南華經]》)
284	소진 종횡가	소진, 죽음. 동방 6국의 합종을 주장함.	《소자》31편(실전)
280	윤문(尹文) 도가	송윤(宋尹)학파의 대표적 인물인 윤문, 죽음.(81세) 전쟁과 투쟁의 중단을 강조함. 송윤학파는 송형(宋鈃)과 윤문을 말함.	《윤문자(尹文子)》1편(현존 2편)

278년	굴원 문학가	초나라의 애국 시인 굴원, 자결함.(62세) 낭만주의 문학의 원류를 이룸.	〈구가(九歌)〉〈이소(離騷)〉〈천문(天問)〉〈초사〉
247	여불위 잡가	여불위, 〈여씨춘추〉 편찬 시작 (BC.239년 완성).	《여씨춘추》12기, 8람, 6론, '자석(慈石)과 지남철(指南鐵)'
242	공손룡 명가	공손룡, 죽음.(89세) 개념의 규정성과 차별성을 분석해 고대 논리학에 크게 공헌함.(평원군의 문객, 연 소왕)	《공손룡자》14편(현존 6편)
240	추연 음양가	추연, 죽음.(66세) 연 소왕이 갈석궁을 지어 우대함. 오덕시종 설을 주장.	《추자》49편(실전), 《추자종시》56편(실전)
238	순자 유가	순자, 죽음.(76세) 성악설.	《순자》. 한비자와 이사가 그의 문하생
233	한비자 법가	한비자, 죽음.(48세) 법·술·세의 통일을 이룸.	《한비자》55편
221	진시황	진시황, 천하를 통일하고 전제주의 중앙집권적 봉건왕조를 수립함.	
213	이사 법가	이사, 분서갱유를 건의함.	역사서와 유가서가 수난을 당함
	장량(張良) 병가	이 무렵 장량이 황석공(黃石公)으로부터 〈태공병법〉을 전수받음.	《삼략(三略)》
210	청 상가	여성사업가 청이 죽자 진시황이 여회청대 (女懷淸臺)를 지어줌.	오늘날의 상공인회의소
208	이사 법가	이사, 죽음.(57세)	《간축객서(諫逐客書)》, 〈창힐〉편
194	황로학	황로학 저작《경법(經法)》《16경》등이 유행함.	
157	유가	한 문제, 박사를 설치함.(최초)	

145	사마천 사가	사마천, 태어남.(135년 설)	아버지 사마담
140	한무제	한 무제, 즉위함.	
135	두 태후 황로학	황로학을 신봉하던 두 태후가 죽음. 무제의 유가 중시 정책이 박차를 가함.	
110	사마담 사가	사마담, 죽음.	〈논육가요지〉
99	사마천 사가	사마천, 이릉(李陵)을 변호하다 황제와 이 광리(李廣利)를 무고했다는 죄목으로 투옥 됨.	이릉의 화
93	사마천 사가	사마천, 친구 임안(任安)에게 편지를 써서 투옥에서 궁형에 이르는 과정과 심경을 토 로함.	〈보임안서〉
90	사마천 사가	사마천,《사기》를 완성하고 죽음.(추정)	《사기》130권
87	한 무제 유가/유교	'파출백가, 독존유가' 정착. 유가의 국가이데올로기화. 한 무제, 죽음.	

* 연도는 모두 기원전이다.
* 연도 표기가 없는 것은 대개 앞뒤 연도와 비슷한 시기로 보면 된다.

부록2. 《사기》〈화식열전〉의 명언명구

본 편은 《사기》〈화식열전〉에서 경제 경영과 일상생활에 도움이될 만한 명언명구들을 꼽아 정리한 것이다. 〈화식열전〉이 갖는 의미에 관해서는 사마천의 경제사상 부분을 참고하면 도움이 될 것이다. 본 편에 수록된 명언명구들을 먼저 읽고 사마천의 경제사상을 읽어도 좋고, 그 역순으로 사마천의 경제사상을 먼저 읽고 본 편의 명언명구들을 음미하는 것도 방법이다.

본 편에 수록된 명언명구는 모두 39항목이고 가나다 순서로 정리되어 있다. 〈화식열전〉이 경제와 상인에 대한 전문 기록이긴 하지만, 제시하고 있는 논리나 관련된 명언명구들은 단순히 경제 경영에만 국한되지 않는다. 부와 인간의 본질 문제, 치부의 철학, 경제가 개인의 삶과 사회에 미치는 영향 등 넓고 깊은 인식을 잘 보여준다. 알아두면 많은 도움이 될 것이다.

* * * * *

01. 개위리皆爲利
모든 것이 이익을 위해

사마천은 〈화식열전〉과 〈평준서〉를 통해서 그의 경제사상을 펼쳐

놓았다. 그중에서도 '개위리'의 의미가 특별히 눈길을 끈다. 개위리
란 사람의 행위는 모두 이익을 꾀하려는 목적을 위해서라는 뜻이다.
이를 직역하면 '모든 것이 이익을 위해'쯤 된다. 사마천은 인간의 본
성이란 자신의 욕망을 만족시키려 하는데 이는 예로부터 예외가 없
었다고 했다.

　신농씨 이전에 대해서는 나는 모른다.《시경》이나《서경》에 기술된
　우, 하 이래라면 눈과 귀는 가능한 아름다운 소리와 좋은 모습을 듣고
　보려 하며, 입은 고기와 같이 맛난 것을 먹고 싶어 하고, 몸은 편하고
　즐거운 것을 찾으며, 마음은 권세와 능력이 가져다준 영광을 뽐내려 한
　다. 이런 습속이 백성들에게 젖어든 지는 오래라 집집마다 이런저런 말
　로 알려주려 해도 끝내 교화할 수는 없다.

　사마천은 이런 인식을 바탕으로 개위리와 관련한 다음과 같은 명
언을 밝혀놓았다.

　천하가 희희낙락하는 것도 모두 이익을 위해 몰려들고, 천하가 소란
　스러운 것도 모두 이익을 위해 떠나기 때문이다.

　사마천의 개위리 사상은 이익을 위해 움직이는 인간의 본성을 간
파하고 이를 긍정함으로써 돈과 이익을 천시하는 유가의 위선적 경
제관에 정면으로 도전할 수 있는 단단한 논리를 제공해주었다. 가히
혁명적인 관점이었다.

사마천은 춘추전국 당시 도성의 번화함을 묘사하면서, 도성으로 들어가는 "사람들이 흘리는 땀이 비가 되어 내릴" 정도라고 썼다. 성숙된 경제, 활기찬 시장을 묘사한 문장이다. 제나라 도성이던 임치臨淄는 당시에 인구가 수십만을 넘었다.

02. 구합제후九合諸侯, 일광천하一匡天下
아홉 차례 제후들을 불러 모으고 천하를 바로 잡았다

춘추시대는 주 왕실의 권위와 힘이 약해지고 제후국들이 위세를 떨쳤다. 춘추 초기인 기원전 7세기부터 다섯 제후가 천자를 대신해 번갈아가며 호령했다. 이들을 '춘추오패'라 부른다.

춘추오패의 첫 주자는 '관포지교'의 두 주인공인 관중과 포숙의 보좌를 받아 국군에 오른 제나라의 환공이었다. 환공은 '존왕양이'(주 왕실을 받들고 오랑캐를 물리친다)를 내걸고 여타의 제후들을 호령했는데 이를 가리키는 말이 '구합제후, 일광천하'이다.

《좌전》에 따르면 환공이 제후들을 불러 모아 회맹한 횟수는 모두 11차례에 이른다. 사마천은 이를 극수極數 아홉 '九'로 표시해 환공의 위세를 나타낸 것인데, 이 표현처럼 당시 제나라와 환공의 위세를 잘 설명해줄 말은 그다지 없을 듯싶다.

그런데 사마천은 이를 다른 곳이 아닌 〈화식열전〉에서 언급했다. 풀이하면 사마천은 제나라와 환공의 위세 배경을 경제에서 찾은 것이다. 사마천은 제나라의 경제 상황을 이렇게 묘사했다.

강태공이 방직 등 부녀자들이 할 일을 장려하여 공예의 기술을 높게 끌어올리고, 생선과 소금을 유통시키니 물자와 사람들이 모두 제나라로 몰려들었는데, 마치 엽전 꾸러미가 꿰진 듯, 수레바퀴살이 중심으로 모여들 듯 집중되었다. 그리하여 제나라는 천하에 모자와 허리띠, 옷과 신을 공급하니 동해와 태산 사이에 있는 제후들은 옷깃을 여미고 제나라에 조회하게 되었다.

제나라는 강태공 이후 잠시 쇠퇴했지만 환공 때 다시 강태공 때의 경제정책을 부활시켜 상공업을 장려하고 당시 가장 부유한 나라가 되었다. 그 결과 '구합제후, 일광천하' 하는 위세를 천하에 떨쳤고 재상 관중은 다른 나라의 왕들보다 더 부유하게 살았다.

제나라는 그 후로도 오랫동안 강대국의 면모를 잃지 않았는데 이것이 다 관중, 포숙, 환공이 이루어놓은 경제력 덕분이었다고 사마천은 지적한다. 요컨대 진정한 국력은 경제력에서 나오며, 그 전제 조건은 백성을 부유하게 하는 데 있다고 보았다. 참으로 탁월한 경제관이 아닐 수 없다.

03. 귀상극즉반천貴上極則反賤, 천하극즉반귀賤下極則反貴
비싼 것이 극에 이르면 싸지고, 싼 것이 극에 이르면 비싸진다

춘추시대 경제사상가 계연은 상품경제의 발전을 적극 주장했다. 그는 말하길,

재물과 화폐가 물 흐르듯 흐르게 해야 한다.

라고 했다. 재화를 생산하는 것이야말로 나라를 부유하게 만드는 첩
경이라고 판단한 것이다. 계연은 상업무역에 대해 아주 높은 식견을
보여주었다. 물자 교환 과정에서 어떻게 하면 이익을 남겨 재부를 축
적할 수 있는지 철두철미하게 연구했다. 그는 물품은 교환을 통해 가
치가 커진다고 보았다. 상인은 그 과정에서 이윤을 취하는 자이다.

그가 제시하는 방법은 대단히 실질적이면서도 깊은 철학과 학문
이 담겨 있다.

재부를 축적하는 이치는 다음과 같다. 첫째, 화물의 질을 중시해야
한다. 둘째, 자금이 유통되지 않고 쌓이는 것을 막아야 한다. 사고팔 때
쉽게 부패하고 변질하는 물품은 제때에 내다팔아야지 더 나은 가격을
받겠다고 묵혀두는 모험을 해서는 안 된다.

계연의 경영관 수준에 대해서는 상품의 가격에 따른 관계를 잘 인
식하고 있었다는 점에서 알아볼 수 있다. 상품의 가격은 시장에서의
교환과 수요공급의 변화에 따라 유동적이라는 점을 간파한 것이다.
따라서 상품의 과잉공급이나 과소공급을 탐구해 물가 등락의 기본
적인 규칙을 잘 알고 있어야 한다고 강조했다.

그는 사물이 극에 달하면 반드시 반대쪽으로 이동한다는 이치와
시장에서 이루어지는 교환의 일반적 규칙에 근거해 "비싼 것이 극에
이르면 싸지고, 싼 것이 극에 이르면 비싸진다."는 결론을 얻어냈다.

그러면서 시기와 시장 상황을 잘 간파하라고 충고한다.

　매매를 위해 궁리를 해야 할 뿐만 아니라 용기도 있어야 한다고 했다. 그래야만 "거름을 비싸게 팔 수 있고, 진주를 싼 값에 살 수" 있기 때문이다. 싸고 비싸고는 절대적인 것이 아니고 영구적인 것도 아니다. 상대적이며 변화한다. 따라서 관건은 시기를 장악하는 데 있다. 계연이 언급한 "남고 모자란 것을 알면 싸고 비싼 것을 알 수 있다."는 말은 경영의 요점이자 누구나 알 수 있는 이치이지만 놓치기 일쑤다. 편견과 오만이 작용하기 때문이다.

04. 귀출여분토貴出如糞土, 천취여주옥賤取如珠玉
값이 비싸지면 쓰레기처럼 내다팔고, 값이 싸지면 옥구슬을 사들이듯이 사들여라

　계연의 경제론에서 가장 빛나는 대목은 그가 상인의 이윤 추구를 긍정했을 뿐만 아니라, 나아가 상인이 물가 안정에 일정한 책임을 져야 한다고 주장한 점이다.

　　상품이 비싸지면 쓰레기처럼 내다팔고, 값이 싸지면 귀한 옥구슬을
　　사들이듯이 사들여라.

　가격이 오른다고 그것을 움켜쥔 채 더 오르길 기다리지 말 것이며, 가격이 떨어진다고 더 떨어지길 기다리지 말고 적당한 값으로 사들이라는 말이다. 재물이건 자금이건 물이 흘러가듯 원활하게 유통시

켜야만 물가가 안정을 찾는다는 것이다. 상인은 이런 기본을 지켜서 물가가 안정되게 하는 데 책임을 느껴야 하는 바, 이는 경제윤리에 가까운 논리다.

사마천은 계연의 경제관과 윤리관을 높이 평가했다. 이 같은 평가는 계연의 경제 전략을 전폭 수용한 월나라가 춘추오패의 하나로 위세를 떨친 것으로 입증되었다. 아래는 사마천이 기록한 월나라의 상황이다.

이렇게 계연의 방법대로 10년간 다스리고 나자 나라가 부강해졌고, 병사들에게는 풍족한 돈과 물건을 주게 되었다. 그러자 병사들은 갈증난 사람이 마실 물을 얻은 것처럼 적의 돌과 화살을 향해서 용감하게 진격하게 되었고, 결국 구천은 강한 오나라에 복수하여 천하에 군대의 위력을 떨치고 '오패'의 하나로 불리게 되었다.

05. 독취귀선獨取貴善
혼자만 비싼 것을 선호하다

통일 제국 진나라는 기원전 210년, 진시황이 갑자기 죽자 급속도로 붕괴되어 통일 후 불과 15년 만에 망했다. 천하는 다시 혼란에 빠졌고 항우와 유방 간에 약 5년에 걸친, 이른바 초한쟁패의 막이 올라 기원전 202년, 유방이 다시 천하를 통일해 한나라 시대가 시작되었다.

당시 진나라가 망할 무렵 전국 각지의 호걸과 관리들은 보석 따위를 챙겨 도망쳤다. 그런데 이 와중에 옮기기도 힘든 식량을 대량 챙긴 사람이 있었으니 선곡宣曲 지방의 임씨任氏였다. 초한쟁패가 본격적으로 시작되자 군사를 먹일 식량이 귀하게 되었다. 보석 따위는 아무짝에도 쓸모가 없었고, 식량은 1석에 그 값이 1만 전에 이르렀다. 임씨는 비축해둔 식량을 팔아 거부가 되었다. 시대의 흐름을 잘 파악해 성공한 사례였다.

　　임씨는 이를 밑천으로 농사와 목축 사업을 벌여 부를 더욱 불려 몇 대가 지나도록 유지하니 심지어 천자조차 그를 존중할 정도가 되었다. 임씨가 자신의 사업에서 크게 성공한 비결은 시세를 잘 파악한 것 외에, 인간 생활의 가장 기본인 먹을거리를 사업 아이템으로 삼았던 데 있었다. 여기에 그는 사치와 방탕에 빠지기 일쑤였던 당시 부자들의 허영과는 다르게 근검절약했다.

　　또 그의 성공 비결에서 주목할 만한 것은 자신의 사업 영역인 농업과 목축에 필요한 물품이라면 비싼 값을 주고라도 샀다는 점이다. 사람들은 가능한 한 싼 것을 사려고 했지만 임씨는 '혼자만 비싼 것을 선호했던' 것이다. 이것이 '독취귀선'이다. 생산량을 안정되게 확보해줄 좋은 씨앗과 건강한 가축 육성을 위한 좋은 품종이라면 아무리 돈이 들어도 사들였다. 그는 자신이 기르고 키워내는 식량과 고기가 아니면 먹지 않았고, 공적인 일이 끝나기 전에는 술과 고기를 입에 대지 않을 만큼 철저한 사업가였지만, 사업의 신용을 보증하는 일에는 아낌없이 투자했다. 모범적인 사업가였다.

06. 면유습俛有拾, 앙유취仰有取
엎드리면 줍는 것이 있고, 고개를 쳐들면 얻는 것이 있다

〈화식열전〉에는 30여 명의 상인과 그들의 치부법이 소개되어 있다. 흥미로운 점은 그들의 직업이 다양했다는 것이다. 전국시대 이래 각국이 가장 중요하게 취급한 소금과 철로 대규모 사업을 벌인 상인부터 목축업자, 유통업자, 고리대금업자, 화장품장사, 술장사, 순대장사, 수의사 등등 실로 다양하다.

그중에서 지금의 산동성 동부 조曹 지역에서 성공한 병씨邴氏는 미천한 대장장이로 시작해 수만 금의 부를 축적한 거부가 되었다. 대장장이로 돈을 모아 그 돈으로 행상을 하면서 고리대금업도 함께 했는데, 자기 고향뿐 아니라 여러 지역과 여러 나라를 돌면서 돈을 빌려주는 사업을 병행했던 것이다.

병씨가 활동한 지역은 노나라에 속했는데, 이 지역 사람들은 평소 검소하고 절약하는 습관이 배어 있어 타지 사람들로부터 자린고비라는 소리를 들었다. 병씨는 특히 더 그랬다. 그는 평소에 집안사람들에게조차 '엎드리면 줍는 것이 있고, 고개를 쳐들면 얻는 것이 있어야 한다'면서, 이를 꼭 지키겠다는 약속까지 받아냈다. 움직였다하면 반드시 무언가를 얻든지 돈을 벌든지 하라는 가훈 아닌 가훈이었던 것이다.

병씨의 치부는 이 지역 사람들의 풍습에 영향을 주었다. 노나라는 공자의 고국으로, 학문을 숭상하고 예절에 밝았으나 전국시대를 거치면서 그 전통이 퇴색하더니 한나라 때에는 완전히 달라졌다. 여기

엔 병씨가 한몫을 했다. 그가 이런저런 방법으로 엄청난 부를 쌓는 걸 본 많은 사람들이 학문을 버리고 상업에 종사했던 것이다. 사마천은 그 모두가 병씨의 영향 때문이라고 잘라 말했다. 한 상인이 지역의 풍습까지 바꾼 사례였다.

07. 목도심초目挑心招
눈으로 도발하고 마음으로 유혹한다

사마천은 돈이 갖는 위력에 대해 실감나는 사례와 비유를 기록으로 남겼다. 그는 부를 추구하는 것은 사람의 본성이라 배우거나 가르치지 않아도 다 할 줄 안다고 했다. 고상해 보이는 현자가 조정에서 정치와 정책을 논하는 것도, 은자랍시고 동굴에 숨는 따위로 명성을 은근히 드러내려고 하는 것도 결국은 부귀를 위한 것 아니겠냐고 비꼰다. 그러면서 다양한 예를 들었다.

군인이 전투에서 맨 앞에 서서 성에 오르려는 것도, 강도질을 하는 것도, 도굴과 위조 화폐를 만드는 것도, 관리가 형벌을 무릅쓰고 농간을 부리는 것도 다 뇌물 때문이다. 도박, 경마, 투견, 투계에 열중하는 것 역시 돈 때문이다. 이는 마치 상인이 돈을 많이 벌어놓고도 더 벌고 싶어 하는 것과 다를 바 없다. 또 부잣집 자식들이 치장하고 화려한 마차를 끌고 다니는 것 역시 부귀를 뽐내려는 것이다. 의사, 도사, 공인이 노심초사하며 재능을 다하는 것 또한 수입을 중시하기 때문이다. 심지어 미인으로 이름난 조나라와 정나라의 여인들이 얼굴을 꾸미고, 거문고를 연주하며, 긴 소매를 나부끼고 경쾌한 발놀림으로 춤을 추면서 "눈으로 도발하고 마음으로 유혹하는데", 그 여자들이 천리 길 마다 않고 노소를 가리지 않는 것도 그곳에 재물이 있기 때문이다.

그러고 나서 사마천은 이렇게 결론지었다.

이렇게 자기가 아는 것과 온 힘을 다 짜내서 일을 해내려는 것은 결국 최선을 다해 재물을 얻기 위한 것이다.

부에 대한 추구는 인간의 본성이라는 것이 사마천의 기본 입장이다. 다만 수단과 방법이 정당해야 한다는 점을 강조하고 있다.

08. 물천지징귀物賤之徵貴, 귀지징천貴之徵賤
물가가 내리는 것은 오를 징조이고, 오르는 것은 내릴 징조이다

사마천의 경제관은 자유방임 경제에 가깝다. 국가의 개입을 기본적으로 반대하며, 각 분야의 종사자들이 알아서 생산하면 상인이 이를 유통시킨다면서 이렇게 말한다.

농민이 먹을 것을 생산하고, 어부나 사냥꾼이 물고기와 육류를 생산하고, 기술자가 생활에 필요한 물품을 만들면 상인은 이것들을 유통시

킨다. 이렇게 각자 알아서 하는 일을 정책이나 교화 또는 징발이나 약속한다고 되는 것인가? 사람은 각자 자기 능력에 맞추어 있는 힘을 다해 원하는 것을 얻는 것이다.

바로 이어 다음과 같이 말한다.

물가가 내리는 것은 오를 징조이고, 오르는 것은 내릴 징조이다. 따라서 사람마다 자기 일에 힘쓰고 각자 즐겁게 일하면 마치 물이 낮은 곳으로 흐르는 것처럼 밤낮없이 흐르게 된다. 부르지 않아도 알아서 몰려들고, 억지로 구하지 않아도 알아서 만들어낸다. 이것이 어찌 이치에 맞는 것이 아니며, 자연스러움의 징표가 아니겠는가!

사마천은 물가의 등락도 수요와 공급의 이치에 따라 조정되기 때문에 강제적으로 개입할 필요가 없다는 입장이다. 다만, 물가의 등락을 악용해 폭리를 취하는 '탐상貪商' 또는 '간상奸商'에 대해서는 강하게 비판했다. 제대로 된 상인이라면 서민의 물가 안정에 책임을 져야 한다고 했다. 사마천이 서민의 물가 안정에 큰 관심을 기울인 계연을 〈화식열전〉의 맨 처음에 소개한 이유도 이 때문일 것이다.

09. 백리불판초百里不販樵, 천리불판적千里不販糴
백 리 밖에서 땔나무를 팔지 말고, 천 리 밖에서 양식을 팔지 말라

사마천은 〈화식열전〉의 한 대목에서 속담을 인용해 "백 리 밖에서 땔나무를 팔지 말고, 천 리 밖에서 양식을 팔지 말라."고 했다. 이 구절의 속뜻은 역대로 해석이 분분한데 대체로 두 가지로 요약된다.

우선, 경제적인 면에서의 해석이다. 땔나무를 백 리 밖까지 지고 가서 내다파는 일은 수지가 맞지 않는다는 것이다. 식량도 마찬가지다. 천 리 밖까지 식량을 내다파는 것은 경비가 만만치 않기 때문에 비경제적이라는 것이다. 충분히 일리 있는 해석이다.

두 번째는 시장 윤리라는 면에서의 해석이다. 땔나무를 해서 백 리 밖에다 파는 것은 그곳에서 통용되는 시장의 작동 원리에 어긋난다. 남의 동네 시장의 유통을 어지럽히는 행위로 보았다는 것이다. 식량 판매는 더 그렇다. 만약 천 리가 멀다 않고 식량을 가져와서 다른 시장에서 팔 경우, 특히 그 식량의 품질과 가격이 현격하게 차이가 날 경우 그곳 시장의 상인과 구매자에게 영향을 줄 수밖에 없다는, 말하자면 상도의에 어긋난다는 해석이다.

둘 가운데 어느 쪽 해석이든 일리가 있다. 상품의 유통 기한이나 보존 기한 등을 고려한다면 이 두 가지 사례의 경우 결코 합리적이지 못하다. 이동 중에 비에 젖거나 잃어버리거나 썩거나 하면 가치가 떨어지고 심지어 쓸모가 없어질 수도 있다.

그런데 이 속담에 바로 뒤이어서 사마천은 오묘한 말을 덧붙였다.

1년을 살려거든 곡식을 심고, 10년을 살려거든 나무를 심고, 1백 년을 살려거든 덕을 베풀어야 한다. 덕이라는 것은 사람과 사물의 관계를 말한다.

사마천이 말하려는 의미를 정확하게 파악하기는 힘들지만, 사람과 사물의 관계를 바르게 이어주는 것은 덕을 베푸는 일이라는 말로 들린다.

10. 부상대고富商大賈
부유하고 큰 상인들

5년에 걸친 초한쟁패로 민생은 힘들어졌고 생산 기반도 무너졌다. 한나라를 건국한 유방은 '백성을 쉬게 하고 인구와 생산을 늘리는' 정책을 기조로 삼았다. 유방이 죽은 후 실권을 쥔 여 태후도 이 정책을 유지해 경제는 서서히 회복되었고 백성의 생활도 안정을 찾아갔다.

그 뒤를 이은 문제와 경제 때에도 이 정책은 지속되어 창고의 식량이 썩고 동전을 꿴 노끈이 삭아서 끊어질 정도로 크게 번성했다. 사마천은 당시의 경제 상황을 이렇게 묘사했다.

한나라가 일어나 천하를 통일하고는 관문과 교량을 개방하고 산림, 하천, 연못 개발에 대한 금지를 늦추고 풀어주었다. 그러자 '부유하고 큰 상인'들이 천하를 두루 돌게 되었고, 교역하는 물자는 유통되지 않는 곳이 없었으므로 원하는 것을 모두 얻을 수 있게 되었다.

전국시대 중후기 이후 막대한 자본이 상업에 투여되어 거상들이 등장했다. 상업자본이 본격적으로 출현한 것이다. 천하를 통일한 진나라에도 이런 거상이 적지 않았다. 특히 소금과 철을 주종으로 하는 거상이 많았다. 그러나 진나라 말기부터 한나라 초기까지의 혼란 때문에 경제 상황과 상인의 활동이 위축되었다. 그러다 '휴양생식'을 기조로 한 규제 완화와 자유방임 덕분에 상업과 경제는 다시 활발하게 움직였고, 사마천이 언급한 '부상대고'들이 대거 출현했다.

고대 중국에서 상인을 나타내는 글자는 '상商'과 '고賈', 두 가지였다.

'상'은 상나라에서 유래한 단어로 상나라가 망한 후 그 유민들이 상업에 많이 종사했기 때문에 그들을 일컬어 '상인商人'이라고 부른 데서 유래되었다. 그 후 '고'란 단어가 나타났다.

상인은 대개 떠돌며 장사했기 때문에 '상'은 이동하면서 장사하는 사람을 가리키는 단어가 되었고, 좌판을 열거나 가게를 차려 장사하는 사람을 '고'라고 불러 서로 구분하였다. 이런 구분이 꽤 오랫동안 사용되었지만 지금은 학술적인 구분이 아니면 모두 '상'으로 통용한다.

11. 부상십즉비하지富相什則卑下之

부가 열 배면 그 사람보다 낮아진다

무제는 한나라 수립 이후 100년 가까이 유지해왔던 '휴양생식'의 기조를 바꾸어 정부가 적극 각 분야에 개입하는 정책을 폈다. 그동안 화친을 해온 흉노와의 관계도 바뀌어 강경책을 취해 전쟁이 잦아졌다. 비축되었던 재정과 식량이 점점 고갈되자 무제는 전비를 마련하기 위해 경제에 적극 간섭하기 시작했다. 소금과 철을 국가의 전매사업으로 바꾼 것이 대표적인 사례다.

국가가 통제 정책을 적극 시행하니 상인이 억압받고 빈부의 격차가 벌어지기 시작했다. 특히 상인은 신분상의 불이익은 물론 재산을 몰수당하는 수모를 겪어야 했다. 그중에서도 같은 상인들끼리 재산을 고발하게 해 몰수하는 '고민령告緡令'이라는 악법까지 동원되었다. 법령은 갈수록 촘촘해졌지만 법망을 빠져나가는 수단 역시 간악해졌다.

빈부 격차가 심해지니 좋지 못한 현상들이 나타났다. 그 현상들 중 하나를 사마천은 적나라하게 묘사했다.

무릇 보통 사람들은 다른 사람이 자기보다 열 배 부자이면 그를 헐뜯고, 백 배가 되면 그를 두려워하며, 천 배가 되면 그의 일을 해주고, 만 배가 되면 그의 부림을 당한다.

그러면서 이것이 사물의 이치라고 씁쓸하게 말한다. 이 대목은 오늘날에 적용해보아도 하등 어색할 것이 없어 보인다. 부와 세태의 관계는 2천 년 전이나 지금이나 별반 달라지지 않았나 보다. 분배 문제가 세계적인 관심사로 떠오르고 있는 것도 이를 반증하는 것 같다.

12. 부열관중富埒関中
관중의 부와 맞먹다

한나라는 경제(187~141BC.) 때 오초칠국吳楚七國의 난이라는 위태로운 위기에 직면했다. 이에 제후들은 어느 한 편을 들어야만 하는 기로에 서게 되었다. 중앙정부 편에 선 제후들은 토벌군에 가담하기 위해 군자금이 필요했고 이 때문에 막대한 이자를 감수하고 돈을 얻으려 했다.

그러나 돈놀이를 하는 자들은 정부군이 승리할지 장담할 수 없었으므로 아무도 빌려주려고 하지 않았다. 그런데 무염씨無鹽氏라는 사람이 천금을 풀어 이자를 원금의 10배로 받는 조건으로 빌려주었다. 석 달 뒤 반란을 평정되었고, 무염씨는 반년 만에 원금의 10배를 버는 초대박을 쳤다. 이렇게 쌓인 무염씨의 부는 관중關中의 재물과 맞먹을 정도가 되었다.

무염씨는 다른 사업가들이 망설이거나 포기했을 때 자신의 전 재산을 건 도박을 감행했다. 물론 10배의 이자라는 조건이 달리긴 했지만 그것은 성공했을 때나 의미 있을 뿐 실패하면 빈털터리가 되는 것이다.

그렇다면 무염씨의 투자는 그야말로 사행성 투기였을까?

무염씨가 거액의 투자를 결행하면서 형세를 분석하지 않았을 리 없다. 이런 합리적인 전제하에서 그가 과연 어떤 점을 근거로 정부군이 진압할 것으로 예상했을지 추측해봄으로써 무염씨의 성공 비결을 추론해본다.

첫째, 경험에 따른 판단이다. 한나라 수립 후 1차 위기였던 기원전 180년 유방의 처가인 여씨 세력의 제거로부터 기원전 154년 오초칠국의 난이 일어나기까지 30년이 채 되지 않았다. 당시 공신들과 유씨의 제후왕들은 일거에 여씨 세력을 소탕함으로써 이 위기를 넘긴 일이 있었다. 이런 역사적 경험이 무염씨 개인의 판단에 영향을 주었을 것이다.

둘째, 여씨 세력을 평정한 후 즉위한 문제의 통치에 대한 민심의 동향이다. 문제는 인정仁政과 덕정德政으로 나라와 백성의 삶을 안정시켰다. 생산은 안정되고 삶은 갈수록 부유해졌다. 따라서 간신히 안정을 찾은 왕조를 뒤집어봐야 백성들에게는 하등 도움이 될 것이 없었다. 요컨대 민심의 향배였다. 진나라가 망하고 초한쟁패라는 혼란기를 겪어온 백성들은 안정을 갈망했다. 중앙정부와 통치자에 크나큰 문제가 없는 상황에서 일어난 오초칠국의 난은 지배층 내부의 일일 뿐이었다. 그러니 백성들은 중앙정부를 물심양면으로 지지할 수밖에 없었다.

무염씨는 바로 이런 점들을 정확하게 간파하고 있었을 것이다. 이는 오늘날 투자가들이 행하는 요인 분석과 별반 다르지 않다.

13. 부자필용기승富者必用奇勝
부자는 반드시 남다른 방법으로 성공한다

〈화식열전〉에는 부자의 길, 즉 치부의 방법을 논하고 있다. 근검절약과 부지런히 일하는 것이 부자가 되는 바른 길이란 전제하에서 사마천은 "부자는 반드시 남다른 방법으로 성공한다."며 다양한 업종에서 성공을 거둔 상인들을 하나하나 거론한다.

진양秦揚은 농사에 전력해 한 주에서 제일가는 부자가 되었다.

전숙田叔은 도굴로 자금을 마련해 사업을 일으켰다.

옹낙성雍樂成은 남들이 부끄럽게 여기는 행상으로 부를 일궜다.

환발桓發은 도박으로 부자가 되었다.

옹백雍伯은 여성용 화장품인 연지臙脂를 팔아 천금을 모았다.

장씨張氏는 술장사로 천만금을 벌었다.

질씨郅氏는 칼 가는 기술로 축재를 해 제후나 쓰는 세발솥을 반찬 그릇으로 늘어놓고 식사를 했다.

탁씨濁氏는 곱창과 순대를 팔아 수레를 몰고 수행원을 거느릴 정도로 거부가 되었다.

장리張里는 말의 질병을 잘 고치는 수의사로 떼돈을 벌어 편종 연주를 들으며 식사를 즐겼다.

이들 외에도 그야말로 다양한 업종, 다양한 방법으로 치부한 상인들이 생동감 있게 소개되어 있다. 이들을 일일이 거론하고 나서 사마천은 이렇게 결론을 내렸다. 이들이 이 같은 부와 명예, 높은 신분을 누릴 수 있었던 것은 "모두가 한결같이 성실한 마음으로 최선을 다했기 때문이다."라고.

14. 분정항례分庭抗禮
뜰을 사이에 두고 대등하게 예를 나누다

공자의 수제자는 70여 명에 이른다. 이들 중에서 가장 특별한 존재를 꼽으라면 자공을 들겠다. 공자의 제자들 중 유일한 상인 출신이었기 때문이다. 그것도 거상이었다. 공자는 이런 자공의 후원으로 천하를 주유할 수 있었다.

《논어》에 상인 자공의 면모를 보여주는 대목 중에 다음이 가장 눈길을 끈다. 이 장면은 공자가 자공에게 너도 미워하는 것이 있냐고 묻자 자공이 한 대답이다.

> 남의 생각을 훔쳐서 자신의 지혜로 삼는 자를 미워하며, 불손함을 용기라고 생각하는 자를 미워하며, 남의 비밀을 들추어내며 그것을 정직이라고 생각하는 자를 미워합니다.

요즘 식으로 보자면 남의 아이디어를 훔치는 것을 미워했다는 말이다. 또 자공이 정직하게 사업에 임했음을 알 수 있는 말이기도 하다. 《사기》〈중니제자열전〉에는 자공의 치부법을 이렇게 소개했다.

> 자공은 시세를 보아 물건을 사고팔아 이익 챙기는 것을 좋아했기

때문에 때를 봐가며 그때그때 재물을 굴렸다.

　사업가 자공은 알아주는 거상이자 거부였다. 각국의 국군들과도 관계가 깊었는데, 이들을 만날 때는 궁정의 "뜰을 사이에 두고 대등하게 예를 나눌" 정도였다. 월나라 왕 구천은 자공의 방문을 앞두고 그가 들어올 길을 쓸게 하고는 자신이 직접 나가 수레를 몰아 숙소로 안내했다. 이런 위상 때문에 자공은 외교가로도 활약했다.
　자공은 스승 공자를 앞뒤로 모시며 후원했다. 공자가 세상을 뜨자 6년상을 지내며 유가가 최고의 학파로 자리 잡는 데 기여했다.

15. 빈부지도貧富之道, 막지탈여莫之奪與
빈부의 이치는 빼앗거나 줄 수 있는 것이 아니다

　빈부의 문제는 인류사회의 가장 오랜 숙제다. 사유재산이 등장하면서 나타난 빈부의 차이는 사회의 불평등을 낳았고, 이를 해결하기 위해 국가는 수없는 시행착오를 반복해왔고 지금도 여전하다.
　사마천은 2100여 년 전에 이런 빈부 현상에 주목했다. 그는 사회의 빈부 차이는 정상적인 현상임을 인정하면서 그 자체로 자연스럽다고 인식했다. 이에 대한 그의 기본 입장은,

　빈부의 이치는 빼앗거나 줄 수 있는 것이 아니다.

라는 것이었다. 가난한 사람을 억지로 구제할 필요 없고, 부유한 자의 것을 빼앗아서도 안 된다는 주장이다.

사마천은 사람들이 입고 먹고 살고 보내고 맞이하고 죽고 장례를 치르는 데 필요한 모든 것이 농업·공업·상업·임업·어업 등 각종 경제활동을 통해 함께 제공되는 것이라고 했다. 이를 통해 사람들이 서로 의존하는 동시에 이익을 추구하는 욕망을 만족시키는 것이야말로 이치에 맞고 자연스러운 것으로 보았다. 다만 사람마다 개인차가 있기 때문에 빈부차가 날 뿐인데 이는 지극히 자연스러운 현상이라는 인식이었다.

사마천의 이러한 인식은 실질상 '개위리' 사상을 뒷받침한다. 동시에 경상輕商 정책에 반대하고, 농업과 상업을 함께 중시하라는 '농상병중' 사상도 함께 반영한다.

인간의 경제활동이 국가의 간섭 없이 이루어지면 빈부의 차이는 어느 정도 발생할 수 있지만 그것이 심각한 사회문제를 일으키거나 국가의 안위를 위협하지 않는다고 본 것이다.

16. 삼치천금三致千金, 삼취삼산三聚三散
세 번 천금을 모으고, 세 번 모아 세 번을 나누다

홍콩의 유력 일간지 〈명보明報〉의 사주이자 홍콩 100대 부자에 드는 무협 소설가 김용金庸은 언젠가 역사 인물들 중 누구를 가장 좋아하냐는 네티즌들의 질문에 범려와 장량을 꼽은 적이 있다.

범려가 누구인가? 춘추시대 월나라 왕 구천을 보좌해 숙적 오나라를 멸망시키는 데 가장 큰 공을 세운 인물이다. 그는 정치가이자 군사 전문가로서 춘추시대 막바지를 화려하게 수놓은 유명한 인물이었다. 그런데 정작 김용은 정치가나 군사가로서 범려를 존경한 것이 아니었다.

범려는 오나라를 멸망시킨 다음 천하를 함께 나누자는 구천의 제안을 뿌리친 채 월나라를 떠났다.(그가 떠나면서 남긴 유명한 고사성어가 '토끼를 잡으면 사냥개를 삶는다'는 토사구팽兎死狗烹이다.) 그러고는 제나라 지역에서 기업형 농업에 종사해 천금을 벌었다. 그리고 다시 제나라를 떠나 도陶라는 지역에 정착해 교역과 유통업으로 다시 천금을 모았다. 범려는 이렇게 3차례에 걸쳐 거금을 모았다. 그런데 그는 전 재산을 이웃과 친인척에게 나누어주었다. 여기에서 '삼치천금'과 '삼취삼산'이란 고사성어가 나왔다. 세 번이나 천금을 모았고, 세 번 모은 재산을 세 번 나누었다는 뜻이다. 이렇게 해서 부자가 사회적 책임감을 가지고 자신의 재산을 유용하게 베푼다는 성어가 되었고, 범려는 중국인이 가장 이상적으로 생각하는 상인의 모델로 자리 잡았다. 작가이자 사업가로 크게 성공한 김용이 범려를 멘토로 지목한 것도 이 때문이었다.

사마천은 〈화식열전〉에서 범려의 '삼치천금'을 언급하며 다음과 같은 총평을 남겼다.

부자 하면 모두가 도주공(범려)을 입에 올렸다.

범려가 부자의 대명사가 되었다는 뜻이다. 훗날 중국 상인들은 공자의 제자로 큰 사업가였던 자공을 함께 거론하며 '도주사업陶朱事業, 자공생애子貢生涯'라는 격언을 만들어냈다. 도주공(범려)의 사업과 자공의 삶이란 뜻이다.

범려는 자신의 재산을 사회에 환원하는, 오늘날로 말하자면 기업의 사회적 책임감을 실천했다. 자공은 자신의 재산으로 스승 공자와 유가 학파를 지원하는 문화 후원자로서의 모습을 역사에 선명하게 남겨놓았다. 따라서 위 격언은 치부와 함께 노블레스 오블리주를 실천함으로써 진정한 부자의 모습을 보여준 두 사람에 대한 존경의 뜻이 담겨 있는 의미심장한 격언이다. 범려와 자공, 지금 우리 사회가 정말 필요로 하는 기업인의 모습이기도 하다.

17. 선자인지善者因之
최선은 흘러가는 대로 내버려두는 것이다

사마천은 인간의 경제활동에 국가가 얼마나 간여하고 통제할 것인지 통찰력을 보여주었다.

최선은 흘러가는 대로 내버려두는 것이고, 그다음은 이익으로 이끄는 것이고, 그다음은 가르쳐 깨우치는 것이며, 그다음은 가지런히 바로잡는 것이고, 최하는 백성들과 다투는 것이다.

사마천은 국가 경제정책의 최선은 '흘러가는 대로 내버려두는 것'이라 했다. 이를 간략하게 표현하면 '선인善因' 사상이라 할 수 있다. 사마천은 거시 경제정책은 자연방임을 취하는 것이 옳다고 주장했다. 사회경제 활동은 인간의 의지로 바꾸거나 돌릴 수 없는 객관적 과정이라고 인식했기 때문이다.

당시 사회경제 상황이나 경제정책과 연관 지어 보자면 이런 주장은 한 무제 때 국가가 강력하게 개입한 경제 통치와, 소금과 철의 국가전매로 대표되는 경제정책에 대한 불만과 비판의 표시였다.

요컨대 '선인' 사상은 백성이 노역이나 세금 등에 시달리지 않으면서 자유롭게 경제활동을 영위하며 인구를 늘리고 생산력을 높일 수 있었던 한나라 초기의 방임 정책으로 돌아가라는 요구였다.

18. 소봉가素封家
무관의 제왕

'소봉'이란 받은 땅이 없다는 뜻이고, '소봉가'는 받은 땅은 없지만 큰 부를 소유한 사람이나 그런 집안을 말한다. 요즘 식으로 표현하자면 '무관의 제왕' 정도가 될 것이다. 한나라 때 상공업이 발달해 상당한 부자들이 출현했다. 사마천은 이를 두고,

이렇게 본다면, 부에 특별한 업이 있는 것도 아닌, 즉 재물에 주인이 정해진 것도 아니다. 능력 있는 자에게는 몰리지만, 무능한 자에게서는

금세 무너져 버린다. 천금이 나가는 집은 한 나라의 군주와 맞먹고, 천
만금을 가진 자는 왕과 맞먹는 즐거움을 누린다. 이런 자들이 '소봉가'
가 아니고 무엇인가?

라고 말했다. 얼핏 보아서는 부자들을 비꼬는 말 같지만《사기》의 논
리에 따르면 이런 부자의 출현은 자연스럽다. 다만 건전한 룰을 지킨
자와 그렇지 않은 자에서 차이가 날 뿐이다.《사기》의 〈화식열전〉과
〈평준서〉에 보이는 경제논리와 관련된 명언들을 몇 가지 소개한다.

　　농업이 부진하면 먹을 것이 모자라고, 공업이 부진하면 상품 사용이
　모자라며, 상업이 침체하면 먹을 것·재료·제품의 유통이 끊어지고, 농
　작물 담당자의 활동이 활발하지 못하면 기본 자재가 적어진다. 기본 자
　재가 적어지면 산과 못이 개발되지 않는다.

　　양식 창고가 차야 예절을 알고, 먹고 입는 것이 넉넉해야 자랑스러
　움과 부끄러움을 안다. 예절은 경제적 여유에서 생기고, 그 여유가 없
　으면 예절은 버림받는 법이다.

　　그러므로 군자도 부유해야지 기꺼이 덕을 행하고, 소인도 부유해야
　있는 힘을 다한다. 연못이 깊어야 물고기가 나고, 산이 깊어야 짐승이
　왕래하며, 사람은 부유해야 인의가 따른다.

사마천의 경제인식에서 가장 눈에 띄는 것은 경제가 인간 생활의

방식과 질을 결정한다는 관점이다. 2천여 년 전에 한 사가가 보여준 탁월한 견해다. 특별한 직위를 가진 자가 부를 독점하는 것도 아니고, 재물에 주인이 따로 있는 것도 아니라는 그의 인식은 지금도 여전히 유효하다.

부와 재물은 능력 있는 사람이 활용하면 몰리지만 무능한 자에게 가면 금세 무너져 버린다는 대목은 흡사 자유경쟁 시장원리를 그대로 옮겨놓은 것 같다. 그러면서도 사마천은 정당성과 도덕성을 잃지 않고 있다. 아울러 국가의 경제정책 방향을 제시하는 데 있어서는 "백성을 풍족하게 않고는 그들의 감정을 조절할 수 없고, 백성을 교화하지 않고는 그들의 본성을 바꿀 수 없다."는 순자의 논리도 수용하고 있다.

19. 소봉素封

무관의 제왕

사마천은 누구나 자기만의 방법으로 정당하게 치부해서 부자가 될 수 있다고 말한다. 또 업종에 귀천이 있는 것도 아니며. 누구나 성심을 다해 노력하고 근검절약으로 최선을 다하면 제후는 물론 제왕 부럽지 않은 삶을 누릴 수 있다고 했다. 사마천은 다양한 업종에서 자기만의 방법으로 성공한 상인들을 두루 소개한 후 이렇게 말했다.

이렇게 보면 부자가 되는 것에는 정해진 직업이 있는 것도 아니고,

재물에 일정한 주인이 있는 것도 아니다. 재능이 있는 자에게는 재물이 모이고, 못난 사람에게서는 기왓장 흩어지듯 재물이 흩어져버린다. 천금의 부자는 한 도시의 군주와 맞먹고, 수만금을 모은 자는 왕처럼 즐겼다.

사마천은 자신의 능력과 재능으로 치부해 군주나 왕 못지않게 생활을 즐긴 이런 상인들을 가리켜 '소봉'이 아니겠냐고 반문한다. 소봉은 요즘 말로 '흙수저'와 비슷하다. 하지만 다른 뜻도 있다. 비록 가진 땅이 없고 주어진 벼슬이 없지만 제후나 왕에 버금가는 '땅 없는 제후' 또는 '무관의 제왕'이란 의미다.

20. 수과읍불입문數過邑不入門
여러 차례 집을 지나면서도 문에 들어가지 않는다

서한 초기는 상공업에 대해 느슨하고 우대하는 정책을 취함으로써 상품경제가 빠른 속도로 발전해 전국 각지에서 상공업에 종사하는 기업인들이 많아졌다. 중원 한복판에 위치한 낙양洛陽은 육로와 수로가 잘 정비된 사통팔달이어서 전국시대에 이미 최대의 상공업 도시였고 서한 시기에는 더 발전했다. 사사史師는 이런 조건을 갖추고 있는 낙양의 상인이었다.

춘추 이후 한나라 초기까지 약 400년 동안 천하를 주름잡았던 30여 명의 상인에 대한 기록인 〈화식열전〉에는 서한 시기 유통업과 무역에 종사한 자들이 꽤 등장한다. 그러나 무려 7천만금에 이르는 엄청난 부를 축적한 상인은 사사 한 사람뿐이었다. 그는 각종 상품을 싣고 천하 각지를 오가며 유통하는 수레를 100대 이상을 소유했는데, 이것이 그를 성공으로 이끈 원천이었다.

사사가 큰 성공을 거둔 원인을 현재적 관점에서 보면 몇 가지가 눈에 띈다.

첫째, 그는 돈 벌기가 쉽지 않다는 것을 일찍부터 뼈저리게 인식했다. 그래서 뼛속부터 근검절약했는데, 심지어 '고향을 여러 차례 지나고도 자기 집에는 들르지 않을' 정도였다.

둘째, 종업원들을 잘 대해주었다. 늘 어려움이 없는지 물었고, 수시로 그들의 경제적 요구를 만족시켰다. 이렇게 함으로써 발생할 수 있는 갈등을 해소했다. 또 오랫동안 외지에서 사업하는 것에 대해 긍지를 갖도록 격려했다. 이런 것들은 고용주에 대한 종업원의 향심력과 내구력을 높여주어 고용주의 방침에 충실히 반응하는 심리적 효과를 냈다.

셋째, 남다른 경영방식이다. 그가 천하 각지에 조성한 '낙양가洛陽街'의 점포들은 주변을 청소하고 상품을 정돈하는 일 외에, 고객이 도저히 보지 않고는 못 배기게 할 묘수를 구사했다. 매일 상품과 관련된 수수께끼를 내걸고 손님을 유인했던 것이다. 누구든 이 수수께끼를 맞히면 원하는 물건을 주거나 숙박비를 면제해주었다. 이 때문에 숙박업과 식당을 겸하고 있는 사사의 점포는 늘 손님들로 가득 찼다.

21. 수즉자거水則資車, 한즉자주旱則資舟

홍수가 나면 수레를 준비하고, 가뭄이 들면 배를 준비하라

춘추시대 계연은 경제 발전의 규칙을 이해하라고 강조했다. 그리고 모든 것을 미리 준비해두라고 했다. 농업경제가 기간산업이던 당시에는 농업 생산에 필요한 자연조건을 매우 중시했다. 특히 기상 관찰에 주의를 기울였다. '오행' 학설을 활용해 풍년과 흉년, 장마와 가뭄이 드는 때의 규칙성을 제시한 것이다. 계연은 "6년마다 한 번 풍년이 들고, 역시 6년에 한 번 가뭄이 들고, 12년에 한 번 큰 기근이 든다."면서, 이런 순환적 규칙에 근거해 "가뭄이 들면 배를 준비하여 수재에 대비하고, 수재가 들 때는 수레를 준비하여 가뭄에 대비하라."고 했다. 이는 사물의 운동 규칙에 주목한 논리였다.

2500여 년 전의 인물 계연이 이렇듯 수준 높은 이치를 깨우쳤다는 사실이 감탄스럽지 않을 수 없다. 그의 관념에는 유비무환의 요소로 가득 차 있다. 계연이 제시한 관념으로 나라를 다스리면 부유하게 되고, 생산에 적용하면 발전하게 되며, 상업에 활용하면 재부를 축적할 가능성이 높아질 것이다. 계연은 장기적인 관점에서 거시경제학을 제시한 고대의 사상가였다.

경제 경영은 불확실성의 연속이다. 치밀한 통계, 그에 기반한 예측과는 별도로 예기치 않은 상황이 벌어질 수도 있다. 그럼에도 그에 대한 준비는 필수다. 자주 일어나지 않지만 한 번 터지면 기업 전체의 존속까지 위협하는 '코코넛 리스크(coconut risk)'에 대비하기 위해 사전 점검과 준비에 소홀함이 없어야 할 것이다.(코코넛 리스크란

예측불허의 치명적인 사고를 말한다. 20미터가 넘는 코코넛 나무에서 2킬로 그램이 넘는 열매가 갑자기 떨어지면 아래를 지나가던 사람이 사망하는데 이를 가리킨 말이다. '코코넛 위기'라고도 한다. 이 말이 경영에 도입되어, 한 번 일어났다 하면 기업 경영에 큰 위험을 초래하는 것을 비유한다.)

22. 영작무조寧爵毋刁
벼슬을 할까, 조한의 노예가 될까

전국시대에 들어서 상업자본을 바탕으로 한 거상들이 속속 출현했다. 거상들은 많은 종업원을 거느렸는데 많으면 수천 명에 이르렀다. 종업원 기용에 있어서 남다른 안목을 가지고 독특한 경영법을 보인 상인이 있었다. 기원전 2세기 서한 초기 때의 조한刁閒이었다.

조한은 제나라 지역 출신이었다. 그곳은 대국이었고 사람들은 체면을 중시했다. 신분에 대한 관념도 뚜렷해 노예를 천시했다. 그런데 상인 조한은 이런 편견을 깼다. 그는 노예들을 아끼고 대접해 사업에 필요한 인재로 발탁했다. 사람들은 노예들이 교활하다며 멀리했지만 조한은 그 점을 역이용했다. 교활함을 영리함으로 인식한 것이다.

영리하고 자기 몸 하나는 지켜낼 수 있는 노예 출신들을 기용한 조한은 바닷가 위치한 제나라의 지리적 이점을 한껏 활용해 소금의 생산 판매에 이들을 투입했다. 그러면서 사업의 규모와 범위를 넓히기 위해 이들에게 마차를 몰게 해 각 지역의 유력자들과 교제하게 했다. 그 결과 수천만 금이 그의 수중에 들어오니 노예 출신의 종업원을 더욱 신임할 수밖에 없었다.

남들이 다 천시하는 노예들을 기용하자 그들은 조한을 위해 있는 힘을 다했다. 말하자면 조한은 그들의 적극성을 끌어내는 경영법을 구사한 것이다. 그들은 조한의 사업이 잘 되자 자신들도 부유해졌으므로 더더욱 힘을 다했다. 이 때문에 당시 제나라 임치 지역에서는 '벼슬을 하는 것이 나을까, 조한의 노예가 되는 것이 나을까'라는 말까지 떠돌았다. 조한의 성공이 그곳의 풍토까지 바꾸었던 것이다.

기업 경영에서 편견을 깨는 일은 용기와 결단이 필요하다. 하지만 숨 가쁘게 변하는 기업 환경에서 일류로 성장하려면 낡은 인습을 털어내야 한다. 이런 점에서 조한이 보여준 참신한 인재관은 좋은 자료가 된다.

23. 예생어유이폐어무禮生於有而廢於無
예의는 부유하면 생기고 없으면 사라진다

사마천은 〈화식열전〉의 경제관을 보다 뚜렷이 드러내기 위해《관자》에 나오는 명언 "창름실이지예절倉廩實而知禮節, 의식족이지영욕衣食足而知榮辱"을 인용한 후 이렇게 덧붙였다.

예의는 부유하면 생기고 없으면 사라진다. 그러므로 군자는 부유하면 즐겨 덕을 행하고, 소인은 부유하면 자기 힘에 맞게 행동한다.

그러면서 "연못이 깊어야 물고기가 살고, 산이 깊어야 짐승이 다니듯이"라는 비유로 사람이 부유해지면 덕을 베풀고 그에 맞는 행동을 한다는 말을 부연했다. 여기에서 한걸음 더 나아가 부와 세력의 관계까지 간파한다. 부유한 자가 세력을 얻으면 그 위력이 더욱 드러나게 되고, 세력을 잃으면 자기 밑에 있던 사람들이 떠나 즐거움을 잃게 된다는 것이다.

부가 갖는 위력에 대한 사마천의 탁견은 그가 인용한 속담 '천금을 가진 집의 자식은 저잣거리에서 죽지 않는다'는 대목에서 더욱 빛을 발한다. 사마천은 이 속담이 결코 빈말이 아니라며 이렇게 마무리를 지었다.

> 그래서 (사람들이) 천하에 기분 좋게 모여들고 왁자지껄 떠나는 것도 모두 이익 때문이다.

우리 속담에 99석 가진 자가 1석 가진 사람 것을 탐낸다고 했다. 한 나라에 버금가는 부자도 가난하다고 엄살을 떠는데 보통 사람이야 말해서 무엇하겠는가? 문제는, 자신이 가진 부를 어떻게 활용하고 어떻게 베풀 것인가이다. 사마천은 부의 활용에 대해 낙관적인 전망을 내놓았다. 부유하면 인의가 따르고 덕을 베풀며 분수에 맞게 처신한다는 말이 그것이다. 그러나 지금 세태로 보면 이런 사마천의 낙관에 의문이 든다.

24. 예항만승禮抗萬乘
만승을 가진 제왕과 대등한 예를 나누다

공자의 수제자 자공은 제후들과 '뜰을 사이에 두고 대등한 예를 나눈' 거상이었다. 그로부터 약 300년 뒤 또 한 사람의 상인이 1만 대의 전차를 가진 제왕과 대등한 예를 나누는 '예항만승'의 사례를 남겼다. 그런데 놀랍게도 그 상인은 과부였다.

이 여성의 이름은 청淸이다. 진시황 때 단사丹沙 광산업을 독점해 재산을 모았다.(그녀와 비슷한 시기에 서북 변경에서 목축업으로 크게 성공해 대신들과 함께 조회에 참석했던 또 다른 여성 사업가 오지烏氏의 나씨倮氏도 있었다. 성별에 대한 논란은 있지만.)

청은 과부의 몸으로 가업을 잘 지켰다. 또 재물을 활용해 다른 사람이 자기 사업을 침범하지 못하도록 했을 뿐 아니라 조신했다. 이 때문에 진시황은 그녀를 높이 올려 손님으로 예우했고 그녀가 죽은 뒤에는 '여회청대女懷淸台'라는 기념관을 지어주었다. 여성 혐오자였던 진시황은 행실이 나쁜 생모와는 완전히 다르게 굳세게 정조를 지키고 사업을 크게 일군 과부 청을 몹시 존중했던 것이다.

사마천은 여성 사업가들이 크게 우대를 받은 까닭을 그들이 보유한 재력 때문이었다고 분석했다.

이처럼 나씨는 비천한 목장주였고 청은 외딴 시골의 과부에 불과했다. 그러나 그들은 만승을 가진 제왕과 대등한 예를 나누며 명성을 천하에 드러냈으니 이 어찌 재력 때문이 아니겠는가!

25. 운주책運籌策

사업 전략을 운용하다

〈화식열전〉에는 또 한나라 초기의 거상들을 소개하고 있다. 사마천은 이들을 소개하기에 앞서 이렇게 말했다.

지금부터는 당대에 명성을 날린 현명한 사람들의 치부를 소개함으로써 후세 사람들이 생각하고 선택하는 데 참고가 되도록 하겠다.

그러고는 맨 처음에 촉군의 탁씨를 소개했다. 사마천이 그를 맨 처음 소개한 데는 이유가 있었다. 조나라 출신인 그는 강제로 타향인 촉 지역에 이주 당했지만 야금업으로 성공을 거둔 입지전적인 인물이었다. 그러나 그보다는 그의 남다른 경영에 주목했다.

사마천은 탁씨의 경영법을 '운주책運籌策'이라고 표현했는데, 이 표현은 공교롭게 유방을 도와 공을 세운 서한삼걸 중 한 사람인 장량에게도 썼다. 당시 유방은 여러 공신들 앞에서 장량에 대해 이렇게 말했다.

무릇 장막 안에서 전략을 운용하여 천리 밖 승부를 결정짓는 것으로 말하자면 나는 자방(장량)만 못하다.

사마천은 장량의 탁월한 군사 전략과 탁씨의 남다른 경영 전략을 같은 선상에 놓고 '운주책'으로 표현한 것 같다.

탁씨는 다른 상인들이 모두 편한 도시를 선호한 반면, 광산이 가까운 외지를 자원했다. 자원하기에 앞서 먼저 그곳이 먹을 것을 걱정하지 않아도 되는, 그래서 잠재적 소비력이 충분하다는 것을 파악했다. 사마천의 표현대로 그는 다양한 경영 전략으로 판로를 개척했다. 그 결과 "노비 1000명을 부렸으며, 사냥과 고기잡이를 하며 사는 즐거움은 왕에 버금갈 정도"였다.

26. 유한공자遊閑公子
한가롭게 노는 귀공자

사마천은 〈화식열전〉에서 다양한 상인과 그들의 치부법을 소개하면서 흥미로운 용어들을 많이 선보였는데 '유한공자'도 그중 하나이다. 말 그대로 한가롭게 노는 귀공자를 말하는데, 대개는 부유한 상인이나 부잣집 자제들을 가리켰다.

이런 유한공자들이 생활하는 모습은 대체로 '관과 칼로 치장하고 수레와 말을 끌고 다니는' 것이었다. 부를 과시하기 위해서였다. 사실 이 표현은 그들의 부를 대변하기도 하지만 동시에 지나치게 꾸미고 사치한다는 비난도 들어 있다.

상인으로서 유한공자라는 별명을 들은 사람은 진한 시기 지금의 하남성 남양南陽에서 야금업으로 거부가 된 공씨孔氏였다. 공씨는 사업 수완이 아주 남달랐다. 그는 야금업과 철기 제작으로 축적한 부를 남양 지역의 제방과 저수지를 만드는 데 기부했다. 이 덕분에 남양의 농업 생산이 늘어나 백성의 생활수준이 좋아졌다. 백성들의 생활 수준 향상으로 소비가 촉진되어 공씨의 사업은 더 크게 번창했다.

공씨는 제후들과 사업과 관련된 유력자들에게 아낌없이 선물 공세를 펼쳤다. 이 방법의 원조로는 공씨에 앞서 공자의 제자 자공이 있었지만 규모라는 면에서 자공은 공씨의 상대가 되지 못했다. 사업자금보다 선물에 쓰는 돈이 더 많았다고 할 정도였다. 요즘 보면 이해가 안 되는 면이 있다. 여하튼 사마천은 이 부분을 "돈을 헤프게 쓰면서도 엄청난 이익을 남겼으므로 좀스럽게 구는 상인보다 훨씬 돈을 더 잘 벌었다."고 적었다. 이 때문에 그에게 붙은 별명이 '유한공자'였다. 기록에 보면 남양의 상인들은 모두 공씨의 대범함을 본받으려 했다고 한다.

27. 이말치재以末致財, 용본수지用本守之 ; 이무일체以武一切, 용문지지用文持之.

상업을 하여 재물을 얻고, 농업에 힘써 재산을 지켰다;

강력한 무武의 방법으로 모든 것을 얻었고, 정당한 문文의 방법으로 그것을 지켰다

위 대목은 사마천의 경제관을 잘 보여주는 구절이다. 사마천은 〈화식열전〉에서 30여 명의 부자들과 그들의 치부법을 소개하고, 이들이 모두 자신의 재능을 충분히 활용해 누구 못지않은 삶을 누렸다고 했다. 그들은 말업인 장사로 돈을 벌었지만 본업인 농사로 그것을 지켰고, 과감한 결단력으로 치부했지만 치부한 뒤에는 차분하게 지

컸다는 명구로 정리했다.

사마천은 이들의 경영법을 '문무의 조화'로 표현했다. '무'가 강력한 자본 내지 결단력이라면 '문'은 그 자본을 바탕으로 이윤을 창출하는 방법인 셈이다.

이 같은 경영 철학이 확고하다면 법을 어길 필요도, 나쁜 짓을 할 필요도 없다. 물론 그와 같은 경영법에도 방법의 변화, 절도와 순서가 있어야 하고, 이익과 손해를 꼼꼼히 따져야 하며, 때로는 임기응변으로 급한 상황에 대처할 줄 알아야 한다고도 지적했다.

사마천은 이렇듯 한나라 초기 거부들의 다양한 치부법을 소개하고 〈화식열전〉을 의미심장하게 마무리했다.

이로써 미루어볼 때 부자가 되는 데 정해진 직업이 있는 것도 아니고, 재물에 일정한 주인이 있는 것도 아니다. 재능이 있는 자에게는 재물이 모이고, 못난 사람에게서는 기왓장 흩어지듯 재물은 흩어진다. 천금의 부자는 한 도시의 군주와 맞먹고, 수만금을 모은 자는 왕처럼 즐겼다. 이것이야말로 '소봉'이 아니겠는가?

28. 이목욕극성색지호耳目欲極聲色之好
눈과 귀는 아름다운 소리나 모습의 좋은 점을 한껏 보고 들으려 한다

〈화식열전〉 첫머리에서 사마천은 활발한 상업 활동을 반대하는 노자의 말을 인용하고는, 이런 논리로 사람의 눈과 귀를 막는 것은 불

가능하다며 한 말이 이것이다. 그다음 이어지는 대목은 이렇다.

눈과 귀는 아름다운 소리나 모습의 좋은 점을 한껏 보고 들으려 하고, 입은 고기 따위의 좋은 맛을 보고 싶어 한다. 몸은 편하고 즐거운 것을 추구하고, 마음은 권세와 재능이 가져다준 영화로움을 자랑하려 한다. 이러한 습속이 사람들에게 스며든 지는 이미 오래다. 따라서 교묘한 논리를 가지고 집집을 교화할 수는 없다.

이렇게 말한 후 정치를 경제와 연계시켜 그 수준을 다섯 등급으로 나누었다.

그러므로 최선의 정치는 그냥 내버려두는 것이고, 다음은 이익으로 사람들을 이끄는 것이며, 그 다음은 가르쳐 깨우치게 하는 것이고, 그 다음은 가지런히 바로 잡으려 하는 것이다. 가장 못난 정치는 사람들과 다투는 것이다.

29. 이십병농二十病農, 구십병말九十病末
20전이면 농민이 손해를 보고, 90전이면 상인이 손해를 본다

계연이 식량 가격의 안정을 강조하면서 한 말이다. 여기서 '병病' 이란 손해를 본다는 뜻이고 '말末'은 상인을 가리킨다.
계연은 거시경제를 대단히 중시하고 또 경제의 현실을 주의해서

파악하고 이를 바탕으로 구체적인 방침을 세웠다. 계연은 자신의 도움을 필요로 했던 월나라의 경제 현상을 연구한 후 물가가 평형을 이루어야 하고, 생산(농업)과 유통(상업) 두 방면의 관계를 고려해야 한다고 했다.

식량 가격이 한 되에 20전이면 농민의 이익에 손해가 나고, 90전이면 상인이 손해를 본다. 상인의 이익에 손해가 나면 교역이 정체되고 돈이 돌지 않는다. 농민이 손해를 보면 생산성이 떨어지고 농지가 황폐해진다. 따라서 식량의 가격은 한 되당 최고 80전을 넘지 말아야 하며 최저 30전 밑으로 떨어져서는 안 된다. 그래야만 상인과 농민 모두가 이익을 얻을 수 있다.

이렇게 해야만 양식의 가격이 안정되고 시장이 활기를 띤다고 여겼다. 식량 값이 안정되면 다른 화물의 교환이 뒤따르게 되고 시장교역과 관세 등도 잘 돌아간다는 뜻이다.

농업 본위의 사상이 압도하던 시절에 계연은 '말석末席'에 위치한 상인의 역할이 중요하다고 한 것이다.

30. 이무일체以武一切, 용문지지用文持之
'무'로 성과를 내고, '문'으로 그것을 지킨다

〈화식열전〉에는 부에 대한 인간의 원초적 욕구/욕망을 있는 그대로 인정하고 있다. 그러면서 사업으로 그런 욕구/욕망을 발휘해 축재한 부상대고들을 소개한 후 그들이 치부한 세세한 방법까지 설명한다. 물론 치부의 방법은 정당해야 한다는 기본을 깔고 있다. 그에 대한 구체적인 방법으로 '문'과 '무'란 개념을 도입했다. '문무겸비'를 강조한 것이다.

사마천은 역대 부자들 중 두드러진 인물들 몇을 소개한 후 그들이 거부가 된 이유를 이렇게 밝혔다.

> 그들은 모두 사물의 이치를 예측하여 나아가고 물러날 것을 결단했다. 시세의 운행에 순응해 이익을 얻고, 장사로 재물을 얻고, 농업에 힘써 재산을 지켰다. 요컨대 그들은 강력한 '무'의 방법으로 성과를 내고, 점잖은 '문'의 방법으로 그것을 지켰다.

그들의 경영법에는 변화와 절도 그리고 순서가 있다고 했다. 또 이익과 손해를 따질 줄 알았고, 위기상황이나 갑작스러운 변화에 임기응변으로 대처할 줄 알았다. 예측 능력, 절제력, 임기응변 등과 같은 자질을 고루 갖추고 있었다는 것인데, 사마천은 그것을 문무의 겸비라는 말로 요약했다.

31. 인기아취人棄我取, 인취아여人取我與
남이 버리면 나는 사들이고, 남이 사들이면 나는 내다판다

전국시대 낙양 출신의 상인 백규는 상인의 시조로 추앙받는 인물이다. 그는 시기의 변화와 물가 변동을 잘 살펴 상품을 매매하는 일에 능했다. 다른 상인들이 상품을 내다팔면 백규는 싼값에 이를 사들이고, 다른 상인들이 상품을 사들이면 비싼 값으로 팔아 이득을 취했다. 구체적으로 풍년이 들면 곡식을 사들이고 대신 실과 옻을 팔았고, 흉년이 들어 고치가 남아돌면 비단과 솜을 사들이고 곡식을 팔았다.

백규의 이 같은 경영법은 자신의 이득을 올리는 것도 있지만, 서민의 기본 생활을 안정시키고자 하는 책임감이 바탕에 깔려 있다. 풍년이 들었을 때는 흉년에 대비해 곡식(종자)을 대량 사들였고 그 대신에 생필품인 실과 옻을 팔아 곡식 가격 및 다른 물품의 값을 안정시켰다. 또 흉년이 들어 곡식이 부족하면 비축해둔 곡식을 팔아 서민의 기본 생활을 안정시켰다. 물론 이런 거래를 통해 차액도 남겼다.

서민의 물가 안정에 대한 백규의 관심은 여기서 그치지 않았다. 풍년이 들어 곡식이 남아돌면 평소보다 값이 더 이상 떨어지지 않게 조절했고, 하등 곡물도 대량으로 사들여 값을 안정시켰다. 또 곡식의 수확량을 늘리기 위해 상등품의 종자를 사들였다가 필요할 때 제공했다.

백규는 좋은 상인, 즉 양고良賈의 전형이다. 다른 상인들이 이윤만 보고 상행위할 때 백규는 서민의 생활과 사회에 미치는 영향까지 고

려했던 것이다.

32. 접사跕屣
신을 질질 끌다

상인의 경제활동 성패를 가르는 중요한 요소 중 하나는 그가 활동한 지역의 풍토, 특히 문화의 풍토다. 〈화식열전〉에는 중국 각 지역의 풍토에 대해 자세하게 실려 있다. 아마 역사상 최초로 각 지역의 풍토를 결합한 경제구역론 내지 지역경제론이라 할 수 있다.

이 같은 지역 풍토는 현대 경영 이론에서 말하는 현지화 전략에 매우 중요한 요소가 된다. 사마천은 한 예로 중국 북방의 중산 지역[中山國]에 대해 소개하고 있다.

중산은 땅이 척박하고 인구가 많은데다, (은나라) 주왕紂王이 음란한 짓을 저지른 사구沙丘 일대에는 아직도 은나라 후예가 남아 있어 백성의 성격은 조급하고 투기에 능하며 이익을 보는 것으로 먹고살았다. 사내들은 함께 어울려 희롱하고 놀았는데 슬픈 노래를 불러 울분을 터뜨리고, 움직였다 하면 패를 지어 사람을 때리거나 약탈하고, 쉴 때에는 도굴을 해 교묘한 위조품을 만들고 간악한 짓을 일삼으며, 잘생긴 사람은 배우가 되기도 했다. 여자들은 거문고와 같은 악기를 연주하고 '신발을 질질 끌고' 곳곳을 찾아다니며 부귀한 사람에게 아부를 떨어 첩으로 들어가기도 했는데, 이런 여자들이 각 제후국에 두루 퍼져 있었다.

여기서 신발을 질질 끈다는 뜻을 가진 '접사跕屣'란 단어가 나왔다. 퇴폐적인 문화가 만연하고 이 지역 여성들의 게으른 듯한 모습을 이 단어로 표현했다고 하겠다.

33. 지智, 용勇, 인仁, 강彊
지혜, 용기, 주고받기, 강단

백규는 자신의 경영법을 아무에게나 가르쳐주지 않았다. 자신의 경영 철학에 대한 자부심이 묻어난다. 이와 관련하여 백규는 이렇게 말한다.

내가 생업을 운영하는 것은 이윤伊尹과 여상呂尙(강태공)이 정책을 도모하듯, 손자와 오자가 군사를 쓰듯, 상앙이 법을 시행하듯 했다. 때문에 나와 더불어 임기응변의 조치를 취할 지혜가 없거나, 결단할 용기가 없거나, 확실하게 버리고 취하지 못하거나, 지킬 바를 끝까지 지키는 강단이 없는 사람은 비록 내 방법을 배우고자 해도 절대 가르쳐주지 않는다.

그는 진정한 경영인이라면 반드시 갖추어야 할 4가지 자질을 제시하고 있다. 바로 위에서 말하고 있는 지혜, 용기, 주고받을 줄 아는 품성, 강단이다. 그는 경영인의 자질로 수시로 변하는 상황에 적절하게 대응할 수 있는 '지智', 사고파는 시기를 비롯해 중요한 결정을 내리는 '용勇', 독차지하려는 탐욕이 아닌 적절하게 주고받는 '인仁', 자기 사업을 지켜내려는 '강彊'이라는 4가지를 제시한 것이다. 오늘날 보아도 대단히 유효하다.

백규는 대상인이었으나 생활은 근검절약 그 자체였다. 좋은 음식을 마다하고 기호嗜好를 억제했으며, 검소하게 입고, 노복奴僕과 고락을 함께했다. 그러다가 기회를 잡을 때에는 민첩했다.

백규는 경제가 차지하는 위치를 인식했을 뿐만 아니라 복잡성과 관리의 어려움을 숙지하고 있었다. 그렇기 때문에 경제와 경영에 관계된 사람은 나라를 관리하고 군대를 다스리는 것과 마찬가지로 위에서 말한 4가지 자질이 필요하다고 한 것이다. 여기에 덧붙여 자기 통제력까지 몸소 보여주었다.

백규는 노력과 실천으로 자신의 경제사상을 구체화해 후대에까지 큰 영향을 남겨주었다. 그래서 사마천은 "백규는 직접 시험을 해보았고, 남보다 뛰어나다는 것을 입증할 수 있었다. 아무나 그렇게 될 수 있는 것이 아니다."라고 평가했던 것이다. 이 때문에 백규는 훗날 상업과 상인의 시조라는 의미의 '치생조治生祖'로 불렸던 것이다.(현대의 상인들은 그를 '상조商祖'라고 부른다.)

34. 지투수비知鬪修備
싸워야 한다는 것을 알면 준비를 갖춘다

〈화식열전〉에 수록된 30여 명 중 첫머리를 장식하는 인물은 계연이다. 계연의 정확한 생몰연대는 알 수 없다. 일부 기록에 범려의 스승이라고 한 것으로 보아 대체로 기원전 6세기 말에서 기원전 5세기 초의 인물로 추정하기도 한다. 그 기록에 따르면 이름은 연然이고, 연상심계然桑心計, 즉 "연(춘추시대의 계연)과 상(한나라 때의 상홍양桑弘羊)의 속셈(계산)"이란 속담이 있었다고 한다.

사마천은 계연에 대한 열전을 따로 마련하지는 않았지만, 〈화식열전〉에 그의 정치 활동, 경제사상 및 주장을 대단히 돋보이게 기록해놓았다. 또 범려가 그의 제자였다는 내용으로 미루어볼 때 곤경에 처한 월왕 구천을 도와 오나라를 멸망시키는 데 일정한 역할을 했던 것 같다.

계연의 경제사상의 핵심은 경제치국經濟治國이다. 이는 전란이 잦았던 춘추 시기에 있어서 상당한 의미를 갖는다. 경제는 삶의 기초다. 생산이 발전하고 경제가 나아져야 백성이 편안하게 자기 일에 전념하며 생활을 꾸릴 수 있고 나라도 강대해질 수 있다. 국가가 풍족하고 국력이 강력해져야 패하지 않는다. 계연은 이런 이치를 너무 잘 알았다. 기록에는, 그가 월왕 구천에게 경제로 나라를 다스려야 한다며 이렇게 말했다.

싸워야 한다는 것을 안다면 각 방면에서 준비를 갖추어야 합니다. 물자가 언제 필요한지를 알면 물자의 가치를 알 수 있게 됩니다. 또한 시기 파악과 쓰임새, 이 둘의 관계가 분명하면 각종 물자의 공급과 수요 상황 및 일처리 능력 등이 아주 분명해지는 것입니다.

계연이 제시한 경제치국의 큰 전제는 '싸워야(경쟁해야) 한다는 것을 알면 준비를 해야 한다'는 것이다. 이는 곧 부국과 부강을 위한 것이고 지지 않기 위한 것이다. 그래서 경제의 발전이 중요하다고 했다. 무역으로 상품경제를 끌고 관리하는 목적은 시장이 충분히, 지속적으로 열리게 하는 데 있다. 이것이 결국 나라를 다스리는 근본이 되기 때문이다.

35. 창름실이지예절倉廩實而知禮節, 의식족즉지영욕衣食足則知榮辱

창고가 차야 예절을 알고, 입고 먹는 것이 풍족해야 영예와 치욕을 안다

이 명언은 《관자》 〈목민〉편에 나오는데, 사마천이 〈화식열전〉에서 다시 인용함으로써 널리 알려져 명언으로 자리 잡았다. 《관자》에 나오는 앞부분을 함께 소개한다.

무릇 땅을 가지고 인민을 다스리는 사람은 사계절을 잘 살피는 데 힘쓰고 창고를 가득 차도록 하는 데 힘을 써야 한다. 나라에 재부가 많으면 멀리 있는 사람도 오고, 토지가 개척되면 인민이 그곳에 머물러 산다. 창고가 차야 예절을 알고, 입고 먹는 것이 풍족해야 영예와 치욕을 한다.

당 태종 이세민이 편찬을 주도한 정치서인 《제범帝範》이란 책에

서도 "창고가 차야 예절을 알고, 입고 먹는 것이 풍족해야 염치를 안다"고 했다. 그러면서 "무릇 먹는 것은 인민이 하늘로 삼으며, 농사는 정치의 근본이다."라고 덧붙였는데, 통치자라면 인민이 하늘처럼 떠받드는 의식주를 해결하는 일을 가장 중요하게 여겨야 한다.

물질생활은 삶의 기본이다. 물질생활이 풍족해지고 나면 그다음은 교육이다. 여기서 말하는 교육이란 사회교육까지를 포함하는 넓은 개념이다. 풍족해진 물질생활을 바탕으로 교육을 해야만 세상을 보다 나은 쪽으로 이끌어갈 수 있다.

인간의 생리적 욕구가 만족되면 심리적, 사회적 방면의 요구가 생겨날 수밖에 없다. 이때 예절·명예·치욕을 알게 함으로써 사회적 기풍이 자리 잡히느냐 여부가 관건이 된다. 그를 위해서는 교육이 뒤따라야 한다.

36. 치생治生
생활을 도모하다, 장사에 종사하다

경제는 어렵고도 쉬운 개념이다. 사전적 의미를 보면, "인간의 생활에 필요한 재화나 용역을 생산·분배·소비하는 모든 활동 또는 그것을 통하여 이루어지는 사회적 관계"라고 되어 있다. 한편 돈이나 시간, 노력 따위를 적게 들이는 것을 '경제 또는 경제적'이라고 한다. 그렇다면 활동과 관계를 효율적으로 진행해 자신이 바라는 바를 기준 이상으로 성취해낸 사람을 '경제적인 사람'이라고 부를 수 있을 것이다. 현대 사회에서 경제적인 사람이 되려면 경제에 대한 개념을 확실히 파악해야 하고, 그 개념을 활동과 관계에 적용함으로써 자신이 원하는 바를 성취해낼 줄 알아야 한다.

〈화식열전〉을 보면 '치생'이란 단어가 다섯 차례 나온다. 사마천은 "농부가 있어 먹을 수 있고, 산림과 하천을 개발해야 천연자원을 이용할 수 있고, 공인이 있어야 물건을 만들고, 상인이 있어야 상품이 유통되므로" 이 농·우·공·상 4가지 직업이야말로 먹고 입는 것의 근원이라는 점을 강조한다. 이 4가지가 차지하는 비중이 커야만 백성이 부유해진다고 했다.

그런데 이 4가지는 인간의 경제활동에서 가장 기본이 되는 직업이기도 하다. 사마천은 이 직업에 종사하면서 자신의 생활을 도모하는 것을 '치생'이라고 표현했는데, 먹고 사는 문제와 직접 통하는 개념이다. 여기서 치생학이란 단어도 파생되었다. 치생학은 고대 서양에서는 가계학 또는 가정경제학이라 했다.

사마천은 치생과 부의 관계를 논했다. 부를 획득하는 최상책은 농업이고(본업), 상공업(말업)은 차선책이며, 불법적 수단으로 부를 얻는 것은 최하책이라고 했다. 농업으로 추적한 부를 본부, 상공업으로 축적한 부를 말부, 불법으로 축적한 부를 간부라면서 말업으로 부를 축적했더라도 본업으로 유지하라고 충고한다.

37. 탐고삼지貪賈三之, 염고오지廉賈五之
욕심 많은 상인은 3할을 벌고, 양심적인 상인은 5할을 번다

한나라 무제 때 유교가 국교로 확정되면서 사농공상의 신분제가 고정되기 시작했다. 이로써 상인은 가장 천한 신분이 되었다. 상인을 비하하는 말도 생겨났다. 탐욕스러운 상인이란 뜻의 탐고貪賈, 간사한 상인이란 뜻의 간상奸商이 대표적이다. 물론 좋은 상인이란 뜻의 양상良商, 청렴한 상인이란 뜻의 염고廉賈도 있었지만 탐고나 간상만큼 각인되지는 못했다.

〈화식열전〉에도 '탐고'와 '염고'가 나온다. 사마천은 이 두 종류의 상인이 각각 이익을 얼마나 남기는지에 대해 기술해놓았다. 탐고가 염고보다 훨씬 많은 이익을 남길 것 같다. 하지만 사마천은 반대되는 분석을 내놓았다.

우선 상인의 이윤 기준을 2할로 보았다. 2할의 이익을 올리지 못하면 이상적인 수입이라 할 수 없다고 했다. 그러면서 탐고들, 특히 고리대금을 하는 상인은 늘 3할의 이윤을 남기지만, 염고들은 5할의 이윤을 남기게 된다고 했다. 이것이 '탐고삼지, 염고오지'다.

상인에게 이윤은 생명줄이다. 문제는 그 적정선이다. 사마천은 2할을 기준으로 잡고 그 이상은 되어야 한다고 했다. 단, 3할 이상은 욕심이라고 했다. 그렇게 욕심을 내면 3할은 남길 수는 있겠지만 더 이상은 불가능하다고 보았다. 반면에 정직하고 공정하게 사업을 하면 신용이 높아져 5할의 이윤도 거둘 수 있다고 했다.

38. 택인이임시擇人而任時
사람을 잘 쓰고 시세에 맡기다

춘추시대 말기 정치·군사·상업 영역에서 모두 성공을 거둔 인물이 범려다.

범려는 참으로 보기 드문 성공 스토리를 남겼는데, 마지막 직업으로 선택한 상업에서의 성공이 더 많은 관심을 끌고 있다. 그는 3차례 천금을 모아 모두 나누어주는 등 부의 사회 환원을 실천해 상인의 사회적 책임이란 문제를 던져놓은 인물이다.

그러나 어쨌거나 현실적으로 관심의 대상은 범려의 치부법이다. 사마천은 범려의 성공 요인으로 우선 스승 계연의 7가지 계책을 꼽았다. 여기서 '계연칠책計然七策'이라는 고사성어가 비롯되었다.

범려는 그중 5가지는 월나라에 적용해 숙적 오나라를 물리쳤고, 나머지 둘을 가지고 상인으로 변신해 성공을 거두었다. 상업 활동에서 범려가 채용한 치부법은 다음 몇 가지로 요약된다.

첫째, 지리地理와 지리地利에 대한 정확한 파악이다. 그가 성공을 거둔 도陶라는 지역은 천하의 중심에 위치해 있어서 사방의 제후국들과 물자 교역이 이루어지는 곳이었다.

둘째, 지리적 이점을 정확하게 간파한 다음 필요한 물자를 사두었다가 적당한 때에 내다팔았다. 시기를 잘 헤아린 것이다.

셋째, 인재를 중시했다. 그것이 바로 '택인擇人'이다. 유능한 인재를 기용하는 문제는 역대로 군사 분야에서 특별히 강조한 것인데, 범려는 이를 사업의 영역에 적용해 크게 성공했다.

범려는 이런 방식에 따라 3차례나 성공한 다음 은퇴했다. 이에 대해 사마천은 범려의 처세야말로 "군자가 부유하면 덕을 즐겨 행한다는 것"이라고 평가했다.

39. 호고추리好賈趨利
장사로 이익 좇기를 좋아하다

한 지역의 고유한 풍속이나 풍습은 시간이 흐르면서 바뀌게 된다. 또 갑작스러운 정치 상황의 변화 때문에 바뀌기도 한다. 물론 나라의 흥망이나 정권의 교체로 인해 급변하는 경우도 있다.

사마천은 공자와 맹자의 고향이던 노魯와 추鄒 지역의 고유한 풍토가 노나라가 쇠퇴한 후로 바뀌었다면서 이렇게 말하고 있다.

추, 노는 수수洙水와 사수泗水 주변에 있고, 주공周公의 유풍을 간직하고 있었다. 따라서 그들의 풍속은 유학을 좋아하고 예절을 잘 지켰기 때문에 주민의 행동이 조심스럽고 신중했다. 뽕과 삼은 매우 많이 났지만 산이나 못에서 나는 산물은 적었다. 땅이 좁고 인구가 많기 때문에 사람들은 검소하게 생활했고, 죄를 짓는 것을 겁을 내 사악하지 않았다. 그러나 노나라가 쇠퇴한 후로는 주민들이 '장사로 이익 좇기를 좋아하게 되었는데', 주나라 사람들보다 심했다.

예의를 중시하던 유가의 본향 노와 추 지역의 풍토가 확 달라졌다
는 이야기다. 그곳 사람들은 장사에 몰두하고 이익을 추구했는데, 그
정도가 노나라의 시조인 주공의 종주국인 주나라보다 더 심했다는
것이다.

유가 사상의 영향이 지배적이었을 때와 그것이 쇠퇴한 이후 달라
진 풍토에 대해, 사마천은 이익을 극단적으로 추구하는 상업이 만연
한 데서 그 원인을 찾은 것이다. 인심이 그만큼 각박해졌고 금전만능
풍토가 휩쓸었던 모양이다.

참고문헌

■

《관자管子》
《노자老子》
《논어論語》
《논형論衡》
《맹자孟子》
《묵자墨子》
《사기史記》
《상군서商君書》
《순자荀子》
《안자춘추晏子春秋》
《여씨춘추呂氏春秋》
《장자莊子》
《좌전左傳》
《한비자韓非子》

■

강효백, 《중국인의 상술》, 한길사, 2002.
공원국, 《춘추전국이야기 - 생각대생각》(6), 역사의아침, 2011.
공원국, 《춘추전국이야기 - 정나라 자산, 진짜 정치를 보여주다》(4), 역사의
아침, 2010.

공원국,《춘추전국이야기 – 최초의 경제학자 관중》(1), 역사의아침, 2010.

김영수,《대륙의 거상》, 매경출판사, 2018.

김영수,《사마천 인간의 길을 묻다》, 위즈덤하우스, 2016.

김영수,《사마천과 사기에 대한 모든 것》(1, 2), 창해, 2016.

백철,《장사꾼이 유교를 말하다》, 학자원, 2018.

소준섭,《중국인은 어떻게 부를 축적하는가》, 한길사, 2015.

신동준,《사마천의 부자경제학》, 위즈덤하우스, 2012.

이상준,《중국인의 상도》, 책이있는마을, 2008.

이화승,《상인 이야기》, 행성:B잎새, 2013.

조용헌,《대운하와 중국상인》, 민음사, 2011.

■

량샤오민,《중국 거상에게 배우는 부의 전략》, 김영사, 2008.

리샤오,《중국 옛 상인의 지혜》, 인간사랑, 2015.

양자오,《노자를 읽다》, 유유, 2015.

양자오,《논어를 읽다》, 유유, 2015.

양자오,《맹자를 읽다》, 유유, 2016.

양자오,《묵자를 읽다》, 유유, 2017.

양자오,《장자를 읽다》, 유유, 2015.

이시다 미키노스케,《장안의 봄》, 이산, 2004.

존 나이스비트,《메가트렌드 차이나》, 비즈니스북스, 2010.

■

宮達非主編,《儒商讀本》(內聖卷), 雲南人民出版社, 1999.

宮達非主編,《儒商讀本》(外王卷), 雲南人民出版社, 1999.

宮達非主編,《儒商讀本》(人物卷), 雲南人民出版社, 1999.

李埏 외,《史記貨殖列傳研究》, 雲南大學出版社, 2002.

孫健, 《中國經濟通史》(上卷), 中國人民大學出版社, 2000.

習近平, 《談治國理政》, 外文出版社, 2014.

施正一主編, 《中國歷代經濟思想家百人小傳》, 中央民族大學出版社, 2003.

楊涌泉, 《中國十大商幫探秘》, 企業管理出版社, 2005.

葉世昌, 潘連貴, 《中國古近代金融史》, 復旦大學出版社, 2001.

吳慧主編, 《中國商業通史》(전5권), 中國財政經濟出版社, 2004.

張大可 외, 《史記研究集成−司馬遷思想研究》(제10권), 華文出版社, 2005.

張松山, 《中國商人精神》, 中國商業出版社, 2013.

田兆元, 田亮, 《商賈史》, 上海文藝出版社, 2007.

趙耀華, 《商賈奇謀》, 中國經濟出版社, 2013.

中國企業史編輯委員會, 《中國企業史》(古代卷), 企業管理出版社, 2002.

陳桐生, 《史記與諸子百家之學》, 安徽大學出版社, 2006.

찾아보기

[사항]

[인명]

[지명]

[서책]

● 편명

[경제관련 명언명구]

* 본문 중 경제관련 어록을 모은 것이며, 뒤의 ( )는 출처를 말한다.
* '(백규)사기)'는 백규가 한 말로《사기》에 나왔음을 뜻한다.
* 원문 표시가 돼 있는 것은 주로 '부록2:《사기》〈화식열전〉 명언명구'에 있는 것들이다. 출처도 '화식열전'
  으로 표기했다.

• 가난하면서 세상을 원망 않기란 어렵지만, 부유하면서 교만하지 않기란 어려운 일이
    아니다.(논어) 133
• 값이 비싸지면 쓰레기처럼 내다팔고, 값이 싸지면 옥구슬을 사들이듯이 사들여라.(貴

出如糞土, 賤取如珠玉)(화식열전) 275 338

- 경제로 나라를 다스린다.(백규)사기) 250
- 고르게 돌아가면 가난함이 없고 화합하면 모자람이 없고 (나라와 집안이) 편안하면 기울지 않는다.(논어) 117
- 관문과 시장을 잘 다스려 상인과 행상이 찾아오게 하고 재화가 들어오게 함으로써 백성들의 생업을 편하게 해준다.(여씨춘추) 236
- (관중은) 물가를 중시했고, 거래를 신중하게 처리했다.(사기) 80
- 그것(물건)이 팔리지 않은 원인이 없어지면 바로 팔리게 되는 것은 값이 맞았기 때문이다. 합당한가 합당하지 않은가는 바라는 것과 바라지 않는 것을 바로잡아준다.(묵자) 162
- 그래서 명리名利가 모이는 곳으로 백성들이 온다고 하는 것이다.(상군서) 176 177
- 그래서 재산이 없으면 힘을 쓰고, 조금 있으면 꾀를 쓰고, 많으면 때를 다투는 것이 (재산을 모으는) 일반적인 방법이다.(사기) 266
- 그러므로 군자도 부유해야 기꺼이 덕을 행하고, 소인도 부유해야 있는 힘을 다한다. 연못이 깊어야 물고기가 나고, 산이 깊어야 짐승이 왕래하며, 사람은 부유해야 인의가 따른다.(사기) 269
- 그러므로 먹을 것은 힘들이지 않을 수 없고, 땅은 힘들여 경작하지 않을 수 없고, 쓰는 것은 절약하지 않을 수 없다.(묵자) 162 163
- 그러므로 어진 사람이 위에 있으면 농부는 힘써 밭을 갈고, 상인은 잘 살펴 재물을 늘리고, 공인들은 기술과 기계를 써서 물건을 만든다.(순자) 215
- 그러므로 왕도를 실천하는 자는 백성을 부유하게 한다.(순자) 215
- 기교가 있는 자는 남기고 서툰 자는 모자라게 된다.(사기) 265
- 기르되(만들되) 소유하지 말고, 일하되 자랑하지 말라.(노자) 141
- 기이한 물건을 미리 차지해두어라.(여불위)사기) 235

- 나라가 가난해지면 민간이 풍속이 사악해지고 방탕해지며 입고 먹는 것을 생산하는 산업이 끊어진다. 입고 먹는 것을 생산하는 산업이 끊어지면 백성은 어쩔 수 없이 꾸미고 속이게 된다.(한비자) 227
- 나라가 발전하는 까닭은 농사를 짓고 전투를 하기 때문이다.(상군서) 172
- 나라가 번영하는 데 의지해야 할 바는 농사와 전쟁이다.(상군서) 176
- 나라가 사치하면 쓰임새가 헤프고, 쓰임새가 헤프면 백성은 가난하고, 백성이 가난하면 간사한 꾀가 생기고, 간사한 꾀가 생기면 사악하고 간교함이 생긴다.(관자) 81
- 나라를 다스리는 정책은 가난한 사람을 부유하게, 부유한 사람을 가난하게 만드는 것

이 중요하다. 가난한 사람이 부유해지고, 부유한 사람이 가난해지는 나라가 강한 나라다.(상군서) 176
- 나라를 풍족하게 만드는 이치는 절약하여 백성을 넉넉하게 하고 그 남는 것을 잘 저장하는 것이다.(순자) 213 214
- 나라에 도가 없으면 군자는 예에 따라 일하는 것을 부끄럽게 여긴다. 나라가 사치하면 검소함으로 보여주고, 나라가 검소하면 예의로 보여준다.(안영)예기) 113
- 남이 버리면 나는 사들이고, 남이 사들이면 나는 내다판다.(人棄我取, 人取我與)(화식열전) 374
- 낳아서(만들어서) 기를(축적할) 수 있다. 낳되(생산하되) 소유(독점)하지 말라.(노자) 145
- 녹봉(재력)과 벼슬(권력)은 자신을 비호하는 수단이 된다. 나는 배운 다음 벼슬한다는 소리는 들어보았어도 벼슬한 다음 공부한다는 소리는 들어보지 못했다.(정자산) 92
- 농업과 상업이 함께 이익을 누려야 한다. 242

- 따라서 이익이 있는 곳이라면 천 길이나 되는 높은 산이라도 오르지 않는 곳이 없고 아무리 깊은 물이라도 들어가지 않는 곳이 없다.(관자) 71
- 땅은 백성이 없으면 개간할 수 없고 백성이 힘을 쓰지 않으면 재부를 얻을 수 없다. 천하의 생산물은 (백성이) 힘을 써야 생겨난다.(관자) 72 80
- 땅을 헤아려 나라를 세우고, 이익을 따져 백성을 기르며, 힘을 헤아려 일을 맡겨서 백성들이 일을 잘 해내게 하면 그 일은 틀림없이 이익을 낸다.(순자) 263

- 모든 것이 이익을 위해(皆爲利)(화식열전) 333
- 모아놓은 재산과 저축이 풍부한데도 오랜 세월 만족할 줄 모르는 것 또한 인간의 성정이다.(순자) 203
- 무릇 검소하면서 힘을 다하는 것이 재물을 모으는 바른길이다. 그러나 부자는 반드시 남다른 방법으로 승리한다. (…) 이 모두가 '한마음으로 정성을 다한 결과'이다.(사기) 252
- 무릇 법령이 바뀌면 이해관계가 변하고, 이해관계가 변하면 백성이 힘을 쓰는 업종이 바뀐다. 이를 변업變業이라 한다.(한비자) 227
- 무릇 사람의 심정은 바라던 것을 얻으면 즐거워하고 싫어하는 바를 만나면 근심한다. 이는 귀한 사람이나 천한 사람이나 똑같다.(관자) 70
- 무릇 인간의 심정은 이로운 것을 보면 달려가지 않는 사람이 없고, 해로움을 보면 피

하지 않는 사람이 없다. 상인들이 장사를 할 때 하루 이틀 길을 가고, 밤낮을 가리지 않으며 천 리를 멀다고 여기지 않는 까닭도 이익에 눈앞에 있기 때문이다._(관자) 82

- 물가가 내리는 것은 오를 징조이고, 오르는 것은 내릴 징조이다.(物賤之徵貴, 貴之徵賤)(화식열전) 275 343
- 물건(상품)이 고르지 않은 것은 당연하다.(맹자) 180
- 물자가 언제 필요한지를 알면 물자의 가치를 알 수 있게 됩니다.(계연)사기) 378

- 밭과 들판의 세금을 가볍게 하고, 국경 시장의 세금을 공평히 하며, 상인의 수를 줄이고(순자) 208
- 백리 밖에서 땔나무를 팔지 말고, 천리 밖에서 양식을 팔지 말라.(百里不販樵, 千里不販糴)(화식열전) 345
- 백성에게 일정한 생산 수입(항산)이 없으면 일정한 마음(항심)도 없다.(맹자) 190
- 백성을 쉬게 하고 인구와 생산을 늘린다.(休養生息)(화식열전) 347
- 백성을 풍족하게 않고는 그들의 감정을 조절할 수 없고, 백성을 교화하지 않고는 그들의 본성을 바꿀 수 없다.(순자)사기) 269
- 백성의 부귀에 대한 욕구는 관 뚜껑을 닫은 뒤에야 멈춥니다.(상군서) 177
- 백성이 얻고자 하는 이익을 얻게 한다.(논어) 123
- 부가 열 배면 그 사람보다 낮아진다.(富相什則卑下之)(화식열전) 275 276 348
- 부귀는 누구나 얻고자 하는 바이다. 그러나 정당한 방법으로 얻은 것이 아니라면 거기에 안주해서는 안 된다.(논어) 124 131
- 부를 구해서 얻을 수만 있다면 시장 문지기라도 하겠지만 그렇지 않다면 내가 좋아하는 바를 하겠다.(공자)논어) 125 132
- 부를 싫어해서가 아니라 부를 잃을까 두려워해서입니다.(안영)사기) 108
- 부에는 정해진 직업이 있는 것도 아니고 재물에는 정해진 주인이 있는 것도 아니다. 능력이 있으면 사방에서 모여들고 능력이 없으면 흩어지는 것이다.(사기) 265
- 부유하면 반드시 다스려지고, 다스리려면 부유해야 한다. 강자는 부유하고, 부유한 자는 강하다.(상군서) 169~170
- 부유한 사람이 충분히 소비하면 가난한 사람은 일자리를 얻는다. 이것이 백성의 편한 삶으로 모든 생업을 일으켜 먹고 살게 하는 것이다. 이는 백성들 혼자 힘으로 되는 것이 아니라 (군주가) 나서서 도와줘야 한다.(관자) 81
- 부자 하면 모두가 도주공(범려)을 입에 올렸다.(言富者皆稱陶朱公)(화식열전) 355
- 부자는 반드시 남다른 방법으로 성공한다.(富者必用奇勝)(화식열전) 276 351

- 비싼 것이 극에 이르면 싸지고, 싼 것이 극에 이르면 비싸진다.(貴上極則反賤, 賤下極則反貴)(화식열전) 336
- 빈부의 이치는 빼앗거나 줄 수 있는 것이 아니다.(貧富之道, 莫之奪與)(화식열전) 256 276 353

- 사(자공)는 관청의 청탁이 없음에도 재물을 불렸는데, 예측이 잘 들어맞는다.(논어) 262
- 사람에게 이익이란 물이 지하에 있는 것과 같다.(상군서) 171
- 사람은 누구나 살아서는 이익을 따지고 죽어서는 명성을 염려한다.(상군서) 259
- 사람은 서로 떨어져 살지만 서로 돕지 않으면 곤궁해지고, 여러 사람이 무리를 지어 살지만 경계선이 없다면 서로 싸울 것이다.(순자) 205
- 사람을 기르고 싶으면 그 사람이 요구하는 것을 제공하라.(순자) 200
- 사람을 유혹하는 사물은 지나가는 사람의 발걸음도 멈추게 한다.(노자) 140
- 사람의 행위는 모두 이익을 꾀하려는 목적 때문에 행해진다.(사기) 257
- 사람이 부유해지면 인의가 따라온다.(사기) 260 261
- 사람이 타인을 위해 수고를 마다않는 까닭은 그것을 수단으로 삼아 자신에게 이익이 돌아오도록 하기 위해서인데, 이를 사람과 '거래'하는 것이라고 한다.(순자) 222
- 사치스럽거나 게으른 자는 빈궁해지고, 열심히 일하고 절약한 자는 부유해진다.(한비자) 226
- 상업을 하여 재물을 얻고, 농업에 힘써 그것을(재물을) 지켰다.(以末致財, 用本守之)(화식열전) 369
- 상인에게 시장에서 볼 일이 없어지면 그보다 더 좋은 일은 없다.(장자) 135
- 상인이 힘들면 재물이 나오지 않고, 농민이 힘들면 농지가 개간되지 않는다.(사기) 242
- 상품은 최고의 질을 추구하고 가격은 현실에 맞게 책정하라. 47
- 상품의 규격(길이·무게·부피)에 따라 가격을 규정하면 어린아이가 시장에 가도 속지 않는다.(허행)맹자) 194
- 서로에게 이익이 돌아가게 한다.(묵자) 154
- 세 번 천금을 모으고, 세 번 모아 세 번 나누다.(三致千金, 三聚三散)(화식열전) 354
- 손해를 두고 작은 것을 취하는 것은 손해를 취하는 것이 아니라 이익을 취하는 것이다.(묵자) 153
- 수입이 많아지는 것은 모두 사람의 힘이다.(한비자) 226
- 시장에서 상품의 가격이 다르지 않다면 나라에 속임이 없어진다.(허행)맹자) 194

- "여기 아름다운 옥이 있다면 궤짝 안에 잘 간직해야 합니까, 값을 잘 쳐주는 상인을 찾아 팔아야 합니까?" "팔아야지! 팔아야지! 나는 살 사람을 기다리겠다."(공자와 자공의 대화) 119
- 예로부터 시장은 내게 있는 것으로 없는 것을 바꾸는 곳이다. 담당 관리는 이것이 잘 되도록 다스리기만 하면 된다.(맹자) 190
- 예의는 부유하면 생기고 없으면 사라진다. 그러므로 군자는 부유하면 즐겨 덕을 행하고, 소인은 부유하면 자기 힘에 맞게 행동한다.(禮生於有而廢於無 故君子富 好行其德, 小人富 以適其力)(화식열전) 364 377
- 예절은 경제적 여유에서 생기고, 그 여유가 없으면 예절은 버림받는 법이다.(사기) 269
- 옛날의 관문 검색은 폭리를 막으려 했는데, 지금의 관문 검색은 폭리를 위함이구나.(맹자) 191
- 옷감의 길이가 늘 같으면 시장에서 팔리는 가격이 같을 것이고, (…) 양식의 용량이 같으면 파는 값이 서로 같을 것이다.(맹자) 196
- 욕심 많은 상인은 3할을 벌고, 양심적인 상인은 5할을 번다.(貪賈三之 廉賈五之)(화식열전) 382
- 윗사람과 아랫사람이 서로 이익만 따지고 들면 그 나라는 위태로워집니다.(맹자) 191
- 의로움이란 이롭게 하는 것이다.(묵자) 156 162 260
- 이런 습속(사람이 이익을 꾀하는 습속)이 백성들에게 젖어든 지 오래라 집집마다 이런저런 말로 알려주려 해도 끝내 교화할 수는 없다.(사기) 258
- 이윤과 강태공이 큰 국가 전략을 그리듯 치밀하게 마음을 써야 하고, 손무가 군대를 부리듯 변화막측해야 하며, 상앙이 변법 개혁을 밀고나가듯 거침이 없어야 한다.(사기) 247
- 이익을 보면 그것이 의로운 것인가를 생각하라. 108
- 이익을 좋아하고 손해를 싫어하는 것은 모든 사람이 그렇다.(한비자) 260
- 이익이 맞물리면 무거운 쪽을, 손해가 맞물리면 가벼운 쪽을 택하라.(묵자) 152
- 이익이 있는 곳에 사람이 몰린다.(한비자) 260
- (인간이란) 모두 이해관계가 상반되며, 서로의 이익을 빼앗으려는 관계가 형성되는데 이것이 '협자위시심挾自爲之心'이다.(한비자) 222
- 1년 계획으로는 곡식을 심는 것이 좋고, 10년 계획으로는 나무를 심는 것이 좋고, 평생 계획으로는 사람을 심는 것이 가장 좋다. 한 번 심어 한 번 수확하는 것은 곡식이고, 한 번 심어 열 번 거두는 것은 나무이고, 한 번 심어 백 번 거둘 수 있는 것은 사람이다.(관자) 80

• (임금들은) 이보다 더욱 사치하여 그 장례식은 마음속으로 죽은 사람을 위하여 배려하는 것이 아니라, 산 사람들이 서로 자랑하기 위한 것이 되었다.(여씨춘추) 235~6

• 자신이 아는 것과 능력을 한껏 짜내서 무슨 사업을 이루려는 것은 결국 전력을 다해 재물을 얻기 위한 것이다.(사기) 273
• 장사(상업)로 치부해 그것을 지키라. 242
• 장사로 이익 좇기를 좋아하다.(好賈趣利)(화식열전) 384
• 재물과 양식을 유통시켜 한군데 쌓이는 일이 없게 하며, 서로 가져오고 가져가게 하여 온 세상이 한 집안처럼 되게 한다.(순자) 214
• 재물과 화폐가 물 흐르듯 흐르게 해야 한다. 337
• 재물에 주인이 정해진 것도 아니다. 능력이 있는 자에게는 몰리지만 무능한 자에게는 금세 무너져 버린다. 천금이 나가는 집은 한 나라의 군주와 맞먹고, 천만금을 가진 자는 왕과 맞먹는 즐거움을 누린다.(사기) 268
• 재물을 쌓아놓기만 하고 사용하지 않는 것은 나쁜 일입니다.(안영)사기) 110
• 재물이 모이기 때문에 다툼이 벌어진다.(장자) 135
• 재부가 적다고 걱정하기보다는 분배가 고르지 못한 것을 걱정하고, 가난을 걱정하기보다는 불안을 걱정한다.(논어) 116 126 131
• 좋은 임금은 백성과 함께 농사를 지어 먹는다. 스스로 밥을 지어 먹고 백성을 다스린다.(맹자) 196
• 지혜 있는 자가 일을 생각할 때는 반드시 이로운 점과 해로운 점을 아울러 참작한다.(손자병법) 153
• 지혜로운 사람은 다른 사람보다 10배의 이익을 얻지만 어리석은 사람은 본전도 못 지킨다. 군주가 잘 조절하지 못하기 때문에 백성의 재산이 100배나 차이가 난다.(관자) 72

• 창고가 차야 예절을 알고, 입고 먹는 것이 넉넉해야 영예와 치욕을 안다.(관자) 61 259
• 창고를 가지고 있다는 것은 백성을 괴롭혀 자신을 봉양하게 하는 것이다.(허행)맹자) 193
• 천금을 가진 집의 자식은 저잣거리에서 죽지 않는다.(사기) 365
• 천하에 (사람들이) 기분 좋게 모여들고 와자지껄 떠드는 것도 모두 이익 때문이다.(사기) 365
• 천하의 상인들이 모두 물이 흐르듯 제나라로 들어오다.(사기) 64
• 천하의 생산물은 백성이 힘을 써야 나온다.(관자) 72 77

- 천하의 이익을 일으켜 천하의 손해를 제거하라.(묵자) 260
- 최선은 흘러가는 대로 내버려두는 것이고, 그다음은 이익으로 이끄는 것이고, 그다음은 가려쳐 깨우치는 것이고, 그다음은 가지런히 바로잡는 것이고, 최하는 백성들과 다투는 것이다. 246 258 356

- (큰 부를 일군 과부 청과 나씨가) 만승을 가진 제왕과 대등한 예를 나누며 명성을 천하에 드러냈으니 이 어찌 재력 때문이 아니겠는가.(사기) 366

- 현명한 사람은 사람들과 함께 농사를 지어 먹으면서 가난해도 잘 다스린다.(허행)맹자) 193
- 홍수가 나면 수레를 준비하고, 가뭄이 들면 배를 준비하라.(水則資車, 旱則資舟)(화식열전) 362
- 화폐는 농업과 상업의 교역을 위해 발행한다. 그런데 그 폐단이 극에 이르면 교묘한 수단으로 투기하고 재산을 늘리기 위해 남의 것을 빼앗는다. (…) 이에 제8 〈평준서〉를 지어 그 상황의 변화를 관찰했다.(사기) 254